Sozialraumforschung und Sozialraumarbeit

Band 17

Reihe herausgegeben von

Fabian Kessl, Bergische Universität Wuppertal, Wuppertal, Deutschland

Christian Reutlinger, OST – Ostschweizer Fachhochschule, St. Gallen, Schweiz

Sozialraumforschung und Sozialraumarbeit finden ihren Ausgangspunkt in der konstitutiven Gleichzeitigkeit von sozialer Konstruktion und Wirkmächtigkeit (vor)herrschender Raumordnungen. Letztere prägen Prozesse der Raumkonstitution ohne soziale Praktiken vollständig zu determinieren. Raumordnungen sind wiederum das Ergebnis dieser sozialen Praktiken und insofern nicht überhistorisch, das heißt keine natürlich bereits vorgegebenen Handlungseinheiten. Räume sind immer Sozialräume. In der Sozialraumforschung steht die Analyse dieser Sozialräume im Zentrum des Interesses. Studien zur Sozialraumforschung untersuchen die spezifischen historischen Ordnungen des Räumlichen als Ergebnis politischer Kämpfe, die diese wiederum prägen. Sozialraumarbeit ist die professionelle Arbeit an und mit diesen Sozialräumen. Ihren Ausgangspunkt sucht die Sozialraumarbeit deshalb nicht innerhalb spezifischer Territorien, sondern an den konkreten, aber heterogenen und dynamischen Orten und dem Zusammenspiel der unterschiedlichen Aktivitäten, die Räume (re-)konstruieren.

Stefan Köngeter · Christian Reutlinger

Studienbuch Geschichte der Gemeinwesenarbeit

Spurensuche in US-amerikanischen Diskussionen über Gemeinschaft und Nachbarschaft

 Springer VS

Stefan Köngeter
OST – Ostschweizer Fachhochschule
St. Gallen, Schweiz

Christian Reutlinger
OST – Ostschweizer Fachhochschule
St. Gallen, Schweiz

ISSN 2512-1642   ISSN 2512-1650   (electronic)
Sozialraumforschung und Sozialraumarbeit
ISBN 978-3-658-15024-2   ISBN 978-3-658-15025-9   (eBook)
https://doi.org/10.1007/978-3-658-15025-9

Die Deutsche Nationalbibliothek verzeichnet diese Publikation in der Deutschen Nationalbibliografie; detaillierte bibliografische Daten sind im Internet über http://dnb.d-nb.de abrufbar.

Planung/Lektorat: Stefanie Laux
Springer VS ist ein Imprint der eingetragenen Gesellschaft Springer Fachmedien Wiesbaden GmbH und ist ein Teil von Springer Nature.
Die Anschrift der Gesellschaft ist: Abraham-Lincoln-Str. 46, 65189 Wiesbaden, Germany

Vorwort und Danksagung

Mit den drei Begriffen *Räume, Zeiten und Gesellschaften* wird eine bestimmte Perspektive auf die Welt umschrieben und in der Schweizer Grundschule vermittelt, welche traditionell in den beiden Fächern Geografie und Geschichte aufgehoben war. Damit einher gehen ein Interesse und eine Sensibilität für räumliche, historische, gesellschaftliche und politische Themen, örtlich und zeitlich sowohl im Hier und Jetzt als auch zu anderen Zeiten und an anderen Orten. Diese drei Begriffe charakterisieren den vorliegenden Band mit der entsprechenden Perspektive in doppelter Weise: Einerseits nähern wir uns inhaltlich über *community* und *neighborhood* dem Geworden-Sein *community*-orientierter, transdisziplinärer Arbeitsansätze, wie sie insbesondere in Nordamerika im Übergang vom 19. zum 20. Jahrhundert entwickelt und diskutiert wurden und teilweise ihren Weg über den Atlantik in die deutschsprachige Diskussion Sozialer Arbeit fanden. Andererseits lässt sich mit den drei Begriffen auch der Entstehungskontext und -prozess des Bandes umschreiben, welcher 2011 mit einer örtlich-inhaltlichen und zeitlichen Koinzidenz der beiden Autoren seinen Ausgangspunkt nahm. Stefan Köngeter weilte von 2010 bis 2011 als Postdoctoral Research Fellow an der *Faculty of Social Work* an der *University of Toronto* in Kanada. Er widmete sich dort dem Arbeitsfeld der transnationalen Geschichte der Settlement-Haus-Bewegung. Christian Reutlinger verbrachte das Sommersemester 2011 ebenfalls in Kanada, wo er als *Visiting Fellow* (gefördert durch den Schweizerischen Nationalfonds) am *Department of Geography* der *University of British Colombia* in Vancouver arbeitete. Im Rahmen des Projekts „*Global cities, gated communities* und alltägliche Unterstützung in transnationalisierten Nachbarschaften" untersuchte er das Phänomen transnationaler Migration zwischen China und Kanada und deren Auswirkungen auf die Stadtentwicklung bzw. Bildung von (geschlossenen) *communities*. Unabhängig voneinander wurden beide Autoren im Zuge ihrer jeweiligen Projekte in ihren Recherchearbeiten auf das Archiv der seit 1874 jährlich stattfindenden *National Conference of Charities and Correction (NCCC)* aufmerksam. Im Rahmen zweier gemeinsamer Stadtbesichtigungen bzw. Gegenbesuche, in Vancouver und einige Wochen später in Toronto, reifte die Idee, aus diesem weitgehend brachliegenden Archiv ein gemeinsames Buchprojekt aufzugleisen mit dem Ziel, diesen Fundus für Studierende der Sozialen Arbeit in deutschsprachigen Ländern zugänglich zu machen.

Bis diese Idee mit der vorliegenden Publikation nun ihren Abschluss finden konnte, sind zwölf Jahre vergangen, in denen sich die beiden Autoren an verschiedensten Orten und in verschiedensten Momenten ausgetauscht und gemeinsam weitergedacht haben. Zuerst aus räumlicher Distanz zwischen Trier und Rorschach, seit fünf Jahren im Rahmen der intensiven Zusammenarbeit als Co-Leitende des Instituts für Soziale Arbeit und Räume an der OST – Ostschweizer Fachhochschule (vormals FHS St. Gallen). Auf diesem schon fast als historisch zu bezeichnenden Weg lassen sich nicht nur viele Momente bestimmen, in denen sich Ideen und Gedanken konkretisiert haben. Vielmehr haben uns auch etliche Kolleg:innen begleitet und unterstützt, manchmal mit ihren (spontanen) Reaktionen zu diesem Vorhaben, manchmal mit konkreten Arbeiten, die sie für uns übernommen haben. An dieser Stelle möchten wir unseren expliziten Dank aussprechen, an Trix Fritsche, Tobias Kindler, Vanessa Lambers, Lea Moser, Patricia Roth, Vincent Ruppli, Eleni Spiroudis, Christina Vellacott und Madeleine Vetterli. Für die an vielen Stellen überstrapazierte Geduld möchten wir uns besonders bei unserer Lektorin des SpringerVS Verlags, Stefanie Laux, bedanken – und natürlich auch bei den Leser:innen, welche schon früh auf das Buch aufmerksam wurden, es bestellten, lange warteten und warteten, und nun endlich in Händen halten können.

St. Gallen   Stefan Köngeter
im Januar 2023   Christian Reutlinger

Inhaltsverzeichnis

Einleitung

1

Seit Mitte der 1990er Jahre ist eine Konjunktur von Begriffen, Konzeptionen und Theoriezugängen in der Sozialen Arbeit und angrenzender Disziplinen zu verzeichnen, in denen die Bedeutung von Sozialraum, Gemeinschaft und Gemeinwesen für die Wohlfahrtsproduktion unter den aktuellen gesellschaftlichen Bedingungen hervorgehoben wird. Diese Begriffe werden vielfach alltagssprachlich, manchmal metaphorisch sowie von diversen Akteur:innen situativ und strategisch unterschiedlich genutzt. Auch eindeutige Abgrenzungen zwischen den Begriffen untereinander und zu anderen mit ähnlichem Bedeutungsgehalt, wie beispielsweise Sozialkapital, Solidarität, Soziokultur oder Gemeinde, sind selten zu finden. Trotzdem oder gerade deshalb hat das diskursive Feld die Soziale Arbeit im deutschsprachigen Raum, vor allem in Deutschland selbst, in den letzten Jahren nachhaltig geprägt. Wir wollen daher diese Begriffstrias in diesem Studienbuch auch nicht definieren oder eingrenzen, sondern das Feld facettenreich in seinem historischen Geworden-Sein nachzeichnen.

Damit wollen wir uns auch abgrenzen gegenüber historischen Erzählungen, in denen entlang dieser Begriffe paradigmatische Differenzen hervorgehoben werden und eine lineare Geschichte hergestellt wird. Denn dadurch werden die vielen Querbeziehungen, sowohl in geographischer als auch in fachlicher und disziplinärer Hinsicht, nicht berücksichtigt. So verorten Darstellungen zur Gemeinwesenarbeit ihre Wurzeln in der englischen und US-amerikanischen Settlement-Haus-Bewegung (vgl. Abschn. 8.2.3) des späten 19. Jahrhunderts und stellen diese konträr dem Ansatz der Einzelfallhilfe gegenüber. Die Basis solcher geschichtlichen Rückblicke bilden wenige Texte, die in der deutschsprachigen Literatur aufgenommen und immer wieder von Neuem bemüht werden. Das Ergebnis ist dann eine scheinbar eindeutige und nicht hinterfragte Kette aus

© Springer Fachmedien Wiesbaden GmbH, ein Teil von Springer Nature 2023
S. Köngeter und C. Reutlinger, *Studienbuch Geschichte der Gemeinwesenarbeit*, Sozialraumforschung und Sozialraumarbeit 17,
https://doi.org/10.1007/978-3-658-15025-9_1

Argumentationen, die „die Geschichte" gemeinwesenarbeiterischer Ansätze zu bilden scheinen.

Dies gilt nicht nur für die Gemeinwesenarbeit. Vielmehr folgen auch die fachlichen Begründungen für Reformen rund um den Begriff des Sozialraums, also das sogenannte Handlungsprinzip oder Fachkonzept der Sozialraumorientierung, diesem Muster. Indem die Sozialraumorientierung – je nach Perspektive – als weiteres Glied in der Kette oder als paralleler Handlungsansatz zur Gemeinwesenarbeit verstanden wird, werden Anschlüsse oder Abgrenzungen vorgenommen, die geschichtlich begründet dann als folgerichtig erscheinen. Gleichermassen betonen Gemeinwesenarbeit wie Sozialraumorientierung die Wichtigkeit intakter lokaler beziehungsweise durch Soziale Arbeit zu aktivierende Gemeinschaften, wenn es um nachbarschaftliche Unterstützung, solidarischen Zusammenhalt oder integrative Orientierung geht. Dies gilt für die früheren Diskussionen und Konzeptionen genauso wie für die aktuellen, die sich in einer immer globaler werdenden Welt verorten. Die heute vorfindbaren Gegenüberstellungen und Kategorisierungen entsprechen jedoch nur selten der Komplexität und vielschichtigen Gemengelage, wie sie uns in historischen Dokumenten und Archiven begegnen. Diese Vielschichtigkeit und Komplexität möchten wir hier mit dem Ziel präsentieren, selbst spannende Verbindungen und spannungsreiche Auseinandersetzungen zu finden.

Dieser Kontrast bildet den Ansatzpunkt der im vorliegenden Band „Studienbuch Geschichte der Gemeinwesenarbeit" vorgeschlagenen historischen Spurensuche. Sie ist informiert durch eine intensive Auseinandersetzung mit aktuellen konzeptionellen und theoretischen Variationen und Spielarten der Diskussion um Gemeinwesenarbeit und Sozialraumorientierung. Sie ist vor allem aber auch interessiert an einer reflexiven historischen Verortung dieses Booms um die Begriffstrias Sozialraum, Gemeinwesen und Gemeinschaft. Historische Reflexivität ist in diesem Fall in mehrfacher Hinsicht vonnöten: Sie hat zum Ersten die eigene wissenschaftlich-praktische Position in der Gegenwart zu bedenken. Zum Zweiten ist das Begriffsfeld zu historisieren und dabei das Geworden-Sein von Handlungsfeldern und disziplinären Zuordnungen zu berücksichtigen. Augenfällig ist hierbei zum Beispiel die Bedeutungsverschiebung des Nachbarschaftsbegriffs (oder genauer das Reden über *neighborhood*) im Laufe der vergangenen hundertfünfzig Jahre: Während im Übergang ins 20. Jahrhundert Nachbarschaft *(neighborhood)* und Gemeinwesen *(community)* in den USA gleichberechtigt oder alternativ verhandelt wurden, wird heute dies- wie jenseits des Atlantiks die entscheidende Rolle von Nachbarschaft nachrangig zu Gemeinwesen oder Sozialraum gesehen. Dies gilt, obschon funktionierende nachbarschaftliche Beziehungen entscheidend sind für ein lebendiges Gemeinwesen beziehungsweise einen inklusiven Sozialraum. Und – last, but not least – sind zum Dritten grenzüberschreitende Transformationen und Übersetzungen dieser Begriffe reflexiv einzuholen. In der Spurensuche fokussieren wir auf die US-amerikanische Debatte um die Bedeutung von *community*, wie sie Ende des 19. Jahrhunderts und Anfang des 20. Jahrhunderts im Rahmen der regelmässig stattfindenden *National Conference of Charities and Correction* (später: *National Conference of Social Work*) geführt wurde. Diese Konferenzreihe ist zum einen für die US-amerikanische Soziale Arbeit von zentraler Bedeutung. Zum anderen aber, und das ist der entscheidende Grund, erwuchs hier zwischen 1890 und 1935 die sogenannte „Methodentrias" (Mühlum 2004, S. 18) aus Einzelfallhilfe *(social case work)*, sozialer Gruppenarbeit *(social group work)* und Gemeinwesenarbeit *(community organization)*. Diese drei Methoden strukturierten von da an die Soziale Arbeit in den USA und dann auch im Nachkriegsdeutschland. Sie wurden schliesslich zu einem festen Bestandteil der Sozialen Arbeit im deutschsprachigen Raum. „[Die] Studenten- und Sozialarbeiter-Bewegung der ausgehenden 1960er Jahre [...] [entdeckte] die Gemeinwesenarbeit als eine Chance, die engen Grenzen des leidenden Individuums und der mit sich selbst zerstrittenen Gruppe zu überspringen und gesamtgesellschaftlich relevante Lehr-Lern-Prozesse einzuleiten [...]. Die drei klassischen Methoden der Sozialarbeit repräsentieren wie Objektive mit unterschiedlichen Brennweiten, die einem Fotoapparat vorgeschraubt werden können, jeweils unterschiedliche Tiefenschärfen sozialpädagogischer Interventionen. [...]. Im besten Fall ergänzen sie einander" (Galuske und Müller 2012, S. 600 ff.).

Das Ziel der historischen Rekonstruktion liegt darin, vergessene Zusammenhänge und internationale Verbindungslinien zwischen verschiedenen sozialpädagogischen Ansätzen, die sich im historischen Diskursfeld von Sozialraum, Gemeinwesen und Gemeinschaft befinden, aufzuzeigen und sichtbar zu machen. Gewinnbringend ist sowohl die dadurch in Erscheinung tretende Vielfalt an möglichen, gelegentlich überraschenden Bedeutungen und Verwendungen der Konzepte zu unterschiedlichen Zeiten und in verschiedenen Diskussionszusammenhängen als auch die Erkenntnis darüber, wie Soziale Arbeit „geworden ist" und sich konturierte. Dies ist auch für das Verständnis heutiger Diskurse wichtig, da scheinbar eindeutige Begriffe und ihre Verwendungen weiteren Wandlungen und Entwicklungen ausgesetzt sein werden, die es fachlich informiert und strategisch geschickt (mit) zu gestalten gilt. Neben einem durch die beiden Autoren erstellten empirischen Analyseteil sollen zu diesem Zweck zentrale Originaltexte für das deutschsprachige Publikum zugänglich gemacht und somit der Korpus an Quellen zu den Zusammenhängen der Gemeinwesenarbeit angereichert werden.

Studienbuch Gemeinwesenarbeit – was wir darunter verstehen

2

Gemeinwesenarbeit gehört zu den interessantesten und vielschichtigsten Arbeitsfeldern der sozialen Berufe. Gemeinwesenarbeit ist deshalb so interessant, weil wir es hier mit ganz verschiedenen Akteur:innen und ihren jeweiligen Sicht-, Denk- und Handlungsweisen zu tun haben: Mit unterschiedlichen Menschen, die sich als Teil eines Gemeinwesens verstehen oder dazugezählt werden, mit Fachkräften aus mannigfaltigen Berufen (Sozialplaner:innen, Politiker:innen, Wirtschaftsvertreter:innen, Kirchenverterter:innen, professionelle Akteur:innen aus dem Sozial-, Bildungs- und Gesundheitsbereich etc.), die alle an und mit diesem Gemeinwesen arbeiten, mit Organisationen und Institutionen aus diversen Bereichen des gesellschaftlichen Lebens. Davon ausgehend werden in der Gemeinwesenarbeit individuelle Aspekte des (Zusammen-)Lebens in ihrer Verbindung mit gesellschaftlichen Strukturen und in ihren sozialräumlichen Ausprägungen bearbeitet.

Es ist die Vielschichtigkeit, welche die Tätigkeit der Gemeinwesenarbeit selbst charakterisiert und diese deshalb so attraktiv macht: Es geht um die (parteiliche) Arbeit mit den Menschen des Gemeinwesens, um das Organisieren von Angeboten mit den und für die Menschen, aber auch um die Gestaltung von Strukturen, politischer, rechtlicher, sozialer oder räumlicher Art. Es geht um die Sichtbarmachung sozialer Probleme und die advokatorische Arbeit mit denjenigen, die unter diesen sozialen Problemen leiden. Es geht darum, politische Konflikte zu lancieren und auszutragen, aber auch darum, politische Lösungen im Austausch mit anderen zu finden. Und es geht schliesslich um die Förderung der Handlungsfähigkeit und Selbstorganisation von Individuen und Gruppen sowie um den Aufbau und die Etablierung von Netzwerk- und Kooperationsstrukturen im zivilgesellschaftlichen wie im professionellen Bereich.

© Springer Fachmedien Wiesbaden GmbH, ein Teil von Springer Nature 2023
S. Köngeter und C. Reutlinger, *Studienbuch Geschichte der Gemeinwesenarbeit*, Sozialraumforschung und Sozialraumarbeit 17, https://doi.org/10.1007/978-3-658-15025-9_2

Gemeinwesenarbeiter:innen agieren also am beziehungsweise im Dazwischen (lateinisch: inter-esse), an den Verbindungslinien, die die Gesellschaft zusammenhalten oder auseinandertreiben. Wir möchten hier entlang von vier Dimensionen des „Dazwischen" ausweisen, was das Besondere an der Gemeinwesenarbeit ausmacht.

Zwischen den vielfältigen Akteur:innen des Alltags
Als Autoren des vorliegenden Studienbuches wollen wir uns an dieser Stelle einer Positionierung enthalten, ob es sinnvoll wäre, Gemeinwesenarbeit als eigene Profession[1] auszuweisen, oder diese als Teil der Sozialen Arbeit zu betrachten. Bereits 1939 wurde in einer Standortbestimmung formuliert (Lane 1939), dass Gemeinwesenarbeit einerseits Teil der Sozialen Arbeit sei, aber gleichzeitig darüber hinausgehe, und auf die Herstellung von „social welfare" – dem Wohlergehen nicht nur der Einzelnen, sondern auch der Gemeinschaft, also auf Wohlfahrt – abziele. Daran ist nicht nur die Soziale Arbeit beteiligt, sondern ganz viele Akteur:innen und Organisationen in der Gesellschaft. Wir gehen mit Gilles Deleuze (1979) davon aus, dass „das Soziale" mehr ist als ein soziologischer Grundbegriff, mit dem die soziale Wirklichkeit gefasst und aufgeschlossen wird. „Das Soziale" hat sich vielmehr als ein Feld in der Gesellschaft etabliert, in dem heterogene soziale Probleme verhandelt werden, unterschiedliche Berufe und Berufsgruppen diese Probleme bearbeiten und in dem verschiedene Organisationen und Institutionen diese Bearbeitung auf Dauer stellen und erwartbar machen. Vor allem aber liegt „das Soziale" im Schnittfeld von Privatheit und Öffentlichkeit: Auch wenn Aspekte des „Sozialen" berufsförmig bearbeitet werden, bleibt doch immer ein grosser Teil dieser Arbeit nichtberufsförmig, also im Alltag der Menschen verortet. Am Beispiel des Gemeinwesens wird dies schnell ersichtlich: Das Gemeinwesen lebt wesentlich durch die Menschen, die sich als deren Mitglieder verstehen. Gemeinwesenarbeit kann diese konkrete Leistung der Menschen – die alltägliche Erwerbsarbeit,

---

[1] Mit dem Begriff Profession wird der besondere gesellschaftliche Status eines Berufs bezeichnet. Dieser Status zeichnet sich dadurch aus, dass Professionen (z. B. Ärzt:innen, Jurist:innen) das Mandat haben, in einem gesellschaftlichen Bereich tätig zu sein (z. B. Krankheiten zu behandeln), und nur sie auch die Lizenz besitzen, diese Tätigkeiten durchzuführen. Um dies zu können, bedarf es in der Regel einer wissenschaftlichen Ausbildung, einer Orientierung an gesellschaftlichen Werten (und nicht an der Profitmaximierung) und einer Praxis, die das wissenschaftliche Wissen auf den Einzelfall anwendet (Köngeter 2017).

die bezahlten und unbezahlten Dienstleistungen, das Engagement in Vereinen, die gegenseitige Hilfe und Unterstützung in schwierigen Lebenssituationen, das gesellige Zusammensein, das politische Für- und Miteinander-Eintreten und Streiten – unterstützen oder anregen, möglicherweise auch teilweise selbst erbringen. Allerdings können Fachkräfte diese Leistungen nie vollständig ersetzen – Gemeinwesenarbeit ist daher immer Co-Produktion der Fachkräfte (Gemeinwesenarbeiter:innen) mit den Akteur:innen im und am Gemeinwesen.

Zwischen den Professionen
Wenn wir also über den Teil der Arbeit mit und am Gemeinwesen sprechen, der berufsförmig erbracht wird, dann sind neben Sozialarbeiter:innen und Gemeinwesenarbeiter:innen noch viele andere Fachkräfte daran beteiligt, dass ein Gemeinwesen „lebt". Dazu gehören Politiker:innen, Lehrer:innen, Ärzt:innen, Psycholog:innen, Pflegekräfte, Raum- oder Stadtplaner:innen, Architekt:innen etc. Eine eindeutige Zuständigkeit, wie wir sie aus anderen gesellschaftlichen Bereichen kennen (z. B. Ärzt:innen sind für die Gesundheit der Menschen zuständig), lässt sich hier nicht ableiten. Vielleicht besteht daher eine der zentralen Aufgaben von Gemeinwesenarbeiter:innen darin, in der Lage zu sein, sich in diesem *Dazwischen* zu bewegen und dort Verbindungen zwischen unterschiedlichsten Akteur:innen und Logiken zu gestalten. Sie sind in den Worten von Fabian Kessl und Susanne Maurer Grenzbearbeiter:innen (2010) und Übersetzer:innen zwischen verschiedenen sozialen Welten (Engel und Köngeter 2019).[2]

Zwischen Lokalität und Globalität
Damit liegt das „Geschäft", um das es in der Gemeinwesenarbeit geht, also auf der Grenze zwischen mehreren Bereichen und Einflusssphären: auf den bereits erwähnten Grenzen zwischen verschiedenen Berufen bzw. zwischen einer öffentlichen und einer privaten Dimension des „Sozialen". Hinzu kommt als dritter Grenzbereich, dass sich Gemeinwesen entgegen vieler Definitionsbeziehungsweise Ab- und Eingrenzungsversuchen nicht an klar definierten sozialen, funktionalen oder kategorialen Territorien festmachen lassen (z. B. der Stadtteil oder das Dorf). Sie sind vielmehr stets eingebunden in gesellschaftliche Prozesse, die per definitionem schon regionale, nationale und kontinentale Grenzen überschreiten. Dies ist kein neues Phänomen, welches durch die verstärkte weltweite Verflechtung von Wirtschaft, Politik, Kultur oder Umwelt-

---

[2] Diese haben den Begriff auf die Soziale Arbeit bezogen.

themen, der sogenannten „globalisierten Gesellschaft" hervorgerufen wurde und sich nun zeigt. Vielmehr ist dieses Dazwischen, zwischen lokalen und globalen Dynamiken, seit jeher konstitutiv für die Gemeinwesenarbeit. Denn obwohl in der Entstehungsphase der Gemeinwesenarbeit zunächst lokale Phänomene und Probleme thematisiert wurden, war von Anfang an klar, dass diese mit grenz-überschreitenden Prozessen zusammenhängen, wie etwa mit verstärkten welt-weiten Migrationsbewegungen (siehe Abschn. 6.1). Konsequenterweise konnten und können die (sozialen) Lösungen auch nicht bloss innerhalb eines Stadtteils oder lokalen Territoriums gefunden werden, sondern sie müssen, so die Schluss-folgerung der Pioniere dieses Feldes, soziale Reformen anregen, die letztlich die gesamte Gesellschaft verändern (siehe Abschn. 6.5). Notwendig ist der Blick über den Tellerrand hinaus, der Austausch mit anderen, das Lernen und die Inspiration von anderen, die Übersetzung der Erfahrungen anderer für das eigene Leben beziehungsweise die Bewältigung von eigenen Fragestellungen.

Zwischen der Vielfalt von Themen, Ideen und Erfahrungen
Damit ist ein vierter Grenzbereich der Gemeinwesenarbeit aufgerufen. Es geht um das vielspurige Wandern und Zirkulieren von Themen, Ideen und Erfahrungen, das nicht Halt an nationalen Grenzen macht, sondern immer schon inter- oder transnational war. Damit wird ein zentraler Aspekt aufgerufen, welcher sich vor allem in der Phase der Entstehung dieser Denk- und Arbeits-weise vor rund 150 Jahren zeigte, jedoch zunehmend in Vergessenheit geraten ist und schliesslich durch das Bild der aufeinander aufbauenden, linearen Ent-wicklung einer stets besser werdenden Idee von Gemeinwesenarbeit ersetzt wurde. Nicht verwunderlich ist deshalb, dass einem im heutigen Rückblick auf die Geschichte der Gemeinwesenarbeit diese wie ein linearer Pfad erscheint, ent-lang dessen sich die Gemeinwesenarbeit von Ort zu Ort, von Region zu Region, von Land zu Land entwickelt zu haben scheint.

2.1   Linearität oder Vielspurigkeit? Unterschiedliche Spurenverläufe, unterschiedliche Suchbewegungen, unterschiedliche Verständnisse von Gemeinwesenarbeit

Der Ursprung der Gemeinwesenarbeit wird in vielen historischen Abhandlungen in den angelsächsisch sprechenden Ländern verortet und hier vor allem in den USA (siehe ausführlich Kap. 4) – obwohl die US-amerikanischen Ansätze wiederum inspiriert waren von praktischen Erfahrungen, die im England des ausgehenden 19. Jahrhunderts erprobt wurden. Gleichzeitig lassen sich zur selben Zeit auch in Deutschland Initiativen benennen, die konzeptionell und methodisch mit einem ähnlichen Grundverständnis arbeiteten (Bingel 2011; Müller 1968, 1971; Siegmund-Schultze 1950). Durch die radikalen Umbrüche während des Nationalsozialismus und des zweiten Weltkriegs haben sich jedoch viele von ihren Spuren hierzulande verloren (respektive wurden die Erfahrungen und die Denkweisen von so manchen geflüchteten Aktivist:innen im Gepäck nach Übersee mitgenommen).

Im heutigen Rückblick scheint die Richtung des Einflusses – insbesondere nach dem Zweiten Weltkrieg – eindeutig zu sein. Es wird darauf verwiesen, dass in den USA zum ersten Mal die wichtigsten Grundlagen für die Gemeinwesenarbeit gelegt wurden und die dort entwickelten Methoden, Konzepte und Theorien zur Gemeinwesenarbeit die deutschsprachige Theoriediskussion und die Praxis wesentlich geprägt haben. Zumindest wird diese Linearität in vielen deutschsprachigen Theorie-Diskussionen immer wieder bestätigt. Lässt sich der Beginn dieses Pfades aber wirklich so eindeutig an diesem Ursprung festmachen, wie es hierzulande (nach)erzählt wird?

Wir haben uns auf den Weg gemacht und sind diesem Pfad gefolgt. Dabei haben wir uns nicht die typische Frage gestellt: Wie hat sich die Gemeinwesenarbeit entwickelt? Denn diese Frage geht immer schon von unserem heutigen Bild der Gemeinwesenarbeit aus. Vielmehr haben wir uns gefragt: Wann taucht das Thema Gemeinwesen zum ersten Mal auf? Wie wurde das Thema benannt? Von wem wurde es thematisiert? Mit welchen anderen Themen wurde es in Verbindung gebracht? Am Anfang unserer Arbeit entlang der Spuren der Gemeinwesenarbeit im US-amerikanischen Kontext der sogenannten *progressive era,* also in der Zeit von ca. 1890 bis 1920, wurden wir überrascht von der Vielzahl unterschiedlicher Stimmen, Themen, Akteur:innen, Diskussionskontexte und Erfahrungen, die uns begegneten. Immer verästelter und uneindeutiger wurden die Auseinandersetzungen mit dem Thema *community* und immer spannender waren die Aspekte, die wir beim Lesen der damaligen Positionen, Diskussionen und Konflikte entdeckten.

Mit diesem Einstieg in die Spurensuche begaben wir uns im Rahmen unserer Arbeit direkt hinein in die damalige Zeit und deren Diskurse, ohne schon zu wissen, worauf das alles hinauslaufen könnte. Im Ergebnis dieser Bewegung respektive der Suche nach Spuren ergibt sich eine aus unserer Sicht spannende Perspektive: Wir sehen das Ringen um vermeintlich richtige Konzepte und gelingende Ansätze, wir sehen die Koalitionen mit Akteur:innen, die wir zunächst gar nicht in die Geschichte der Gemeinwesenarbeit einordnen würden (z. B. Einzelfall-Arbeiter:innen), wir sehen die Kämpfe um Deutungsmuster, die uns fremd erscheinen, sowie Reformen, die für uns heutzutage selbstverständlich sind. Vor allem aber sehen wir auch die Breite und die Vernetztheit der Themen, mit denen es die Gemeinwesenarbeit zu tun hat. Wenn wir uns also in die damalige Zeit hineinversetzen, dann lässt sich kein klarer, linearer Pfad ausmachen, sondern eher ein dicht verästeltes Buschwerk unterschiedlicher Themen, Ansätze, Ideen usw.

Aber warum sollten wir dies überhaupt tun? Genügt es nicht zu wissen, welche Ansätze sich letztlich durchgesetzt haben? Wir denken, dass solche Spurensuchen wichtig sind, weil wir es heute mit einer ähnlichen Situation zu tun haben. Wir haben es wieder mit einem undurchdringlichen Buschwerk von Themen, Ansätzen und Ideen zu tun, das der damaligen Situation in manchem ähnelt. Wir sind davon überzeugt, dass eine Auseinandersetzung mit dieser damaligen Situation uns auch heute mehr Klarheit verschaffen wird – nicht darüber, wo es lang geht, aber dahingehend, wie wir heute mit dieser Unklarheit, mit der Komplexität, mit den Widersprüchen und Konflikten umgehen können. Viele Themen von damals sind brandaktuell, obwohl sie in Vergessenheit gerieten (Epple und Schär 2015). Vieles lohnt sich, erneut entdeckt zu werden und Vieles bedarf einer abermaligen Rezeption und Übersetzung auf die heutigen Themen und Problemlagen.

2.2   Studium als Suche und Entdeckungsmöglichkeit – Studienbuch als Begleitung

Wie lässt sich diese historische und grenzüberschreitende Suchbewegung vermitteln bzw. für das Studium produktiv nutzen? Wie gelingt es, sich im vorgegebenen Rahmen einer curricularen Ausbildung auf Erkundungstour zu begeben und offen zu sein für nicht Vorhergesehenes? Und dies vor dem Hintergrund der Tatsache, dass eine solche Spurensuche langwierig und zuweilen auch mühsam sein kann, weswegen sie im Rahmen der heutigen modularisierten Studienkultur den Studierenden gar nicht mehr zuzumuten ist?

Diese Fragen beschäftigten uns beim Schreiben und bei der Entstehung des vorliegenden Studienbuches. Das Studienbuch verstehen wir als eine Art Begleitung, welche den Weg in die damalige Zeit und deren Diskurse eröffnet, indem wichtige Texte und Kontexte gebündelt vorliegen und dazu einladen sollen, im Studium, in der Diskussion miteinander und in Auseinandersetzung mit den Texten eigene Vermutungen anzustellen. Die Geschichte der Gemeinwesenarbeit soll dadurch selbst entdeck- und studierbar werden. Über die Erforschung der grenzüberschreitenden und vielspurigen Geschichte der Gemeinwesenarbeit soll das berufliche Selbstverständnis von zukünftigen Gemeinwesenarbeiter:innen als Grenzbearbeiter:innen (Kessl und Maurer 2010) und Übersetzer:innen zwischen verschiedenen sozialen Welten (Engel und Köngeter 2019) gestärkt werden. Dies erachten wir als wichtigen Baustein in der Aus- und Weiterbildung (unter anderem von Sozialpädagog:innen und Sozialarbeiter:innen), damit Professionelle zukünftig gut gerüstet tätig sein werden, neben der Vermittlung von Grundlagen zum Verständnis der institutionellen Rahmenbedingungen und den methodischen Werkzeugen.

In diesem Sinne haben wir uns auf den Weg gemacht, interessante, befremdliche, zuweilen auch skurril erscheinende Texte zu finden, die uns Einblicke in dieses Ringen der damaligen Zeit geben. Wir haben also nicht nur Klassiker:innen aufgenommen und einen Kanon erstellt – das würde dem bekannten, aber von uns kritisierten Vorgehen entsprechen, aus heutiger Perspektive geradlinige, grosse Verläufe nachzuzeichnen und eine eindrucksvolle Erzählung zu liefern. Vielmehr haben wir sehr unterschiedliche Texte zusammengestellt, die eines verbindet: Sie setzen sich explizit mit den beiden Begriffen Gemeinwesen *(community)* und Nachbarschaft *(neighborhood)* auseinander. Diese Gleichberechtigung der Begriffe mag aus heutiger Sicht erstaunen, da Nachbarschaft zwar nach wie vor als zentrale Dimension von Gemeinwesen, Sozialraum und Gemeinschaft diskutiert, jedoch meist nachgelagert verhandelt wird. Historisch betrachtet war dies hingegen umgekehrt: Bevor die Auseinandersetzungen sich um *community* und *neighborhood* drehten, kreisten viele thematische Diskussionen um die Bedeutung von Nachbarschaft. Diesen beiden Begriffen und ihrer Verwendung in den Jahren vor, insbesondere während und auch im Nachgang der *progressive era* (zwischen 1890 und 1920) haben wir intensiver nachgespürt. Ihre Verwendung hinsichtlich der Häufigkeit, aber auch der jeweiligen Thematisierungen eröffnen uns eine Breite, die wir in der linearen Geschichte der Gemeinwesenarbeit, wie sie im deutschsprachigen Kontext erzählt wird, nicht mehr finden. Sie hat uns überrascht und war der Schlüssel für die Weitersuche in Texten, die aus einem gemeinsamen Textkorpus stammten, nämlich den Kongressakten der sogenannten *National Conference of Charities and Correction* (später *National Conference of Social Work*), einer zwischen 1874 und 1982 jährlich stattfindenden Veranstaltung für soziale Wohlfahrtsdienste und Reformbemühungen in den Vereinigten Staaten. Schliesslich sind alle Texte in der englischen Originalsprache belassen und müssen deshalb auch in sprachlicher Hinsicht entdeckt bzw. übersetzt werden. Um dies zu erleichtern, haben wir uns entschieden, zentrale Passagen auf Deutsch zu übersetzen und in Form von einleitenden und rahmenden Texten zu diesen Originalquellen mögliche

Lesarten darzubieten mit dem Ziel, den Leser:innen einen einfacheren Zugang zu den englischsprachigen Originaltexten zu ermöglichen.

Als Hochschullehrer und als Kollegen, die im aktiven Austausch mit Studierenden und Praktiker:innen im Tätigkeitsfeld Gemeinwesenarbeit stehen, teilen wir nicht nur die Begeisterung für Historisches, sondern uns geht es selbstverständlich auch um das Hier und Jetzt. Das heisst, wir sind einerseits natürlich interessiert daran, aus den gewonnenen Erkenntnissen Lehren für die heutige Zeit und für die heutige Gemeinwesenarbeit zu ziehen. Daher versuchen wir auch immer wieder in diesem Studienbuch Parallelen zur heutigen Diskussion aufzuzeigen. Andererseits jedoch wollen wir vor allem den Studierenden und interessierten Kolleg:innen einen inspirierenden Einblick in Originaltexte geben, damit sie eigene Schlüsse daraus ziehen, eigene Spuren identifizieren können und um ihnen eigene Übersetzungen in die heutige Zeit zu ermöglichen. Systematisch gesprochen verfolgt das Buch somit die folgenden vier Ziele:

Unser Studienbuch zur Geschichte der Gemeinwesenarbeit möchte die Leser:innen erstens dazu einladen, gemeinsam mit uns in die produktiven Diskussionszusammenhänge einzutauchen, auf die wir während unserer Spurensuche durch die vielfältige Geschichte der Gemeinwesenarbeit gestossen sind. Wir selbst waren überrascht davon, wie viele aktuelle Bezüge sich in diesen historischen Quellen wiederfinden, wie viele Methoden, Erkenntnisse und Theorien in Texten beschrieben sind, die zum Teil vor mehr als hundert Jahren verfasst wurden. Diese Überraschungen selbst nachzuvollziehen, aber auch ganz eigene Entdeckungen zu machen, dazu sollen unsere Analysen im Zusammenspiel mit den Originaltexten dienen. Dies ist das erste und gleichzeitig zentrale Ziel dieses Studienbuchs.

Zweitens denken und hoffen wir, dass ein solches Studium hilft, Eindeutigkeiten und vereinfachende Kategorisierungen zu vermeiden, die sowohl Elemente der Geschichtsschreibung der Sozialen Arbeit betreffen als auch in der heutigen Diskussion um Sozialraum(orientierung), Gemeinwesenarbeit und Gemeinschaft zu finden sind (siehe Kap. 3). Nun sind Kategorisierungen sowie der Austausch von Argumenten über bessere Methoden und angemessenere Theorien Teil der Produktivität. Dennoch beobachten wir zuweilen, dass sich diese Eindeutigkeiten manifestieren und dadurch anderweitige Perspektiven verstellt werden. Das lässt sich unter anderem an einem Beispiel aufzeigen, welches im Verlauf dieses Buches noch häufiger auftauchen wird: Ein zentraler historischer Bezugspunkt für die Gemeinwesenarbeit wird in der sogenannten Settlement-Haus-Bewegung (vgl. Abschn. 8.2.3) gesehen, die sich Ende des 19. Jahrhunderts entwickelt hat und die massgeblich durch Jane Addams (siehe Biografie von Addams in Abschn. 8.1.1) geprägt wurde. Die Fixierung dieser historischen Linie führt aber dazu, dass die weiteren Diskussionszusammenhänge, in die die Settlement-Leute eingebunden waren, ignoriert und marginalisiert werden. Das zweite Ziel ist also ein kritisch-aufklärendes: Es geht uns darum, vereinfachenden Kategorisierungen in Bezug auf Geschichte und Gegenwart der Gemeinwesenarbeit die Möglichkeit entgegenzusetzen, sich selbst ein Bild von Zusammenhängen und Abgrenzungen im Diskurs über das Gemeinwesen zu machen.

Damit sind wir beim dritten Ziel angelangt. Wir wollen die Heterogenität des Diskurses, die vielen Verbindungslinien und die beinahe zahllosen Themen, die mit der Diskussion um Nachbarschaft und Gemeinwesen Anfang des 20. Jahrhunderts zusammenhängen, an Originaltexten aufzeigen. Auf diese Weise lässt sich demonstrieren, dass die Produktivität solcher Bewegungen und Diskurse nicht durch ihre Isolation und Ideologisierung, sondern durch Auseinandersetzungen und die Verknüpfung von Wissen, Ideen und praktischen Methoden entstanden ist. Die Möglichkeit dies nachzuvollziehen, sich inspirieren zu lassen und selbst neue Anschlüsse zu suchen, umfasst also das dritte Ziel des Studienbuchs.

Nicht zuletzt erhoffen wir uns, dass dieses Streben auch Auswirkungen auf den momentan so fruchtbaren wie differenzierten Diskurs zu Gemeinwesenarbeit und Sozialraumorientierung hat. Es geht uns viertens also darum, eine bessere Verständigung in aktuellen Diskussionen über Sozialräume, Nachbarschaften, Gemeinwesen, Gemeinschaft etc. zu ermöglichen, indem wir uns – hier schliessen wir uns als Autoren und Forscher gerne mit ein – der damit einhergehenden Reichhaltigkeit und Vielfalt hoffentlich bewusster werden. Die Kenntnis über diese verschiedenen Facetten eröffnet unseres Erachtens nämlich die Chance, verständlicher zu kommunizieren und vorhandenes Wissen, Erfahrungen sowie Ideen in einer Weise aufzubereiten, dass sie für alle nachvollziehbar und nutzbar werden. Denn nur so lässt sich die Produktivität des Diskurses über Gemeinwesenarbeit aufrechterhalten und – natürlich – weiterentwickeln.

2.3 Aufbau des Buches

Die Geschichte der Gemeinwesenarbeit, wie sie hierzulande, das heisst in deutschsprachigen Ländern bisher aufgearbeitet wird, steht im Zentrum des dritten Kapitels. Die dominierende Erzählung der Gemeinwesenarbeit wird hierzulande erst mit dem Ende des Zweiten Weltkriegs entwickelt, dem Wiederaufbau und dem Transfer von Arbeitsansätzen aus Nordamerika. Wie jedoch ihr weiterer Verlauf vor sich ging und wie ganz aktuelle Diskussionen, beispielsweise zum Thema Sozialraumorientierung, in diese Historie eingeordnet werden, variiert je nach Betrachtungsweise. Diese unterschiedlichen Lesarten werden deshalb genauer herausgearbeitet.

Auch die Vorläufer zu dieser Geschichte sind bekannt. Als zentral wird in diesem Zusammenhang immer wieder die Settlement-Haus-Bewegung aufgerufen. Dieser Tradition ist deshalb das vierte Kapitel in besonderem Masse gewidmet, während Bezüge zu den deutschsprachigen Vorläufern nur stellenweise und nicht in systematischer Form vorgenommen werden (hierzu empfehlen wir die gut nachvollziehbaren Aufarbeitungen von Bingel 2011).

Die Textgrundlage, welche für das vorliegende Studienbuch genauer betrachtet wurde, beruht auf den Kongressakten der ab 1874 jährlich stattgefundenen *National Conference of Charities and Correction* (später *National Conference of Social Work*).[3] Diese Textbasis, mit der sich der Analyseteil auseinandersetzt, wird im fünften Kapitel genauer beschrieben und der Kontext dieser Konferenzreihen erläutert. In einem ersten Schritt wurde untersucht, in welcher Häufigkeit die beiden Stichworte *community* und *neighborhood* darin auftauchen und wie sich die dahinterliegenden konjunkturellen Verläufe erklären lassen. Als zusätzliche wichtige Erklärungsgrundlage diente sodann eine zweite Analyse dahingehend, welche Vorträge in einen thematischen Zusammenhang gebracht wurden. Diese thematischen Zusammenhänge nennt man in englischsprachigen Ländern häufig *Sessions*. Die Entwicklung dieser *Sessions* verdeutlicht, mit welchen Diskursen und Themen die Begriffe *community* und *neighborhood* verbunden wurden. Daran anschliessend folgte drittens die Untersuchung weiterer Begriffe, die mit *community* und *neighborhood* in einem Netzwerk von Begriffen verbunden sind. Die Ergebnisse dieser Analyse waren dann auch die Basis für das nächste Kapitel, in dem wir mit diesen Debatten in das vielfältige, faszinierende und interessante Feld der Gemeinwesenarbeit eintauchen und im Kern des vorliegenden Studienbuches angelangt sind.

Im Kap. 6 machen wir entlang von fünf zentralen Thematisierungslinien das Angebot, selber ähnliche, aber auch neue Zusammenhänge zu entdecken und für die heutige Zeit nutzbar zu machen. Wir schlagen folgende fünf aus unserer Spurensuche hervorgehende Thematisierungslinien vor:

---

[3] Die Konferenzreihe fand bis 1982 statt, verlor aber nach und nach an Bedeutung. Wir haben uns in unserer Analyse auf die Jahre bis 1935 konzentriert. Das war der Zeitpunkt, an dem «*community organization*» in dieser Konferenz in der Reihe «*social case work*», «*social group work*» und «*social action*» als dritte von vier Methoden der Sozialen Arbeit ihren Platz gefunden hat.

- Familie – Nation – Migration & *Race*[4] (erste Thematisierungslinie, Abschn. 6.1)
- Bildung – Schule – Arbeit & Ökonomie (zweite Thematisierungslinie, Abschn. 6.2)
- Stadt – Forschung – Planung & Organisation (dritte Thematisierungslinie, Abschn. 6.3)
- Wohnen – Spielen – Öffentliches Leben & Parks (vierte Thematisierungslinie, Abschn. 6.4)
- Soziale Ressourcen – soziale Reformen (fünfte Thematisierungslinie, Abschn. 6.5)

Jede dieser Thematisierungslinien wird von uns beschrieben, (aktuelle) Bezugspunkte, die wir selber gesehen haben, werden benannt und auch Aussagen der damaligen Protagonist:innen werden in die Argumentation eingebunden. Die von uns identifizierten Bezugspunkte werden jeweils in Kästen dargestellt und greifen Bezüge zu aktuellen und historischen Diskursen auf. Auf jede dieser thematischen Linien folgen die Angaben zu den im Text zitierten Originaltexten (zwischen drei bis fünf Stück an der Zahl) mit einer bibliografischen Beschreibung und einem Link zum Online-Archiv, wo die Texte gelesen oder als PDF-Datei runtergeladen werden können.

Abgeschlossen wird der Band mit einem Ausblick im Kap. 7, in dem wir aufzeigen, welche diskursiven Knotenpunkte aus unserer historischen Spurensuche hervorgehen und welche Aktualität und Relevanz sich daraus für das heutige Feld der Sozialen Arbeit und der Gemeinwesenarbeit ergeben.

In den folgenden Seiten werden wir auf Personen stossen, die uns deshalb so vertraut vorkommen, weil sie zu den Pionier:innen der Gemeinwesenarbeit gehören, ebenfalls in deutschsprachigen Ländern. Zusätzlich werden jedoch auch Namen auftauchen, die hierzulande wenig oder nicht mehr bekannt sind. Uns war es ein grosses Anliegen, dass unsere Leser:innen nicht nur die Texte entdecken können, sondern auch einige, zentrale Kontextinformationen zu den Personen erhalten, die diese Texte geschrieben haben. Im Sinne eines Service-Teils werden

---

[4] Da der Begriff *race* nicht direkt ins Deutsche übersetzbar ist, verwenden wir den englischen Originalbegriff. Der englische Begriff verweist auf die soziale Konstruiertheit und institutionellen Verfestigungen, die mit der Bezeichnung einhergehen. Heutzutage stellt sich die Frage, ob der Begriff nach wie vor Verwendung finden sollte. Im historischen Kontext ist es wichtig, diesen aufzugreifen, da er in dem von uns untersuchten Zeitraum eine wichtige Rolle spielte.

sie am Ende des Buches vorgestellt (siehe Kap. 8). Diese Persönlichkeiten sind jedoch nicht als Einzelkämpfer:innen tägig gewesen, sondern ihr Wirken war eingebunden in damals wichtige Strömungen und in den Austausch mit anderen. Einige der wichtigsten Bewegungen werden ebenfalls beschrieben mit dem Ziel, verständlich zu machen, dass es weniger um einen Personenkult geht, als um die unterschiedliche Art und Weise, wie über Gemeinwesen gesprochen und wie es gestaltet wurde, geschweige denn welche Themen dabei verhandelt wurden – abhängig vom Kontext, in den sie eingebunden waren, respektive beeinflusst durch das dominierende Gedankengut der jeweiligen Strömungen. Die Personen werden so, als Kinder ihrer Zeit, greifbar, als Akteur:innen und Knotenpunkte unterschiedlicher Bewegungen und Netzwerke, und umgekehrt erhalten die sozialen Bewegungen eine netzwerkartige Form, die anhand von Texten, Kontexten und bestimmten Personen fassbar werden.

Thematische Einführung – Was ist Gemeinwesenarbeit heute?

Wir möchten mit einer kurzen Erzählung aus dem historischen Kontext der Gemeinwesenarbeit in Deutschland nach dem 2. Weltkrieg beginnen:

> *„Das Telefon läutet sehr nachdrücklich. Ein angesehener Schulleiter im Ruhestand in der Kreisstadt bittet dringend um meine Mitarbeit an einer Sitzung in der nächsten Woche. Der Kreis brauche ein paar Menschen, die sich mit der geistig-seelischen Gesundheit der Bevölkerung befassen. Da läge manches im argen [sic!], er könnte mir aus seiner eigenen Praxis eine ganze Reihe von Beispielen nennen. Es gäbe zwar einige Stellen im Kreis, die sich mit diesen Fragen beschäftigten, aber wohl nicht ausreichend. Jedenfalls hofft er, dass eine interessierte Gruppe von Menschen verschiedenster Berufe sich nächsten Freitagabend zusammenfindet, um diese Dinge einmal zu überlegen.*
>
> *Er hat nicht umsonst gebeten, es werden etwa zwanzig Männer und Frauen aller Kreise der persönlichen Einladung gern folgen. Sie werden wahrscheinlich zehn- bis zwanzigmal zusammenkommen, zehn bis zwanzig Abende einer gemeinsamen Sache opfern, die sie zu ihrer Sache gemacht haben [...].*
>
> *In der Post des nächsten Tages ist ein Brief der Arbeitsgemeinschaft der öffentlichen und Freien Wohlfahrtspflege der Hauptstadt. Es habe sich bei ihr vor kurzem ein Arbeitskreis zusammengefunden, darunter Vorstandsmitglieder und Leiter von einer Reihe von Altersheimen, die es für dringend notwendig hielten, sich mit der Frage der Beratung von neu zu gründenden Heimen zu beschäftigen und mit den an sie zu stellenden Ansprüchen. Es seien in der letzten Zeit ganz erhebliche Missstände bemerkt worden, besonders unter den Altersheimen, die als Gewerbe- und Privatunternehmen eingerichtet werden; doch gebe es noch keinerlei Handhaben, um gegen sie einzuschreiten.*
>
> *Ausserdem bestünden keine allgemein anerkannten Massstäbe, nach denen sich die zur Zusammenarbeit bereiten neuen Unternehmungen beraten liessen. Der Arbeitskreis brauche einen Vorsitzenden, der möglichst nicht mit einem Altersheim persönlich identifiziert sein soll. Man hoffe, dass ich bereit wäre, den Vorsitz für diese Besprechung zu übernehmen und zur Entwicklung von Grundsätzen*

© Springer Fachmedien Wiesbaden GmbH, ein Teil von Springer Nature 2023
S. Köngeter und C. Reutlinger, *Studienbuch Geschichte der Gemeinwesenarbeit*, Sozialraumforschung und Sozialraumarbeit 17,
https://doi.org/10.1007/978-3-658-15025-9_3

für gute Alterspflege beiträge. In der gleichen Post ist ein Schreiben von der Vorsitzenden des Staatsbürger-Verbandes der benachbarten Kleinstadt. Ihre Ortsgruppe sei, angeregt durch das neue Wohnungsbauprogramm des Bundes, nun endlich dazu entschlossen, sich mit den Wohnungsverhältnissen der ärmeren Mitbürger in ihrem Ort vertraut zu machen. Sie hätten vor, sich durch Hausbesuche persönlich von den Verhältnissen zu überzeugen und eine Ortsbestandsaufnahme gewisser Strassen und ganzer Nachbarschaften zu machen. Allerdings sei ihnen nicht ganz klar, worauf es bei solchen Untersuchungen besonders ankäme. Sie hätten einstweilen Fragebogen und statistische Tabellen entworfen und eine kleine Probeerhebung gemacht, aber brauchten doch jetzt etwas technischen Rat. Ob ich bereit wäre, mich ein- bis zweimal mit der Gruppe zu treffen, damit ihre Bemühungen zweckdienlich und wirklich produktiv sein könnten" (Kraus 1951, S. 184).

Mit diesen Zeilen beschrieb die deutsch-amerikanische Sozialwissenschaftlerin Hertha Kraus (1897–1968) 1951 verschiedene Anlässe, in denen gemeinschaftliche Aufgaben durch besorgte Bürger:innen beziehungsweise Nachbar:innen angegangen wurden, da diese ihrer Meinung nach „nur in Gemeinschaft sinnvoll gelöst werden" können (ebd., S. 185). Diese „Gemeinschaftsaufgaben, die jedem Mitbürger gestellt sind, neben den Aufgaben der persönlichen und privaten Sphäre" (ebd.), sollten mit bestimmten Methoden bearbeitet werden, die notwendig sind, neben „Menschen mit gesundem Verstand, mit Wärme und Wohlwollen" (ebd.). Diese ‚Amerikanischen Methoden der Gemeinschaftshilfe' hatte Kraus, die als Jüdin aus Deutschland in die USA geflohen war, dort in ihrem Exil kennengelernt. Nun wollte sie ihr Wissen bei der Rückkehr nach Deutschland mit einbringen. Carl Wolfgang Müller zufolge gehörte Hertha Kraus „zu den ersten deutschen Emigrantinnen, die aus den USA nach Deutschland kamen, um die durch die Hitler-Herrschaft abgeschnittene Verbindung deutscher Sozialarbeiter zur internationalen Entwicklung wiederherzustellen" (Müller 1988, S. 74). Durch ihre zahlreichen überstaatlichen Kontakte und ihr transatlantisches Engagement wurde Kraus „schon bald zu einem ‚Knoten' im Geflecht" (Bussiek 2002, S. 51) des internationalen Austausches.

In Prozessen der sogenannten *Community Organization for Social Welfare*, von ihr als „Gemeinschaftsarbeit für das Gemeinwohl" übersetzt, waren nach Kraus die Fachpersonen Sozialer Arbeit diejenigen, „die unentbehrlich sind für die rechte Wahl der Ziele und der Mittel – für die rechte Deutung dessen, was ist und was sein könnte. Er [der Sozialarbeiter] muss versuchen, sich für solchen Beitrag vorzubereiten und in seine Rolle durch Lernen, üben [sic!] und innere Einstellung hineinzuwachsen" (Kraus 1951, S. 185). Entsprechend forderte Kraus, die amerikanischen Methoden der Gemeinschaftshilfen systematisch in die Ausbildungsgänge von Sozialarbeitenden zu integrieren.

„*Community organization* als Aufgabe wie als Methode ist im amerikanischen Leben durchaus anerkannt. Das Anwendungsgebiet geht weit über das der sozialen Arbeit hinaus, aber Sozialarbeit ohne *Community organization* wäre kaum denkbar" (Kraus 1951, S. 191). Durchaus typisch für die im deutschsprachigen Diskurs in den Folgejahren sich durchsetzende Klassifizierung und damit Trennung von Einzelfallhilfe, Gruppenarbeit und Gemeinwesenarbeit als „die drei klassischen Methoden" (Meinhold 2005, S. 509) wurde Hertha Kraus mit ihren Arbeiten in Deutschland „immer nur als Vertreterin der Einzelfallhilfe und niemals als Pionierin der Gemeinwesenarbeit wahrgenommen" (Bussiek 2002, S. 59). Dabei waren sie und ihr Schaffen geprägt von den Arbeiten und dem Denken wichtiger Vertreter:innen des *community*-orientierten Engagements, wie Jane Addams oder Florence Kelley (ebd.) (siehe Biografien von Addams und Kelly in Abschn. 8.1). Der von ihr 1951 veröffentlichte Text ist ein wichtiger Schlüssel, um die transatlantischen Verbindungen seit dem zweiten Weltkrieg nachzuzeichnen. Die von Hertha Kraus beschriebene Herausforderung von *Community Organizing,* ihr „eigentliches Tätigkeitsgebiet", lag darin, „die Mitarbeit aller zum Wohl der Gemeinschaft zu ermutigen, zu vertiefen und beständig zu machen. Dies ist das Kernstück der Tagesarbeit von zahlreichen Spitzenverbänden für Wohnungswesen, für seelische Gesundheit, für Elternbildung, für Landesplanung, für Nachbarschaftsarbeit, für Altershilfe, für Familienfürsorge" (Kraus 1951, S. 191 f.).

Wenige Jahre nach der Veröffentlichung von Hertha Kraus und insbesondere ab der 8. Internationalen Konferenz für Sozialarbeit 1956 wurden *Community Organizing/Community Development* in deutschen Fachkreisen als eigenständige Arbeitsweise wahrgenommen (Vogel und Oel 1966, S. 7).[1] Heute, im Übergang vom zweiten zum dritten Jahrzehnt des 21. Jahrhundert, klingen die von Hertha Kraus und anderen Pionierinnen der *community*-orientierten Ansätze damals formulierten Herausforderungen und methodischen Vorschläge aktueller denn je.

Gleichzeitig werden zur Entwicklung und momentanen Bedeutung von *community*-orientierten Perspektiven in deutschsprachigen Ländern ganz unter-

---

[1] „Ein Blick auf die weitere Entwicklung der ‚*Community* Organization' in den USA ist für den deutschsprachigen Fachdiskurs deshalb relevant, weil sich die Theorien und Methoden, die nach dem Zweiten Weltkrieg im Kontext von Wieder- bzw. Neuaufbau und ‚Re-Education' unter dem Begriff ‚Gemeinwesenarbeit' rezipiert wurden, vorwiegend an den Theorie- und Methodenentwicklungen der ‚*Community* Organization' in den USA orientierten und kaum an die eigenen Vorkriegstradition anknüpften (vgl. Kunstreich 2001, S. 5 ff.; Müller 1988, S. 23 ff.)" (Oehler und Drilling 2013, S. 17).

schiedliche, zum Teil widersprüchliche Bilanzen gezogen. „Nach einer vierzig-jährigen Akzeptanzphase fristet die Gemeinwesenarbeit (GWA) als eine der drei klassischen Methoden der Sozialen Arbeit inzwischen fast nur noch ein Nischen-dasein. In den Studiengängen der Sozialen Arbeit taucht sie als eigenständiges und explizites Angebot inzwischen kaum noch auf. In der sozialarbeiterischen Praxis ist die Gemeinwesenarbeit häufig entweder durch die direkte Förderung bestimmter Zielgruppen (Kinder, Jugendliche, Mädchen, Menschen mit Migrationshintergrund etc.) oder neuere Konzepte der Sozialraumorientierung, der stadtteilorientierten Sozialen Arbeit oder des Quartiermanagements kaum noch erkennbar" (Blandow et al. 2012, S. 7). In ihren Überlegungen zum „Wesen der GWA und ihre[n] Verdienste[n]" sowie zur Zukunft der Gemeinwesenarbeit beschreiben die Autor:innen diese „als Import aus den USA und den Nieder-landen", die „eine umstrittene Rolle in der Sozialen Arbeit" spielen würde (ebd., S. 8). Indem sie die Frage nach der Überflüssigkeit von Gemeinwesen-arbeit stellen beziehungsweise deren mangelnde gesellschaftliche und fachliche Akzeptanz und Anerkennung aufrufen, betrachten sie die ‚Methode' GWA als überholt, in der Krise stehend oder gar gescheitert. Schon in den 1970er Jahren lässt sich ein solcher Zugang finden, als auf einer internationalen Tagung vom Tod der Gemeinwesenarbeit gesprochen wurde (Müller 1997, S. 131) mit dem Ziel, die Fachszene aufzurütteln.

Eine andere Lesart der Gemeinwesenarbeit eröffnen die Herausgeber:innen des „Handbuches Gemeinwesenarbeit" (Stövesand et al. 2013), indem sie gar nicht erst hinterfragen, ob es Gemeinwesenarbeit überhaupt brauche. Viel-mehr nehmen sie die Tatsache zum Ausgangspunkt, dass *community*-orientierte Ansätze praktisch und konzeptionell „in vielfältigen Ausprägungen in vielen Ländern rund um den Globus" existieren (Stövesand und Stoik 2013, S. 14). Die Autor:innen betrachten Gemeinwesenarbeit als Konzept mit unterschiedlichen Ausprägungen (ebd., S. 21), welches „eine spannende, komplexe Geschichte und eine zu gestaltende Zukunft" (ebd., S. 14) hat. Damit stellen sie sich gegen die permanente Klage, Rüge oder Feststellung, dass Gemeinwesenarbeit ohne einheitliche Theoriebildung, unübersichtlich, fraktioniert und in losen Einzel-teilen rezipierbar wäre, das heisst, die Methoden wie bei einem Steinbruch ohne Bezug zum Ganzen herausgelöst werden könnten (ebd., S. 16). „Eine einheit-liche Theoriebildung und eine einheitliche Praxis wird es nicht geben, kann es gar nicht geben und sollte auch gar nicht der Anspruch sein. Das würde einer-seits den Facettenreichtum und die Ideenvielfalt von GWA unterminieren. Ander-seits ist GWA, wie Soziale Arbeit generell, immer kontextualisiert, findet im historisch veränderlichen gesellschaftlichen Raum statt, der wiederum durch Konflikte und Machtunterschiede bestimmt ist, durch unterschiedliche Interessen und Programmatiken" (ebd., S. 17). Folgerichtig kommen sie zum Schluss, dass die vorliegenden „GWA-Konzepte nicht alle trennscharf voneinander abgesetzt werden können", sondern „eher als ein Kontinuum zu verstehen" seien, „an dessen einem Ende ein sozialrevolutionärer, konfliktorientierter und an dessen anderem ein staatstragender bzw. heute eher pragmatisch-managerieller Ansatz steht" (ebd., S. 19). Entsprechend breit und vielfältig sind auch die Beiträge, die das Konzept Gemeinwesenarbeit im Handbuch konturieren „das in unterschiedlichen Varianten existiert, vermittelt und umgesetzt wird" (Stövesand 2019a, S. 560). Die Autor:innen des Handbuchs betrachten die Gemeinwesenarbeit nicht als Methode, wie zu Zeiten Hertha Kraus', und auch nicht als ein ‚Arbeitsprinzip', wie in den 1980er Jahren (Boulet et al. 1980), sondern als ein Konzept, „da die vorliegenden Ansätze in der Regel Ziele, Erklärungen und Begründungen, Methoden und Techniken zu einem Handlungsmodell verknüpfen, so wie es für Konzepte kennzeichnend ist" (Stövesand 2019a, S. 560). Durch diese Lesart gelingt es den Autor:innen, ganz verschiedene Verständnisse und Denkweisen zusammenzubringen. Betrachtet man vor dem Hintergrund dieser offenen Sichtweise die verschiedenen theoretischen, methodischen und ideologischen Zugänge, ist es nicht verwunderlich, dass diese durch unterschiedliche Geschichten und historische Ereignisse begründet wurden.

Diese Offenheit steht im Gegensatz zu Lesarten, die die Geschichtsschreibung enger verstehen und eine direkte Linie ziehen von bestimmten Ansätzen der Gemeinwesenarbeit über die Stadtteilorientierte Soziale Arbeit bis hin zur Sozialraumorientierung. „Bezeichnend ist in diesem Zusammenhang, dass die eher unsystematischen und durchweg sozialarbeitskritischen Gedanken des amerikanischen GWA-Nestors S. D. Alinsky (1973, 1974) erst mit über 20 Jahren Verspätung in der Bundesrepublik breiter rezipiert (Ausnahme: Müller 1973) und dann allenfalls bewundernd (vgl. etwa Dorsch 1982; Mohrlok et al. 1993) zur Kenntnis genommen, aber niemals folgenreich auf bundesdeutsche Verhältnisse übertragen wurden (vgl. Hinte 1994)" (Hinte 2012, S. 536). Geschmälert wurden auch die Leistungen der aus Wolfgang Hintes Perspektive legitimen Vertreter:innen des ‚einzigen und echten' GWA-Ansatzes, indem dieser zum Beispiel schrieb: „Bis auf D. Oelschlägel und den Autor dieses Beitrages gab es keine AutorInnen, die über einen längeren Zeitraum theoretisch und praktisch an dem Thema GWA ‚dran' blieben" (Hinte 2012, S. 666). Mit der Konstruktion eines vermeintlich kleinen Kreises von Avantgarde, einem ‚Wir', und solch verengenden Perspektiven geht immer auch eine Abgrenzung zu ‚anderen' und damit eine Grenzziehung einher. „Mit GWA assoziierte man dogmatische Linke aus der 1968er Zeit, unbelehrbare Besserwisser auf Seiten sozialhilfemissbrauchender Betroffener oder schlichtweg Gutmenschen ohne Bodenhaftung. ‚Sozialraum-

orientierung' war dagegen relativ unverbraucht. […]. ‚Sozialraumorientierung'
als Fachkonzept nahm folglich einige Diskussionslinien und Erkenntnisse aus
der GWA auf, etwa die Konzentration auf individuelle und kollektive Interessen,
den kleinräumigen Lebensweltbezug und den Vorrang aktivierender Tätigkeit vor betreuenden Massnahmen. Diese Prinzipien wurden präzisiert, ergänzt
und erweitert und in den Bezugsrahmen institutioneller Sozialer Arbeit gestellt"
(Hinte 2012, S. 668).

Jenseits dieser spezifischen, verengenden Lesart, an deren vorläufigem
Ende die Orientierung am Sozialraum zu stehen scheint, kann erstmal aus einer
distanzierten Betrachtungsweise festgehalten werden, dass in den vergangenen
zwei Dekaden in verschiedenen Arbeitsfeldern der bundesdeutschen Sozialen
Arbeit Umbau- und Neuorientierungsprozesse stattfanden oder diese gerade
kurz vor einer entsprechenden Veränderung stehen – mit Bezug auf Gemeinwesen, Sozialraum und vereinzelt auch Gemeinschaft (vgl. bspw. Albrecht
2008; Bestmann 2013; Blandow et al. 2012; Deinet 2013; Düring 2011;
Kluschatzka und Wieland 2009; May 2017; Reutlinger 2023; Schulz-Nieswandt
2013). Nicht verwunderlich ist es in diesem Zusammenhang, dass sowohl
theoretische Reflexionen als auch praktische Konzeptionen betreffend Gemeinwesen und Sozialraum in den letzten Jahren das Verständnis und die Umsetzung
gesellschaftlicher Wohlfahrtsproduktion nachhaltig geprägt haben.

3.1   Die Orientierung am Sozialraum – Weiterführung oder Renaissance von Gemeinwesenarbeit?

Ein zentrales, wenn auch keineswegs einheitlich gebrauchtes Label innerhalb
dieses Feldes stellt der Begriff der „Sozialraumorientierung" dar. Eine erste
Entwicklungsdimension, die damit vielfach einhergeht, ist eine Orientierung
am Nahraum beziehungsweise an den in nahräumlichen Zusammenhängen
angesiedelten (professionellen wie zivilgesellschaftlichen) Ressourcen, die
stärker in den sozialpädagogischen Erbringungszusammenhang einbezogen
werden sollen. Besonders verbreitet sind in diesem Kontext die daraus hervorgehenden Aktivierungsstrategien in als benachteiligt markierten Stadtteilen und
Wohnsiedlungen. Solche Strategien werben mit dem Argument für sich, in diesen
Gebieten eine Hilfe-zur-Selbsthilfe-Neuorientierung einzuläuten, um den sich
verstärkenden Ausgrenzungs- und Abgrenzungsprozesse der dort wohnenden
Menschen entgegenzuwirken (Kessl und Reutlinger 2018, S. 1508).

Eine zweite Entwicklungsdimension von Sozialraumorientierung zielt auf
eine veränderte Steuerung des kommunalen Hilfezusammenhangs, indem sich

dieser stärker an territorialen, geographischen Einheiten ausrichtet. Die Ablösung einer zielgruppen-, bereichsorientierten oder fallbezogenen Verwaltungslogik zugunsten eines Gebietsbezugs verspricht sowohl effizienteres Verwaltungshandeln wie auch eine bessere Finanzierung (ebd.).

Neben diesen beiden sich mittlerweile herauskristallisierten Entwicklungsdimensionen fällt bei genauerer Analyse dessen, was unter „Sozialraumorientierung" verhandelt wird, jedoch auf: In der Diskussion dominieren unspezifische und generalistische Programme ohne klare Konturierung(en). Das, was ein Sozialraum ausmacht, bleibt dadurch ebenso unklar und diffus (vgl. Reutlinger et al. 2005) wie letztlich das gesamte Diskursfeld der „sozialpädagogischen Rede von der Sozialraumorientierung" (Kessl und Reutlinger 2010). Vieles deutet darauf hin, dass genau diese „konzeptionelle Unschärfe und Diffusität einen entscheidenden Faktor für ihren Etablierungserfolg darstellt" (Kessl und Reutlinger 2018, S. 1073). Der Diskurs um Sozialraumorientierung wird häufig mit Konzepten einer „*community*-Orientierung" (Landhäusser 2009) in Verbindung gesetzt. Dies wird beispielsweise in der Formel „vom Fall zum Feld" (Hinte et al. 1999) und später angepasst „vom Fall im Feld" (Kessl 2006) deutlich. Gleichzeitig verschleiern solche Formeln aber, dass dabei das Individuum im Zentrum der Intervention steht und vielfach mit einer mitunter überhöhten, nicht-reflektierten Gemeinschaftsvorstellung gearbeitet wird (kritisch hierzu: Bingel 2011, S. 54 ff.; Dirks 2022).

Heute wird von einer „diskursiven Dominanz" des Sozialraums in der Sozialen Arbeit gesprochen (Bingel 2011, S. 11). Kritisch ist dabei, dass „in der Verwendung von stark räumlich konnotierten Tarntiteln und Kompromissformeln wie Sozialraum, Stadtteil und Quartier [...] der Sozialen Arbeit die Erinnerung an den ursprünglich sehr vielschichtigen Handlungsort, den sie eigentlich erreichen wollte, nämlich die Community, verloren gegangen" (Fehren 2008, S. 143) ist.

3.2 Sozialraumorientierung und Gemeinwesenarbeit – trotz Unterschiedlichkeiten ähnliche historische Quellen?

Historische Darstellungen im Kontext der aktuellen Sozialraumorientierung stellen Bezüge zu verschiedenen historischen Vorbildern her (Schönig 2008, S. 113), wobei es bisher nur wenige systematische Arbeiten zur Rekonstruktion historischer Wurzeln von Sozialraumorientierung gibt (siehe bspw. Bingel 2011). Vielfach lehnt man sich lediglich an gebietsbezogene Ansätze aus der Vergangenheit an, wie beispielsweise dem „*Elberfelder*" oder „*Strassburger*"

System der modernen Wohlfahrtspflege (Hammerschmidt und Tennstedt 2012, S. 74–77). Mitte des 19. Jahrhunderts wurde in verschiedenen Städten Deutschlands die Armenpflege neu organisiert. Viele Städte beriefen sich dabei auf die „Armenordnung der jungen Industriestadt Elberfeld" (Hammerschmidt 2012, S. 855). „Das Stadtgebiet wurde in mehrere hundert ‚Quartiere' eingeteilt, innerhalb derer je ein ehrenamtlich tätiger Bürger maximal vier Arme und deren Familie betreute" (ebd.). Wenngleich sich von dem Verweis auf dieses System bestimmte gebietsbezogene Traditionen der Armenvorsorge ableiten lassen, wurde die implizite Rolle dieser Armenpfleger:innen schon damals kritisiert, denn sie waren dazu angeleitet, das Verhalten der Betroffenen zu kontrollieren und erzieherisch auf sie einzuwirken. Nach dem Motto ‚Arbeit statt Almosen' wurden Beschäftigungsverhältnisse vermittelt, „wer eine angebotene Arbeit ablehnte, erhielt keine Leistung und wurde der Polizei gemeldet" (ebd.). Bezieht sich Sozialraumorientierung in einer historischen Fundierung auf dieses System, so gerät sie ins Fahrwasser neoliberal ausnutzbarer Tendenzen, die aktivierend und kontrollierend auf die Bevölkerung benachteiligter Stadtteile wirken.

Eine andere historische Grundlage von Sozialraumorientierung, die vielfach angedeutet wird, geht zurück auf die Tradition des *US-amerikanischen stadtsoziologischen Diskurses* ab den 1920er Jahren, der Chicagoer Schule der Soziologie. Aus dieser Tradition wird die Wichtigkeit eines analytischen Zugangs hervorgehoben. Eine sogenannte „Raumanalyse" (Riege und Schubert 2005) soll einerseits Auskunft über „die den Raum prägende Gesellschaft" geben, andererseits wird der „Sozialraum nicht nur [als] Ausdruck, sondern auch [als] Ursache sozialer Verhältnisse" gesehen (Schönig 2008, S. 33). Die Ideen Georg Simmels zur Soziologie des Raums wurden „von der Chicagoer Schule um Robert E. Park aufgegriffen" (ebd., S. 58) und bildeten die Grundlage für die daraus hervorgehenden Modellentwicklungen wie etwa diejenigen von Ernest W. Burgess (siehe Biografie von Burgess in Abschn. 8.1.3). „Die Chicagoer Schule wurde dann wesentlicher Impulsgeber für das Leitbild der Nachbarschaftseinheit nach Clarence A. Perry, vor allem aber begründete sie die soziologische und geographische Forschung mit Modellen der Stadtstruktur" (ebd.).

Nicht zuletzt werden weitere Wurzeln von Sozialraumorientierung in der englischen und US-amerikanischen Settlement-Bewegung des späten 19. Jahrhunderts gefunden (Biesel 2007, S. 21 ff.; Bingel 2011; Dirks 2022; Landhäusser 2009, S. 30 ff.; Schönig 2008) – hierbei lassen sich ähnliche Quellen zitieren wie bei der Darstellung der Anfänge von Gemeinwesenarbeit.

Settlement-Haus-Bewegung und Settlement-Häuser (vgl. auch Abschn. 8.2.3).

Ausgangspunkt der Settlement-Häuser war die Kritik an einer einzelfallorientierten Hilfe, die nicht die Ursachen und Folgen der gesellschaftlichen Spaltung in Arm und Reich, sichtbar vor allem an den Slums in den damaligen Grossstädten, in den Blick nahm. Zentral für den Settlement-Ansatz war, dass sich bürgerliche Frauen und Männer auf die Lebensverhältnisse der Bewohner:innen der Stadtteile einliessen, diese kennenlernten und dort gemeinsam mit ihnen als Nachbar lebten. Räumliche Nähe, so die Vorstellung, befördere wechselseitige Bildungsprozesse und dadurch letztlich den sozialen Zusammenhalt – lokal wie national. Durch die Gründung von sogenannten Niederlassungen von Gebildeten in armen Stadtteilen (Picht 1913) sollten die Armen von den in Cambridge oder Oxford ausgebildeten bürgerlichen „residents"[2] der Settlements profitieren, indem sie an den Clubs und Bildungsangeboten der Settlements teilnehmen könnten; die Reichen wiederum würden ,moralisch' gebildet, indem sie das Leben der Armen kennenlernten und die Kluft zwischen Arm und Reich zu überwinden halfen (Biesel 2007; Köngeter 2013). Hervorgehoben wird in diesem Kontext vor allem die Weiterentwicklung des Settlement-Ansatzes in Chicago durch Jane Addams, die sich von der englischen Settlement-Bewegung abgrenzte und statt von university settlements *von* social settlements *sprach. Settlements gelten heutzutage vor allem „[a]ls wichtige Grundlage für die Verbreitung der Gemeinwesenarbeit in Deutschland" (Landhäusser 2009, S. 48) und wurden nach dem Zweiten Weltkrieg im Kontext der Wiederentdeckung der Gemeinwesenarbeit erneut hervorgehoben.[3]*

---

[2] Mit dem Begriff *residents* werden die Bewohner:innen der Settlements bezeichnet, die für kürzere oder längere Zeit dort lebten und arbeiteten. Daneben gab es auch noch freiwillige Mitarbeiter:innen. Settlement-Häuser boten jedoch keine Unterkünfte für Arme und Obdachlose an.

[3] Auch hier liegt eine gewisse Verkürzung vor, denn sie übersieht den Einfluss der Settlement-Arbeit auf die Entwicklung der Sozialen Arbeit und die Sozialpädagogik, wie am Beispiel Alice Salomons (Schüler 2004) deutlich wird; abgesehen von den Einrichtungen in Deutschland, die sich auf die Settlement-Bewegung bezogen, zum Beispiel der SAG Berlin-Ost (Lindner 1997; Wietschorke 2013), der SAG Berlin-Nord (Schröer 2000), des Hamburger Volkshauses (Hering 2001), der jüdischen Settlements (Haustein und Waller 2009) und den Ausgründungen der SAG Berlin-Ost in anderen Städten Deutschlands (Lindner 1997).

Es lohnt sich, genauer in die Zeit einzutauchen, auf die sich beide Strömungen – deutschsprachige Ansätze der Gemeinwesenarbeit wie auch Programme der Sozialraumorientierung – beziehen, genauer gesagt auf den Übergang vom 19. ins 20. Jahrhundert. Jedoch lohnt sich nicht nur eine zeitliche Rückblende, sondern auch eine räumliche Verschiebung des Fokus nach Nordamerika. Zu jener Zeit und an jenem Ort lassen sich gesellschaftliche Entwicklungen, soziale Verwerfungen, sozialpolitische Diskussionen und wissenschaftliche wie professionelle Auseinandersetzungen über *community* nachzeichnen. Sie schaffen die Basis für Felder, die eben erst entstanden sind und sich erst nach und nach zu Disziplinen herausgebildet haben. Im folgenden Kapitel tauchen wir ein in jene Zeit und die damaligen Diskurse in Nordamerika. Zweien von den erwähnten historischen Bezügen der Sozialraumorientierung werden wir – bedingt durch den Nordamerikanischen Kontext – wieder begegnen und sie genauer beleuchten: die Diskussion um die Settlement-Bewegung und die Settlement-Häuser, aber auch die Protagonist:innen der Chicagoer Schule der Soziologie. Beide waren intensiv damit beschäftigt, die damalige, sich in so hohem Tempo verändernde soziale Wirklichkeit mit Denkangeboten, Konzepten, Methoden und Begriffen versteh-, studier-, beschreib- und steuerbar zu machen: zentral waren dabei Nachbarschaftsvorstellungen, *neighborhood,* und Gemeinwesensvorstellungen, *community.*

Vergessene Zusammenhänge der Gemeinwesenarbeit

4

Wie im vorherigen Kapitel starten wir mit einer historisch relevanten Geschichte der Gemeinwesenarbeit. Dieses Mal führt sie uns in das erste Jahrzehnt des 20. Jahrhunderts nach Chicago:

Der bekannte Chicagoer Soziologe George Herbert Mead schreibt 1908 Folgendes über die Gemeinwesenarbeit im Hull House: *„Wir haben die Immigrant:innen zu uns eingeladen. Wir haben ihnen unsere Türen im Namen von politischer Freiheit geöffnet, wir haben sie mit List [...] geködert. [...] Sie allein haben unser enormes Wachstum unserer Industrie ermöglicht, haben die zahllosen Hände beigesteuert, die unser grosses, heutiges Babylon errichtet haben. [...] Mit der Sorglosigkeit gegenüber unseren Nachbarn, die wir aus der Zeit der Pioniere übernommen haben und die noch heute ihren Stempel auf unseren amerikanischen Communities hinterlässt, haben wir an diese Menschen nie gedacht. Es waren die Settlements, die sich erhoben und als erste versucht haben zu verstehen, zu begreifen und zu vermitteln, die zu Botschaftern zwischen dem Geschäftsleben, Politik und Industrie [...] und den geduldigen und für unsere Zwecke eingesetzten Männern, Frauen und Kindern geworden sind, die Chicago zur zweitgrössten Stadt dieses Landes gemacht haben." (Mead, 1908, zit. in Rigney und Lundy 2015, S. 165). Dieser Text sollte im* Chicago Record Herald *erscheinen, eine seinerzeit viel gelesene Zeitung in Chicago. Diese weigerte sich jedoch zunächst, den Brief zu veröffentlichen. Was war geschehen, dass dieser Beitrag eines angesehenen und jeder Radikalität unverdächtigen Sozialwissenschaftlers nicht veröffentlicht wurde? Es war die in der US-amerikanischen Bevölkerung verbreitete Angst vor einer ungesteuerten Immigration und der damit einhergehenden Sorge um die Ausbreitung von „Terror" durch Migrant:innen. Die Gemeinwesenarbeit, die damals in den sogenannten Settlements, wie beispielsweise im* Hull House, *vorangetrieben wurde, kümmerte*

© Springer Fachmedien Wiesbaden GmbH, ein Teil von Springer Nature 2023
S. Köngeter und C. Reutlinger, *Studienbuch Geschichte der Gemeinwesenarbeit*, Sozialraumforschung und Sozialraumarbeit 17,
https://doi.org/10.1007/978-3-658-15025-9_4

sich zu dem damaligen Zeitpunkt seit ca. zwei Jahrzehnten um die gemeinsame Weiterentwicklung des Gemeinwesens und legte dabei einen besonderen Schwerpunkt auf das Zusammenleben von Personen aus unterschiedlichen nationalen, ethischen oder kulturellen Kontexten. Doch diese Arbeit stand zu der Zeit – wie auch heute wieder – unter dem Verdacht, sich mit den Migrant:innen gegen die bereits länger ansässige Bevölkerung zu „verbünden". Warum aber scheint dieser Verdacht zu manchen Zeiten in den Vordergrund zu rücken und in anderen Zeiten vergessen zu werden? Der Blick in den Brief macht dies deutlich. Mead nimmt in dem Text Bezug auf einen Angriff auf den Polizeichef George Shippy am 2. März 1908 durch einen jüdisch-russischen Anarchisten, Lazarus Averbruch, bei dem Shippy verletzt und Averbruch erschossen wurde, sowie auf einen Mord an einem Priester, Pater Leo Heinrichs, durch den italienischstämmigen Anarchisten Guiseppe Alia, der nach seiner Verhaftung die Tat als politischen Akt gegen die Kirche verstanden wissen wollte. Im Zuge dieser Verbrechen gerieten die italienische und jüdische community, Anarchisten und auch die Settlements in den Fokus der nach Vergeltung sinnenden Bevölkerung – angestachelt durch Medienberichte über die angebliche Verstrickung der Settlements in diese Anschläge.

Der Versuch von George Herbert Mead, in dieser aufgeheizten Atmosphäre die Bedeutung der Settlements für das Gemeinwesen darzustellen, blieb also zunächst unveröffentlicht. Erst einen Monat später, unter Vermittlung von Jane Addams, konnte sein Brief in einer Zeitung mit einer wesentlich kleineren Auflage, in „The Public", letztlich publiziert werden. Er deckte in diesem Brief zunächst die Hintergründe dieser beiden Taten auf und zeigte, dass hinter diesen keineswegs eine Verschwörung einer migrantischen community steckt, sondern die Tat von einzelnen Personen. Vor allem beklagt er aber, dass durch die Berichterstattung der Eindruck bei der Bevölkerung erweckt würde, dass dahinter ein durch eine Organisation oder eine community ersonnener Plan stünde. Da nun auch die Settlements als Gemeinwesensorganisation in diesen vermeintlichen Komplott hineingezogen werden, verteidigt er deren Arbeit in den weiteren Teilen seines Briefes. Er argumentiert, dass es gerade die Settlements seien, die die Augen nicht davor verschliessen würden, dass die migrantische Bevölkerung häufig mit falschen Versprechungen angeworben worden sei und dann letztlich mit ihren Schwierigkeiten, im neuen Land Fuss zu fassen, allein gelassen würde. Die Settlements hingegen hätten durch ihren direkten, nachbarschaftlichen Kontakt mit den migrantischen Communities wichtige Arbeit geleistet, die Lebenslage dieser Menschen zu verstehen, zu erfassen und für die restliche Bevölkerung, die sich von diesen Communities befremdet fühle, verständlich zu machen. Kurz: Die Settlements leisteten hier Übersetzungsarbeit (vgl. Engel und

*Köngeter 2019). Aber nicht nur das: Sie erbrachten auch konkrete Hilfe und ver-
mittelten zwischen Wirtschaft, Polizei und Industrie auf der einen Seite und den
Menschen, die Chicago zur zweitgrössten Stadt der USA aufgebaut hatten, also
den Migrant:innen, auf der anderen Seite. Diese kurze Episode zeigt, dass die
Entstehung der Arbeit am, im und mit dem Gemeinwesen im Politischen ver-
wurzelt und auch im Weiteren untrennbar damit verbunden ist. Allerdings wird
dies häufig nur in Zeiten gesellschaftlicher Krisen und Umbrüche sichtbar, wie
wir sie auch heute wieder intensiv erleben.*

Die Geschichte der Gemeinwesenarbeit ist so alt wie die Geschichte des
Gemeinwesens selbst, wie Michael May (2017) dargelegt hat. Allerdings war
Arbeit am Gemeinwesen bis ins 19. Jahrhundert keine Erwerbsarbeit, sondern
unbezahlte, vornehmlich von Frauen getragene Sorgearbeit oder religiös
geprägte Gemeindearbeit. Erst im 19. und 20. Jahrhundert erfolgt eine Ver-
koppelung der Begriffe „Arbeit" und „Gemeinwesen". Denn zu dieser Zeit ist
zum ersten Mal feststellbar, dass Menschen sich berufsförmig mit dem Gemeinwesen beschäftigen (für *community*-orientierte Ansätze in Deutschland Anfang
des 20. Jahrhunderts siehe Bingel 2011). Das oben zitierte historische Beispiel
verweist auf die tieferliegenden Ursachen, warum dies überhaupt notwendig
wurde, und zeigt die notwendige historisch-gesellschaftliche Verankerung der
Gemeinwesenarbeit auf, wie wir sie rückblickend erkennen: Im Zentrum steht
die diagnostizierte Krise des Gemeinwesens, die damals von vielen auf die
Migrationsströme aus zahlreichen Ländern in die USA zurückgeführt wurde.

Gemeinwesenarbeit entstand zu einer Zeit, in der sich ein tiefgreifender
gesellschaftlicher Wandel mit mindestens ebenso drastischen politischen
Konflikten vollzog. Es war die Blütezeit des Industriekapitalismus, in der
Fabriken entstanden sind, die durch Arbeiter:innen, häufig auch durch Kinder, für
einen geringen Lohn und ohne soziale Absicherung getragen wurden. Befördert
durch die Modernisierung der Landwirtschaft und die massenhafte Freisetzung
der Bäuerinnen:Bauern, die sich nun als Lohnarbeiter:innen verdingen mussten,
wuchs die gesellschaftliche Ungleichheit. Dies hatte gravierende Folgen für alle
gesellschaftlichen Schichten. Das wurde vor allem in den Städten sichtbar, in
denen die Arbeitskräfte und Exkludierten der Gesellschaft sich versammelten.
Sie, sowohl Erwachsene als auch Kinder, waren am stärksten betroffen von der
Industrialisierung der Arbeit, von dem Entzug der Lebensgrundlagen auf dem
Land, von der Urbanisierung und der Entstehung von Slums, von der Ausbeutung
durch kapitalistische Grossbetriebe sowie von der Gefährdung durch maschinelle
und automatisierte Massenproduktion etc.

Die daraus entstandenen sozialen Konflikte hatten Auswirkungen auf
alle gesellschaftlichen Bereiche: Migrationsbewegungen in die Städte und

Auswanderungen nach Übersee (Sassen 1996), Entstehung neuer sozialer Bewegungen (Frauenbewegungen, Arbeiter:innenbewegungen) und politischer Parteien (bürgerliche, nationalistische, sozialistische, kommunistische und weitere), neue staatliche und internationale Konstellationen (nationale Wohlfahrtsstaaten, Entstehung von Staatenbünden, Globalisierung von kriegerischen Auseinandersetzungen). Diese massiven, gesellschaftlichen Veränderungen hatten auch konkrete Folgen für das Leben der Menschen, die dies emotional, psychisch und sozial verarbeiten mussten.

Diese Entwicklung betraf alle sich industrialisierenden Länder gleichermassen, wenngleich einige Länder, wie etwa das Vereinigte Königreich, hier Vorreiter waren. In dieser Situation entstanden in den Nationalstaaten zahlreiche auf soziale Reformen drängende soziale Bewegungen, wie zum Beispiel sozialistische, kommunistische oder auch progressive, christliche Bewegungen. Insbesondere jene im Bürgertum verankerten, sozialen Bewegungen haben die Arbeit am Sozialen, darunter auch die Gemeinwesenarbeit, vorangetrieben (vgl. Lau 2019). Noch in den ersten beiden Dritteln des 19. Jahrhunderts waren diese sozialen Bewegungen vor allem an der direkten Hilfe in Form von Almosen und der Dokumentation und Skandalisierung des Leids der exkludierten Bevölkerungsgruppen orientiert (Lindner 2006). Erst im letzten Drittel wurden dann Ideen und Konzepte sozialer Reformen entwickelt, die sich Anfang des 20. Jahrhunderts stärker verbreiteten (Wendt 2008).

4.1 Die Verwissenschaftlichung des Sozialen und der Beginn der Settlement-Haus-Bewegung

Von besonderer Bedeutung für diese Zeit, in der die ersten Reformansätze entwickelt wurden, war die bürgerliche Frauenbewegung, die einen wesentlichen Beitrag zur Verberuflichung der Arbeit am Sozialen und der Gemeinwesenarbeit leistete (Kuhlmann 2010; Maurer 2004; Sachsse 1986; Schüler 2004). Die bürgerlichen Frauen forderten, dass endlich die Sorgearbeit aller Frauen – in Form von Familienarbeit, Nachbarschaftsarbeit und der Arbeit am Gemeinwesen – anerkannt werden sollte. Neben einigen reformorientierten Geistlichen waren sie es, die in den Slums der Grossstädte das Leben der Arbeiter:innen und Exkludierten kannten und sich um diese kümmerten (Ross 2007).

Eine weitere wichtige Voraussetzung für die Entwicklung der Gemeinwesenarbeit war die *Verwissenschaftlichung des Sozialen,* wie wir sie seit der Mitte des 19. Jahrhunderts feststellen können und an der Vorläuferprojekte der Gemeinwesenarbeit beteiligt waren. Lutz Raphael (1996) hat diesen Begriff der

Verwissenschaftlichung des Sozialen geprägt und meint damit die wissenschaftlich-rationale Beschäftigung mit den oben beschriebenen sozialen Konflikten, wie sie dann auch als „Soziale Frage" von verschiedenen Gruppen in der Gesellschaft aufgeworfen wurde. Es ist der Prozess, durch den sich eine „dauerhafte Präsenz humanwissenschaftlicher Experten, ihrer Argumente und Forschungsergebnisse in Verwaltung und Betrieben, in Parteien und Parlamenten, bis hin zu den alltäglichen Sinnwelten sozialer Gruppen, Klassen oder Milieus" (Raphael 1996, S. 166) etablieren konnte. Die erste Phase der wissenschaftlichen Durchdringung der Sozialen Frage verortet er in der Mitte des 19. Jahrhunderts mit den ersten statistischen Erfassungen der Armut in den Grossstädten Englands und der Gründung des Vereins für Socialpolitik in Deutschland. In einer zweiten Phase ab 1880 etablierten sich dann die neuen Sozialwissenschaften an den Universitäten und gewannen zunehmend Einfluss im Aufbau sozialpolitischer Programme und einer Sozialverwaltung. Eine wichtige Scharnierfunktion nahm hier die sogenannte Settlement-Bewegung ein, welche für Gemeinwesenarbeit in Deutschland als Vorläuferin fungierte und neben Nachbarschaftsheimen oder später dem „community organising" von wichtiger Bedeutung war (Landhäusser 2009, S. 221).

Ausgangspunkt der Settlement-Bewegung war die Vorstellung und Befürchtung, dass sich die industriekapitalistische Gesellschaft (siehe oben) immer stärker in zwei Klassen aufteilen würde. Die sprichwörtliche Rede der „two nations" – also die beiden Nationen der Arbeiter:innen auf der einen Seite und der Bürgerlichen auf der anderen – war in den meisten kapitalistischen Ländern weit verbreitet (Rodgers 1998; Wietschorke 2013). Insbesondere die bürgerliche Klasse war besorgt wegen der Spannungen, die aus der ökonomischen Kluft zwischen den Klassen und aus den moralisch-kulturellen Konflikten entstanden. Dabei schien den Bürgerlichen die klassische Form der Almosengabe, der Disziplinierung in Arbeiter:innenhäuser etc. immer weniger sinnvoll. Stattdessen suchten sie nach Möglichkeiten, Hilfe so zu gestalten, dass dadurch die Armen und Exkludierten in die Lage versetzt wurden, wieder selbst für sich zu sorgen.

Neben der Settlement-Bewegung wird in diesem Zusammenhang häufig eine weitere grosse soziale Reformbewegung benannt: die *Charity Organization Societies (COS)*. Die *COS* hatten zum Ziel, die bis dahin kaum organisierte Almosenhilfe nach wissenschaftlichen Kriterien zu gestalten, zu koordinieren und zu organisieren. Die ersten *COS* entstanden in London, Grossbritannien, ab 1869, später in den 1880er Jahren auch in den USA. Die neuen Methoden der Armenfürsorge hatten zum Ziel, einerseits staatliche Programme, wie zum Beispiel Wohnungsbau, zu entwickeln, um die Wohnunterkünfte der Arbeiter:innen zu verbessern. Andererseits sollte mit der sogenannten Einzelfallhilfe *(social case work)* gezielt die Hilfe so auf einen Fall, beispielsweise eine Familie, zugeschnitten werden, dass diese möglichst bald wieder auf eigenen Beinen stehen konnte. Die *COS* wird aus der heutigen Perspektive als der Beginn der Einzelfallhilfe und auch der klinischen Sozialarbeit betrachtet, ohne allerdings zu sehen, dass sie auch einen wichtigen Beitrag für die Entwicklung von sozialen Reformen und von Wohlfahrtsstaaten geleistet hat (Branco 2016).

Die Settlement-Bewegung verfolgte demgegenüber einen Ansatz, der viel stärker die *community* und hierbei insbesondere die Verantwortung der Bürger-lichen zum Ausgangspunkt nahm. Beide Seiten, die Reichen wie die Armen, so die Vorstellung, könnten von einem solchen, den sozialen Zusammenhalt fördernden Ansatz profitieren, wenn es gelänge, flächendeckend Niederlassungen (Settlements) von Gebildeten in armen Stadtteilen zu gründen. In London, von wo aus ab 1880 die Settlement-Bewegung ihren Ausgang nahm, waren hier vor allem die Studierenden als zukünftige Elite des Landes im Blick. Sie sollten in die damaligen Slums von London ziehen und dort als Nachbar:innen der armen Bevölkerung leben, mit diesen zusammen Clubs organisieren, öffentliche Biblio-theken aufbauen, Rechtsbeistand leisten, Bildungsangebote etablieren usw.; die Reichen würden dadurch das Leben der Armen kennenlernen und die Kluft zwischen Arm und Reich zu überwinden helfen (Picht 1913).

Das erste Settlement, die sogenannte *Toynbee Hall*[1], wurde 1884 in Whitechapel, einem besonders armen Stadtteil Londons, durch Samuel und Henrietta Barnett gegründet. Das Ehepaar lebte bereits seit längerer Zeit in diesem Viertel, wo Samuel Barnett als anglikanischer Geistlicher tätig war. Beide hatten enge Kontakte zu verschiedenen Wohlfahrtsorganisationen (zum Beispiel zur *COS*) und zu sozialreformerisch orientierten Akademiker:innen aus Oxford und Cambridge. Die *Toynbee Hall* stiess damals auf breites Interesse sozial-politischer Akteur:innen aus unterschiedlichen nationalstaatlichen Kontexten, vor allem aus den USA, und wurde so zum Modell für zahlreiche Settlement-Gründungen in beinahe allen Grossstädten der industrialisierten Welt. Dieser Ansatz war insbesondere deshalb so erfolgreich, weil die Settlements Sammel-punkt für viele, gut ausgebildete, reformorientierte bürgerliche Frauen und Männer waren, die neue Antworten auf die Soziale Frage suchten, die sich Ende

---

[1] Der Name geht auf Arnold Toynbee zurück, einen englischen Wirtschaftshistoriker und Freund des Ehepaars Barnett, der sich für die Verbesserung der Lebensbedingungen der Armen einsetzte und für kurze Zeit auch in Whitechapel lebte.

des 19. Jahrhunderts durch die zunehmende Industrialisierung und Urbanisierung massiv und zum Teil dramatisch stellte (Gilchrist und Jeffs 2001). Insbesondere die Ignoranz der Bürgerlichen in Bezug auf die Lebensbedingungen der Armen wurde als Problem identifiziert, auf das die Settlements letztlich eine Antwort geben sollten: „Ein Settlement ermöglicht es, dass Männer auf Tuchfühlung zu den Armen leben können. Viele junge Männer würden von ihrem Egoismus befreit werden, wenn es ihnen erlaubt wäre, ihre Gefühle in die Tat umzusetzen. [...] Diejenigen die, und sei es nur für einen Monat, ihre Leben mit den Armen teilen, können nie wieder in ihren alten Gedankenkreis zurück" (Barnett 1915, S. 120, eigene Übersetzung). Settlements brachten also nicht nur Wissen und Bildung in die armen Stadtviertel der grossen Industriestädte, sondern zielten auch auf die moralische Bildung der bürgerlichen Studierenden. Dabei wandte sich die Settlement-Arbeit gezielt gegen eine falsch verstandene Charity-Arbeit oder Almosengabe, bei der die „teleskopische Nächstenliebe" *(telescopic philanthropy)* – wie sie von Charles Dickens bereits 1852 ironisch charakterisiert wurde (Dickens 2004) – vor allem dem eigenen guten Gewissen diente, aber weniger den Armen, die dadurch arm gehalten wurden. Stattdessen wurde angenommen, dass eine nachhaltige Verringerung der Klassengegensätze erst erreicht werden könnte, wenn die Settlement-Häuser zu Wissensvermittlern würden. Settlement-Häuser waren insofern Grenzobjekte (Hörster et al. 2013), die zwischen verschiedenen sozialen Welten standen und Übersetzungsprozesse zwischen diesen sozialen Welten (Engel und Köngeter 2019) in beide Richtungen anregten: „In der Zwischenzeit ist eine Niederlassung für Universitätsmänner etwas, das ein wenig die Ungleichheiten des Lebens zu lindern vermag, da die sich niederlassenden Männer ihr Bestes mit den Armen teilen und hautnah erleben, wie diese leben" (Barnett 1915, S. 105, eigene Übersetzung).

Diese grundlegende Idee hatte weitreichende Folgen für die Soziale Arbeit und insbesondere für die Gemeinwesenarbeit. In den Jahrzehnten nach der Gründung von *Toynbee Hall* in London entwickelten sich zahlreiche von Männern oder Frauen bewohnte Settlements in England (Meacham 1987; Pimlott 1935). Neben England und den anderen Ländern des Vereinigten Königreichs waren die Settlement-Häuser vor allem in den USA von herausragender Bedeutung. Jane Addams, die von Silvia Staub-Bernasconi (2013) zurecht als Wegbereiterin der Gemeinwesenarbeit benannt wird und die einzige Nobelpreisträgerin (1931) der Sozialen Arbeit bis heute ist (siehe Biografie von Addams in Abschn. 8.1.1), hatte *Toynbee Hall* besucht und beschlossen, mit Ellen Gates Starr in Chicago ein eigenes, ein *social settlement,* ein soziales Settlement-Haus, aufzubauen. Das sogenannte *Hull House* wurde 1889 gegründet und war für viele Jahrzehnte eine der führenden Institutionen der Gemeinwesenarbeit in den

USA und *think tank* für zahlreiche soziale Reforminitiativen. Der Schwerpunkt der sozialen Settlements lag dabei weniger auf der gemeinsamen Bildung von Reich und Arm, sondern auf soziale Reformen in allen Handlungsfeldern, die wir heute in der Sozialen Arbeit und der Gemeinwesenarbeit kennen (Müller 1988). Neben *Hull House* etablierten sich zahlreiche, sehr bekannte Settlements in den USA, z. B. *Henry Street Settlement* in New York (Wald 1971) und die *Chicago Commons*. Bis 1911 wurden 49 Settlements im Vereinigten Königreich und weitere 400 Settlements in den USA und Kanada gegründet (Carson 1990; James 2001; Matthews und Kimmis 2001). Sozialreformer:innen gründeten darüber hinaus Settlements in zahlreichen europäischen Ländern. Die erste jüdische *Toynbee Hall* beispielsweise wurde in Wien Anfang des 20. Jahrhunderts gegründet und weitere folgten in Prag, Braila, Brno, Drohobytsch, Berlin, Lemberg, Amsterdam, Bukarest und Czernowitz (Widmer 2018). In Deutschland wurden mehrere Soziale Arbeitsgemeinschaften (SAG) initiiert, die sich ebenfalls stark am Vorbild der *Toynbee Hall* orientierten und die insbesondere auf die Arbeit von Friedrich Siegmund-Schultze zurückgingen (Bingel 2011; Lindner 1997; Wietschorke 2013). In der Schweiz gab es neben der eher christlich inspirierten sozialen Arbeitsgemeinschaft in Basel, der Ulme, auch weniger religiös geprägte Settlement-Ansätze. Der Gartenhof in Zürich ist eine solche Initiative, die sich von der sozialreligiös geprägten Arbeit der Ulme absetzte (Epple 2013; Epple und Schär 2015). Weitere europäische Settlements wurden in Finnland, Russland, Portugal und Frankreich gegründet (Branco 2020; Wagner 2006), die Bewegung reichte aber zum Beispiel bis nach Palästina und Japan (Gal und Avnir 2020; Ogawa 2004; Perkins 2019).

4.2 Soziale Arbeit, Gemeinwesen und die Rolle der Settlement-Häuser

In enger Verzahnung mit den Settlements fand zeitgleich auch die Verberuflichung der Sozialen Arbeit statt. So wurden um die Jahrhundertwende bis 1920 zahlreiche Ausbildungsprogramme etabliert, so z. B. in Amsterdam, London, New York, Chicago und Berlin (Kendall 2000; Leighninger 2000). Dadurch gewann die Soziale Arbeit als Ausgangspunkt auch für gemeinwesenarbeiterisches Handeln an Bedeutung. Die Expansion der Settlement-Haus-Bewegung, die rasche Professionalisierung und Internationalisierung der Sozialen Arbeit und die Überschneidung von Zielen, Werten und Adressat:innengruppen führte dazu, dass Soziale Arbeit vielfach auch von Settlement-Häusern aus betrieben wurde. In dieser Zeit gab es noch keine

Trennung zwischen verschiedenen Berufszweigen und die Soziale Arbeit war noch in der Lage, ganz unterschiedliche sozialreformerische Aktivitäten und Impulse aufzugreifen und in Resonanz zu bringen. Die Akteur:innen der Settlement-Bewegung legten grossen Wert darauf, dass sich die Soziale Arbeit in den Settlement-Häusern nicht institutionalisierte und unbeweglich wurde, sondern dass die Dynamik in den Gemeinwesen und der Gesellschaft Ausgangspunkt der jeweiligen Projekte blieb.

Trotz dieser dynamischen Entwicklung und der grossen Varianz der Settlement-Häuser gibt es einige Gemeinsamkeiten, die hier hervorgehoben werden sollen: Ein Settlement-Haus bestand typischerweise aus einem grösseren Gebäude in einem vorwiegend von marginalisierten und ärmeren Bevölkerungsgruppen bewohnten Stadtteil. In diesem Settlement wohnten und arbeiteten die bürgerlichen Settlement-Arbeiter:innen. Diese waren in der Regel gut ausgebildete Personen, die zusammen mit den Stadtteilbewohner:innen eine grosse Palette von Aktivitäten und Angeboten entwickelten: angefangen bei Bildungsangeboten am Abend für Erwachsene, Clubs für Kinder und Jugendliche, Bibliotheken, Rechtsberatungen, Kinderkliniken, die Etablierung von Spielplätzen, die Durchsetzung von Arbeitnehmer:innenrechten u. v. m. (Davis 1967; Stebner 2006).

Die erste Frauenbewegung hat die Entwicklung der Settlements vorangetrieben (Lengermann und Niebrugge-Brantley 2002). Daneben spielten noch weitere soziale Bewegungen, wie zum Beispiel die Jugendbewegung und die sozialistischen Bewegungen, eine zentrale Rolle bei der Gestaltung des Gemeinwesens und der Neugestaltung der Gesellschaft als Ganze. In den Jahren zwischen 1880 und 1940 wurde der Grundstein für zahlreiche soziale Professionen und wohlfahrtsstaatliche Institutionen gelegt, sodass die dramatischen Auswirkungen eines ungezügelten Industriekapitalismus auf die Arbeiter:innen und die Armen zum Teil abgefedert und dadurch auch die immer tiefergreifenderen Risse der Gesellschaft zumindest oberflächlich übertüncht werden konnten.

Settlement-Häuser waren in diesem Sinne sozialpolitische Zentren, die konkrete soziale Reformen im Gemeinwesen vorantrieben, aber auch Initiativen für die gesamte Gesellschaft beförderten. Als wichtiges Element erwies sich hierfür die aktive und politisch informierte Sozialforschung. Die sogenannte Settlement-Soziologie lieferte Zahlen und Belege für die bis dahin nur gefühlten und unsystematisch beobachteten sozialen Probleme, die in dieser Zeit eigentlich zum Greifen nah waren. Durch die Abschottung der Reichen von den Armen jedoch waren diese dramatischen Lebensbedingungen der Armen und Arbeiter:innen für viele sehr weit weg. Indem die Akteur:innen der Settlement-Häuser hier die neuesten Entwicklungen in der damals noch in den Kinderschuhen steckenden Soziologie aufgriffen und selbst innovative, partizipative Sozialforschung betrieben (Crath 2020; Lau 2020), konnten sie einen grossen Einfluss auf die damaligen sozialen Reformen nehmen (Lengermann und Niebrugge-Brantley 2002; Williams und MacLean 2015).

Nicht selten stiessen sie aber auch auf Widerstände, die sehr viel länger dauerten, als dies in einer historischen Rückschau nachgezeichnet werden kann. Dies verdeutlicht, dass die Gemeinwesenarbeit damals keineswegs ein konflikt-freier Raum war, sondern tiefgreifende gesellschaftliche Spannungen in sich trug – ähnlich wie auch heute noch (Bitzan und Klöck 1993; Stövesand 2019b). Das wird auch in den weiteren Gemeinwesensansätzen des 20. Jahrhunderts deutlich, insbesondere in den in vielerlei Hinsicht inspirierenden und radikalen Strategien der Gemeinwesenarbeit von Saul Alinsky (1973, 1974). Dieser setzte vor allem darauf, die Arbeiter:innen so zu mobilisieren und zu organisieren, dass diese ihre Nöte und politischen Anliegen mit grosser Resonanz in der Öffentlichkeit vor-bringen konnten. Dazu war es aus seiner Sicht notwendig, den Weg des Konflikts zu wählen und – wenn auch friedlich – alle Machtmittel zu mobilisieren, die diesen marginalisierten Gruppen zur Verfügung standen.

4.3   Wie hat sich der produktive Diskurs über *Community* entwickelt?

Wir möchten an dieser Stelle diese kurze Geschichte der zuweilen vergessenen Zusammenhänge der Gemeinwesenarbeit schliessen, auch wenn sie zu diesem Zeitpunkt keineswegs abgeschlossen ist, sondern hier erst richtig beginnt, wie die eindrücklichen historischen Rückblenden im Handbuch Gemeinwesenarbeit (Stövesand et al. 2013) zeigen. Die bisherigen Erläuterungen sollten den Humus, aus dem diese verschiedenen Modelle der Gemeinwesenarbeit gewachsen sind, skizzieren. Wir haben damit auch den Zeitraum durchmessen, den wir in unserer folgenden Spurensuche fokussieren wollen. Es ist diese ungeheuer produktive, dynamische und unübersichtliche Zeit zwischen den 1880er und 1940er Jahren. Wir richten den Blick spezifisch auf die US-amerikanische Debatte um die Bedeutung von *community*. Diese Wahl soll nicht den Eindruck erwecken, dass in anderen Ländern zu dieser Zeit nicht auch wichtige Grundlagen für die heutige Gemeinwesenarbeit gelegt wurden. Sie ist vielmehr der Tatsache geschuldet, dass häufig auf diese historischen Wurzeln zwar verwiesen wird, aber die reichhaltigen und komplexen Diskussionen, die damals stattfanden, sehr stark komprimiert werden und somit aus der heutigen Perspektive kaum noch nachzuvollziehen sind.

Wir konzentrieren uns dabei auf einen Korpus des Diskurses, der von zentraler Bedeutung war, weil in ihm die unterschiedlichen Akteur:innen aus den verschiedenen Bereichen der damaligen „Sozialen Arbeit" zusammenkamen. Wir sprechen hier von der sogenannten *National Conference of Charities and Correction* (später: *National Conference of Social Work/Welfare*). Wie der Name schon andeutet, war damals bis in die 1920er Jahre hinein der allgemeine Begriff der Sozialen Arbeit noch nicht durchgesetzt. Auch Gemeinwesenarbeit wurde damals noch nicht als eigenes Arbeitsfeld betrachtet. Vielmehr mischten sich die unterschiedlichen Ansätze und Felder noch stark. Erst um 1935 zeigte sich von den USA ausgehend eine stärkere Differenzierung entlang der zentralen Methoden der Sozialen Arbeit. Seit 1935 strukturiert sich die Konferenzreihe entlang der sogenannten „Methodentrias" (Mühlum 2004, S. 18) aus Einzelfallhilfe *(social case work),* sozialer Gruppenarbeit *(social group work)* und Gemeinwesenarbeit *(community organization),* die für die Soziale Arbeit im Nachkriegsdeutschland an entscheidender Bedeutung gewann (Galuske 2013; Müller 1988, 1971) und dort durch die Gemeinwesenarbeit zu einem festen Bestandteil derselbigen wurde.[2]

Im Folgenden wird es also darum gehen, die Gemeinwesenarbeit nicht auf eine oder wenige interessante Wurzeln zurückzuführen, sondern einen Einblick in die historischen Entwicklungen der heutigen Formen von Gemeinwesenarbeit zu geben. Dabei soll bewusst darauf verzichtet werden, Differenzen im historischen Rückblick hervorzuheben, vielmehr sollen Querbeziehungen und Auseinandersetzungen nachgezeichnet werden. Es geht uns mit unserer historischen Rekonstruktion also darum, die Vielstimmigkeit und die Verbindungslinien zwischen verschiedenen Ansätzen, die sich im historischen Diskursfeld von Sozialraum, Gemeinwesen und Gemeinschaft befinden, aufzuzeigen.

---

[2]Allerdings wird auch hier wiederum ein wichtiges Detail unterschlagen. Damals gab es noch ein viertes Element, das für die Soziale Arbeit und für die Gemeinwesenarbeit wichtig war. Die vierte Säule lautete *„social action",* ein Begriff, der die sozialreformerischen und -politischen Aktivitäten der damaligen Akteur:innen zusammenfasste.

Community und Neighborhood in der US-amerikanischen Geschichte der Gemeinwesenarbeit

Unsere Spurensuche hat uns über die aktuelle Diskussion bezüglich der historischen Wurzeln der Gemeinwesenarbeit (Kap. 3) zu der Settlement-Bewegung als Vorläuferin der Gemeinwesenarbeit (Kap. 4) geführt. Wir haben dort auch erläutert, in welchem sozialen und gesellschaftlichen Kontext diese Gemeinwesenarbeit entstanden ist, und aufgezeigt, dass Settlements zu einem weltweit bekannten und von den jeweiligen Ländern übernommenen Konzept wurden. Damit ist diese Geschichte jedoch bei Weitem nicht auserzählt. Denn wir haben bislang nicht danach gefragt, wie sich die Settlement-Leute und ihre Ideen zu anderen, in der damaligen Zeit wichtigen Personen, Ideen, Theorien und sozialen Bewegungen verhalten haben. Wie ist es dazu gekommen, dass die Settlement-Bewegung solch eine nachhaltige Wirkung auf die Geschichte der Arbeit am Sozialen hatte (siehe Kap. 4)? Wie wurden die Ideen der Settlement-Leute aufgenommen? Mit wem haben sie sich auseinandergesetzt?

Wir greifen hier noch einmal kurz auf die deutsche Geschichtsschreibung der Sozialen Arbeit zurück. Carl Wolfgang Müller, der die Geschichte der Gemeinwesenarbeit in der Bundesrepublik schon früh aufgearbeitet hat (1982),[1] hebt in seiner historischen Analyse der gemeinwesenorientierten Sozialen Arbeit

---

[1] Diese Aufarbeitung ist hinsichtlich einer kritischen Betrachtung einer Rezeption genau unter die Lupe zu nehmen und dahingehend zu prüfen, „was rezipiert wird und was nicht rezipiert wird. Die Übertragung einer bestimmten Tradition aus einem gesellschaftlichen Kontext in einen anderen geschieht in der Regel weder naturwüchsig noch total, sondern sie folgt bestimmten Interessen und ist von daher hochgradig selektiv" (Müller 1973, S. 228).

© Springer Fachmedien Wiesbaden GmbH, ein Teil von Springer Nature 2023
S. Köngeter und C. Reutlinger, *Studienbuch Geschichte der Gemeinwesenarbeit*, Sozialraumforschung und Sozialraumarbeit 17,
https://doi.org/10.1007/978-3-658-15025-9_5

die Settlement-Arbeit als wichtige historische Wurzel hervor und stellt sie dem Ansatz der Einzelfallhilfe gegenüber. Seine vielzitierte Studie „Wie Helfen zum Beruf wurde" beginnt mit der Gründung des ersten Settlement-Hauses, der *Toynbee Hall* in London in den Jahren 1883/1884 und markiert diese als Ausgangspunkt für eine sozialpädagogische Methodengeschichte. Müller führt diese historische Darstellung mit der Etablierung eines weiteren Settlement-Hauses, dem *Hull House,* durch Jane Addams und Ellen Gates Star fort. Als dritten Bezugspunkt wählt er schliesslich Mary Richmonds Ansatz der Einzelfallhilfe aus, der vor allem in den sogenannten *Charity Organisation Societies* entwickelt wurde (siehe Biografie von Richmond in Abschn. 8.1.9). Diese Einzelfallhilfe stellt er kontrapunktisch den ersten beiden Bezugsgrössen, die man der Settlement-Bewegung zurechnen kann, gegenüber.

Einen umfassenderen Einblick gibt die Einführung von Wolf-Rainer Wendt (2008) in die Geschichte der Sozialen Arbeit. Er beschreibt die *Charity Organization Societies (COS),* die im London der 1860er Jahre ihren Ursprung nahmen und deren Ansatz ebenfalls in den USA weite Verbreitung fand, als „Organisierte freie Fürsorgearbeit", die eine wissenschaftlich fundierte Methode der Einzelfallhilfe etablierte. Wendt kontrastiert zwar auch die *COS* mit den Settlements und ihrem stärker auf soziale Reformen ausgerichteten Ansatz. Gleichzeitig verweist er aber auch auf Verbindungslinien und Kooperationen zwischen den beiden Bewegungen.

In diesem Kontext zeigt er auf, dass für die US-amerikanischen *COS* besonders die seit 1874 jährlich stattfindende *National Conference of Charities and Correction (NCCC)* ein wesentliches Forum war, auf dem viele Ideen von unterschiedlichsten Akteur:innen diskutiert und verhandelt wurden. Im Laufe der *progressive era* zwischen 1890 und 1920 hat die *NCCC* die Etablierung und Entwicklung der Sozialen Arbeit wesentlich vorangetrieben. Zwar tauchte die Settlement-Bewegung auf dieser Tagung erst seit 1896 auf, aber bereits 1910 wurde Jane Addams die erste weibliche Vorsitzende dieser Jahrestagung (siehe Biografie von Addams in Abschn. 8.1.1). Hierdurch zeigt sich, wie schnell die Settlement-Idee und damit die Diskussion um *community* und *neighborhood* an Bedeutung gewann. Das alles zeigt, dass diese Konferenz und die damit verbundenen Quellen sich besonders gut eignen, um historische Entwicklungen zu beleuchten und mit unserer Spurensuche die damaligen theoretischen und konzeptionellen Auseinandersetzungen genauer nachvollziehen zu können. Dabei konzentrieren wir uns vor allem auf die publizierten und seit einigen Jahren digital zugänglichen Beiträge dieser Konferenzreihe (vgl. https://quod.lib.umich.edu/n/ncosw/).

Methodologische Überlegungen

Unser methodisches Vorgehen geht von der Einsicht aus, dass historische Forschung in der Pädagogik von einer doppelten Historizität geprägt ist (Wulf 2002). Damit ist gemeint, dass wir, die wir uns mit dem historischen Gegenstand beschäftigen, durch unsere aktuelle Zeit und unser aktuelles Verständnis der Welt geprägt sind. Aber auch der Gegenstand, den wir in seinem Geworden-Sein untersuchen, ist in einer spezifischen Zeit und in einem spezifischen Verständnis der Welt eingebettet. Daher ist es wichtig, dass wir sowohl reflektieren, wie wir heute auf diesen Gegenstand schauen, als auch wie sich der Gegenstand aus der damaligen Zeit den Zeitgenoss:innen präsentierte. Im Sinne einer kontextanalytischen Historiographie (Langewand 1999) zielen wir daher darauf ab, in den Archivmaterialien die Zusammenhänge zu identifizieren, in denen die Begriffe community *und* neighborhood *Verwendung fanden. Eine solche Kontextanalyse bedarf einer sorgfältigen Auswahl des spezifischen Kontextes, den wir analysieren (Bellmann und Ehrenspeck 2002). Im vorliegenden Fall konzentrieren wir uns zunächst auf den Entstehungskontext des Begriffes und lassen den Rezeptions- und Wirkungskontext somit in den Hintergrund treten. Mit anderen Worten: Wie diese Diskussionen in den USA und anderen Ländern aufgenommen wurden und welche Folgen sie nach sich zogen, bleibt hier unberücksichtigt.*

Indem wir uns jedoch näher mit dem Entstehungskontext beschäftigen, sehen wir die Konflikte und Koalitionen, Auseinandersetzungen und Übereinstimmungen der Akteur:innen in dem Feld. Wir verstehen daher die Konferenzreihe der National Conference of Charities and Correction *gemäss Susanne Maurer als ein Archiv gesellschaftlicher Konflikte, in dem auch um die Lösungsansätze derselbigen gerungen wurde. Soziale Arbeit bearbeitet ein „umstrittenes gesellschaftliches Feld von Problemwahrnehmung und -deutung" und konstituiert dieses zugleich immer wieder neu (Maurer 2011, S. 161). Unsere eigene aktuelle Spurensuche verstehen wir als einen Beitrag in dem durchaus umstrittenen und umkämpften Feld des „gesellschaftlichen Gedächtnisses" der Sozialen Arbeit und der Gemeinwesenarbeit. Unser Ziel ist es zu zeigen, dass die Herausbildung von Gemeinwesenarbeit und die starke Bedeutungszunahme der Begriffe* community *und* neighborhood *ein umkämpfter Prozess war, an dem widerstreitende und koalierende, vielfältig eingebettete und vernetzte Akteur:innen beteiligt waren. Wir möchten damit auch der Gefahr entgegentreten, dass wir mit einer sozialpädagogischen Geschichtsschreibung Vereinfachungen und Linearisierungen wiederholen. Im Gegenteil: Unsere*

Spurensuche soll vergessene Zusammenhänge und Konflikte aufzeigen, die uns besser verstehen lassen, wie Gemeinwesenarbeit entstanden ist, und uns ebenso eine neue Perspektive auf heutige Auseinandersetzungen eröffnen.

5.1 Die *National Conference of Charities and Correction* – Die Textbasis unserer Analysen

Die Wohlfahrtspflege in den USA in den Jahren 1850–1900 ist geprägt von vier zentralen Institutionen, wie James Leiby in seinem 1978 veröffentlichten Werk über die Geschichte der sozialen Wohlfahrt und der Sozialen Arbeit schreibt. Diese Institutionen waren zum Ersten die Ausschüsse, in denen die Armenhäuser und Gefängnisse organisiert wurden *(Boards of Charities and Correction).* Zweitens gab es die sogenannten *Charity Organization Societies,* die sich auf die vielfältigen lokalen und privaten Wohltätigkeitsvereine und ihre Verbindungen zur kommunalen öffentlichen Wohltätigkeit konzentrierten. In den 1890er Jahren brachten sich drittens mehr und mehr die Settlement-Häuser ins Spiel, die die Frage nach umfassenderen sozialen Reformen stellten. Trotz ihrer sehr unterschiedlichen Ausrichtungen trafen sich alle an der regelmässig stattfindenden *National Conference of Charities and Correction.* Diese Konferenzreihe war die vierte Institution und daher prädestiniert dafür, die Ideen und Konzepte, die in den unterschiedlichen drei Institutionen sich zeigten, weiterzuentwickeln (Leiby 1978, S. 90).

Die parallele Entwicklung der Konferenzreihe und der Entstehung der Sozialen Arbeit lässt sich auch gut anhand der Veränderung der Namensgebung nachvollziehen. 1874 startete die Konferenzreihe als *Conference of Boards of Charities and Correction,* um im Anschluss daran für vier Jahre unter dem Namen *Conference of Charities* und dann für zwei Jahre als *Conference of Charities and Correction* zu firmieren.[2] Ab 1882 hiess dann die Veranstaltung *National Conference of Charities and Correction.* In dieser sogenannten *Progressive Era* prägte sie die Diskussionen zur Frage, wie soziale Wohlfahrt oder Soziale Arbeit gestaltet werden und welche Rolle sie in der Gesellschaft spielen sollten. Ab 1917 firmierte die Konferenzreihe dann unter dem Titel *National Conference of Social Work* und markierte damit, dass *social work* sich seit dieser Zeit als eigenständige Profession und Disziplin verstanden hat. 1956 wurde sie schliesslich unter dem Namen *National*

---

[2] Diese Variation zeigt, dass es umstritten war, ob das Feld des Strafvollzugs *(correction)* hier dazu passte.

Conference of Social Welfare weitergeführt, da sich 1955 sieben unterschiedliche Verbände zur *National Association of Social Workers* zusammengeschlossen hatten und danach ihre eigenen jährlichen NASW-Konferenzen durchführten. Dadurch verlor die Konferenzreihe ihre Bedeutung; sie wurde noch bis 1982 fortgesetzt (Tropman und Stotzer 2005, S. 254).

Die jährlichen Veröffentlichungen der Konferenzreihe (vgl. https://quod.lib. umich.edu/n/ncosw/) eignen sich besonders gut, um die Entstehung der Profession der Sozialen Arbeit in den USA sowie deren Entwicklung bis zur Mitte des 20. Jahrhunderts nachzuvollziehen. Die Konferenzreihe war von kaum zu unterschätzender Bedeutung für die Soziale Arbeit in den USA sowie ihre disziplinäre und professionelle Entwicklung (Gräser 2009; Specht und Courtney 1995). Vor allem lässt sich hier auch die Ausdifferenzierung in die drei Sparten Einzelfallarbeit, soziale Gruppenarbeit und Gemeinwesenarbeit nachzeichnen, die für die bundesdeutsche Soziale Arbeit nach dem Zweiten Weltkrieg eine sehr bedeutende Orientierung darstellte (Friedlander und Pfaffenberger 1969). Ab 1935 und nach Jahrzehnten der zuweilen volatilen Aufteilung in verschiedene Sektionen *(sections)* stabilisierte sich in der Konferenzreihe eine Vierteilung in *social case work, social group work, community organization* und *social action.* Darüber hinaus lässt sich in dem Zeitraum von 1896–1935 sehr gut nachvollziehen, wie sich die Settlement-Bewegung, die in den Diskursen der Sozialraumorientierung und Gemeinwesenarbeit als Vorläuferin der jeweiligen Zugänge anerkannt wird, dort etabliert und die Perspektive auf *neighborhood* und *community* in der Sozialen Arbeit und in dieser Konferenzreihe nachhaltig verankert hat.

5.2 *Community* und *Neighborhood* – Konjunkturen historischer Begriffe

Indem der Begriff der *community* nun genau in diesem Umfeld näher analysiert wird, kann nachgezeichnet werden, wie er sich in diesem für die Soziale Arbeit entscheidenden Zusammenhang etabliert hat. Diese Zusammenhänge werden deshalb häufig vergessen, weil rückblickend nur nach *community* gesucht, aber nicht differenzierter untersucht wird, wie sich diese Bezeichnung im Kontext eines heterogenen und umkämpften Begriffsfeldes durchgesetzt hat. Der Terminus „Zusammenhang" ist hier entscheidend, denn Begriffe werden von uns nicht als Kerne eines Diskurses identifiziert, sondern als Grenzobjekte (Hörster et al. 2013), die scheinbar distinkte soziale Welten miteinander verbinden können. Eine (doppelt) historisierende Vorgehensweise muss berücksichtigen, dass Begrifflichkeiten nicht von vornherein im Zentrum standen, sondern erst durch den

Zusammenhang oder die Vernetzung mit anderen Begriffen zu solchen Zentren innerhalb eines Netzwerks wurden. Diese Vorgehensweise orientiert sich an historischen Studien, die begriffliche Netzwerke nachgezeichnet haben, um thematische Felder und ihre Entwicklung besser verstehen zu können (Dollinger 2010). Dementsprechend haben wir uns also auf die Spurensuche danach gemacht, wie *community* zu einem solchen Zentralbegriff für eine bedeutsame Sektion der US-amerikanischen Sozialen Arbeit wurde, die nachhaltig auch die transatlantische Entwicklung in Deutschland geprägt hat.

Eine erste Analyse verdeutlichte bereits, dass neben dem Begriff *community* vielfach von *neighborhood* gesprochen wurde. Insbesondere in den Anfangsjahren schien dieser Begriff sogar noch bedeutsamer gewesen zu sein – was vor allem an der Benennung von *Sessions* (siehe Kap. 6) sichtbar wird. Die Bezeichnung *neighborhood* schien eine Art Türöffner für die breitere *community*-Debatte gewesen zu sein. Daher konzentriert sich eine erste Untersuchung auf die zahlenmässige Ausbreitung dieser beiden Begriffe im Rahmen der *National Conference of Charities and Correction (NCCC),* bevor wir genauer auf die Entwicklung der *Sessions* eingehen. Im Hauptteil unserer Untersuchung konzentrieren wir uns dann auf die Begutachtung der thematischen Zusammenhänge, in denen die Begriffe Verwendung finden.

Wir beginnen mit dem Begriff *neighborhood,* um thematische Felder zu markieren, die bislang in den *NCCC* kaum eine Rolle spielten (Abb. 5.1).

Bis zum Jahr 1900 taucht der Begriff *neighborhood* zwischen zwei und 26 Mal in den Veröffentlichungen zur Konferenzreihe auf, ehe ab 1901 eine regelrechte Konjunktur beginnt. Eine wichtige Ausnahme in dem ersten Vierteljahrhundert stellt das Jahr 1896 dar. Die starke Thematisierung der Nachbarschaft zu dieser Zeit ist darauf zurückzuführen, dass zum ersten Mal eine *Session* zur Settlement-Arbeit stattgefunden hat. Nach diesem ersten Ausschlag steht *neighborhood* mit Beginn der1920er Jahre immer häufiger im Zentrum von Beiträgen und Diskussionen der *NCCC,* woraufhin die Kurve zur Mitte des 20. Jahrhunderts stark abflacht.[3] Erst gegen Ende der 1960er Jahre erfährt der Nachbarschaftsdiskurs schliesslich eine Renaissance.

Eine ähnliche Bewegung ist bei der Thematisierung von *community* zu verzeichnen. Zwei Unterschiede sind hier jedoch besonders hervorzuheben. Erstens bewegt sich im Vergleich zum Begriff *neighborhood* die Zahl der Nennungen auf einem deutlich höheren Niveau: Der Peak bei den *neighborhood*-Nennungen liegt bei 257 im Jahre 1924, während *community* 1919 knapp 1200 Mal thematisiert

---

[3]Um die allgemeine Tendenz stärker sichtbar zu machen, wurde die Trendlinie hervorgehoben, in der das zehnjährige Mittel der Nennungen berechnet wurde.

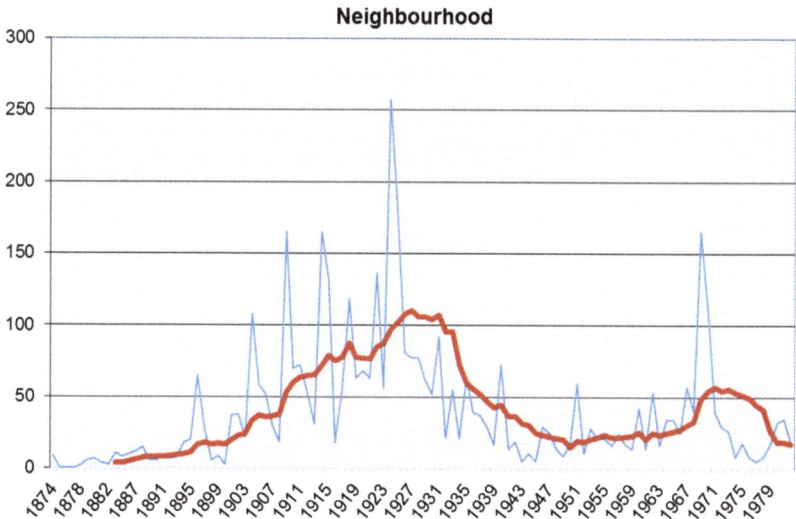

Abb. 5.1 Anzahl der Nennungen des Begriffs neighborhood. (Quelle: Eigene Darstellung)

wurde und 1924 immerhin noch mehr als drei Mal so häufig wie *neighborhood*. Zweitens steigt die Kurve im Vergleich zu den *neighborhood*-Nennungen interessanterweise erst ab 1910 deutlich an. Schliesslich flacht die Kurve mit den *community*-Nennungen nach 1925 nicht kontinuierlich ab, sondern wird ab Mitte der 1930er Jahre noch einmal wiederbelebt (Abb. 5.2).

Trotz der Unterschiede zwischen den beiden Begriffen stechen doch die gemeinsamen Merkmale ins Auge: Die Thematisierung von *community* und *neighborhood* beginnt anfangs 20. Jahrhunderts und erreicht ihren Höhepunkt in den 1920er Jahren. Es gibt hier unterschiedliche Ansätze für eine Erklärung dieser Konjunkturen: Einerseits können bestimmte Thematisierungswellen, wie zum Beispiel die Bedeutungszunahme der *community* in den 1940er Jahren, mit dem Eintritt der USA in den Zweiten Weltkrieg in Verbindung gebracht werden. Sicherlich fällt auch der Erste Weltkrieg in den 1910er Jahren ins Gewicht. Einen weiteren exogenen Faktor könnten andererseits die starken Einwanderungs-wellen in die USA spielen. Um 1890 sowie zwischen den Jahren 1905 und 1914 stieg die Immigrationsrate sehr schnell an, was vor allem die Oststaaten und deren grosse Städte betraf. Gleichzeitig wurden äusserst restriktive und auf „Rassenunterschieden" [sic!] basierende Einwanderungsgesetze erlassen (Park und Kemp 2006). Es wäre daher nicht verwunderlich, wenn die *community*-

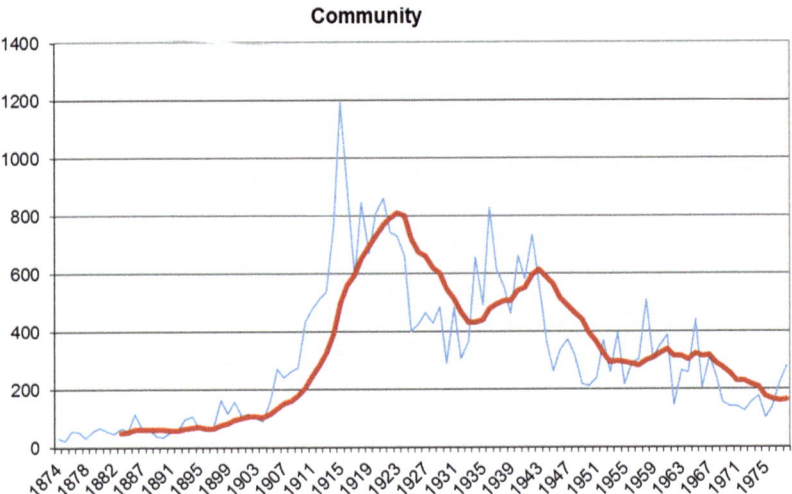

Abb. 5.2 Anzahl der Nennungen des Begriffs community. (Quelle: Eigene Darstellung)

und *neighborhood*-Debatte auch Teil einer Krisenrhetorik wäre, die auf diese Zuwanderung reagiert hat. Doch trotz dieser Hinweise bleibt offen, in welcher Hinsicht, mit welcher Konnotation und nicht zuletzt welchem Kontext diese Begriffe verbunden wurden. Dies wird erst in der genaueren Analyse der Texte deutlich.

5.3   *Community* und *Neighborhood* – Kontexte

Um die Kontexte, in denen die Begriffe Verwendung fanden, näher zu identifizieren, haben wir uns die Titel der sogenannten *Sessions*[4] angeschaut, in denen die entsprechenden Vorträge gehalten wurden. Die Erstellung der *Sessions* wurde durch *standing committees* organisiert. Dabei zeigt sich, dass insbesondere in den ersten Jahrzehnten die Titel der *Sessions* und auch der *committees* noch sehr variabel waren. Erst 1917–1919 erfolgte eine erste stärkere Festlegung, indem sogenannte *divisions* eingerichtet wurden, die zu einer stärkeren Strukturierung

---

[4] Eine *Session* ist eine Sammlung mehrerer, thematisch zusammenpassender Beiträge.

der *NCCC* führten. 1935 schliesslich gab es eine umfassende Reform der *divisions* und die alte Gliederung wurde ersetzt durch die Tetrade *social case work, social group work, community organization* und *social action*. Die Entwicklung der *Session*-Struktur vermittelt einen guten Überblick dahingehend, wie sich die Begriffe *community* und *neighborhood* etabliert haben (Tab. 5.1).

Es wurde bereits in der Analyse um die Nennungshäufigkeit der beiden Begriffe deutlich, dass die Jahre 1896/1897 einen ersten Höhepunkt der Diskussion um *community* und *neighborhood* darstellten. In diesen beiden Jahren wurden jeweils mehr oder weniger umfangreiche *Sessions* organisiert, in denen

Tab. 5.1 Entwicklung der *Sessions*, in denen die Begriffe *Community* und *Neighborhood* diskutiert werden

	Name der Session		Beiträge in weiteren *Sessions*
1896–1897	Social Settlements (and the Labor Question)		*Sessions:* • Community and the School (1910) • Immigration
1898–1900	*Keine Sessions zu Family, Neighborhood oder Community*		
1901–1908	Needy Families (in Their Homes)	Neighborhood Improvement/Work (keine *Session* 1901, 1903 und 1907)	
1909–1913	Families and Neighborhoods		
1914–1917	The Family and the Community	Neighborhood Development/ Promotion of Social Programs/ Community Programs (keine *Session* 1915)	*Sessions:* • Organization of Social Forces • Children • The Immigrant • Social/Mental Hygiene
1918–1921	The Family	The Local Community (keine *Session* 1918)	
1922–1934		*(gemeinsame Session 1923 unter dem Titel: „The Home")* Neighborhood and Community Life	
1935–1940	Social Case Work Social Group Work Community Organization Social Action		

community und *neighborhood* als Begriffe eine zentrale Stellung einnahmen.[5] Diese erste Thematisierung hatte aber keine strukturellen Folgen. Erst 1901 gründete sich ein *standing committee* zum Thema „*Neighborhood Improvement*", das im darauffolgenden Jahr dann eine erste *Session* organisierte. Zeitgleich etablierte sich ein *standing committee* zum Thema „*Needy Families in Their Homes*". Zwischen 1901 und 1908 arbeiteten diese beiden *committees* parallel zueinander. 1909 erweiterte dann das Komitee zu *needy families* seinen Fokus bzw. schloss die Nachbarschaft mit in seine Diskussion ein und benannte die entsprechende *Session* mit „*Families and Neighborhoods*". Dabei wurde dieses Komitee überwiegend von den gleichen Personen getragen, die auch zuvor die *needy families* adressierten. Wichtige Akteurin war hier unter anderem Mary Richmond (siehe Biografie von Richmond   in Abschn. 8.1.9). Diese Öffnung ging damit einher, dass für vier Jahre parallel keine gesonderten *Sessions* zum Thema *neighborhood* angeboten wurden. Gleichwohl spielten in dieser Zeit *community/neighborhood*-Themen eine wichtige Rolle – was allein daran zu erkennen ist, dass 1910 Jane Addams Präsidentin der *NCCC* wurde und zahlreiche Settlement-Aktivist:innen in anderen *Sessions* wichtige Beiträge lieferten (siehe Biografie von Addams in Abschn. 8.1.1).

Erst 1914 etablierte sich dann wieder ein *standing committee,* das in den folgenden Jahren unter wechselnden Titeln die „*Community Programs*" oder „*Neighborhood Development*" zum Thema machte. Die Übersicht verdeutlicht auch, dass mit dem Jahr 1914 eine Institutionalisierung dieses Themenbereiches zu verzeichnen ist. Interessanterweise ging diese Institutionalisierung mit der stärkeren Verwendung des Begriffs *community* einher. Arbeiteten die meisten *Sessions* bis dahin mit dem Begriff *neighborhood,* wurde nun vermehrt der Terminus *community* eingesetzt. Dies gilt auch in den Beiträgen ausserhalb der *Sessions*, die sich explizit mit *community* und *neighborhood* beschäftigten. Auch unter der Rubrik „*Organization of Social Forces*", „*Children*", „*Immigration/ Immigrants*" usw. wurde häufiger auf den Begriff *community* zurückgegriffen. Ab 1918 führte diese Institutionalisierung dann aber auch dazu, dass die zeitweise Zusammenführung mit dem Thema Familie aufgegeben wurde und eine Ausdifferenzierung in „*Neighborhood and Community Life*" auf der einen und „*Family*" auf der anderen Seite erfolgte. Diese Ausdifferenzierung wurde nur

---

[5] 1896 waren die Organisatorinnen der *Session* „*Social Settlements and the Labor Question*" überrascht, dass sie die Frage der Settlement-Arbeit mit der sogenannten Arbeiter:innenfrage gemeinsam diskutieren sollten. 1897 hiess die *Session* dann nur noch „*Social Settlements*".

1923 kurz unterbrochen, als eine *Session* zu „*The Home*" organisiert wurde. Mit dem Jahr 1935 zeigte sich diese Ausdifferenzierung dann wesentlich abstrakter, indem die Tetrade aus *social case work, social group work, community organizing* und *social action* eingeführt wurde.

5.4 *Community* und *Neighborhood* – Thematisches Netzwerk

In unserer weiteren Forschung haben wir dann versucht, zentrale Themen in den *Sessions* mit Fokus auf *community* und *neighborhood* zu identifizieren, die ein Netzwerk von Begriffen darstellt. Unsere Vorgehensweise liess sich dabei von verschiedenen netzwerktheoretischen Analysemethoden inspirieren. Bei der Methode der „*concept maps*" wird versucht, in einem Korpus von Daten regelmässig auftauchende Begriffe und Relationen von Begriffen zu visualisieren (Novak und Cañas 2008). So wird beispielsweise der Begriff *community* häufig im Kontext von Familie verwendet, daneben wird er jedoch auch mit Fragen von Nation, Migration und schliesslich mit *race*[6] in Verbindung gebracht. Darüber hinaus erschienen uns solche Relationierungen wichtig, weil sie uns daran erinnert haben, dass entlang solcher Begriffe auch unterschiedliche soziale Bewegungen und Organisationen miteinander verbunden werden. So hat beispielsweise Barbara Czarniawskas (2008) anhand von sogenannten *action nets* herausgearbeitet, wie Organisationen ihre eigenen, organisationalen Grenzen überschreiten und sich mit anderen Organisationen in einem Netzwerk koordinieren. Dies ist für den hiesigen Anwendungsfall wichtig, weil durch die Begriffe *community* und *neighborhood* soziale Bewegungen (Settlement-Bewegung, *Charity Organization Societies, Social Survey Movement* etc.) sich verständigt und ihre jeweiligen Aktivitäten koordiniert oder voneinander abgegrenzt haben. Schliesslich erinnern unsere begrifflichen Netzwerke auch an die Bedeutung der historischen Situation und ihre diskursiven Bedingungen, die im Rahmen der Weiterentwicklung der Grounded Theory Methodologie, wie sie von Adele Clarke (2005) vorgeschlagen wird, stärkere Berücksichtigung finden. In diesen Situationsanalysen werden alle menschlichen und nicht-menschlichen Elemente, Materialitäten und diskursiven Elemente in einen Zusammenhang gebracht. In unserem Fall haben wir uns auf Begriffe als diskursive Elemente

---

[6]Vgl. Fussnote 4.

begrenzt. Allerdings verweisen diese Begriffe natürlich auch auf eine Verbindung von Personen und ihren Handlungen, auf Organisationen und ihren materialen Erscheinungen (Häuser, Parks, etc.) und auch auf die weniger sichtbaren, aber relevanten Aspekte, wie zum Beispiel Finanzierungsformen etc. Die Verbindung der diskursiven Elemente mit Personen, Handlungen, Organisationen etc. müssten aber in weiteren historischen Studien untersucht werden. Wir konzentrieren uns hier auf die diskursiven Netzwerke.

Durch diese netzwerktheoretisch inspirierte Vorgehensweise wird ersichtlich, was damals thematisiert wurde, was sagbar war und in welche Zusammenhänge das Gesagte eingeordnet wurde. Wir sortieren die Begriffe und ihre Relationen dabei in eine bestimmte Reihenfolge, um dadurch die Argumentationsketten nachvollziehbar zu machen, in denen diese Begriffe jeweils ihre Funktion entfalteten.

Community und *Neighborhood* in Verhandlung – Analyse relevanter thematischer Achsen und Netzwerke

6

Unsere Spurensuche in den jährlichen Veröffentlichungen zur US-weiten *National Conference of Charities and Correction (NCCC)* (siehe Abschn. 5.1) zeigt die Komplexität der Auseinandersetzung um die Begriffe *community* und *neighborhood*. Wir haben es mit einem vernetzten Themenfeld zu tun, das sich um diese beiden Begriffe angelagert hat. Wir möchten im Weiteren dazu einladen, dieses Themenfeld gemeinsam näher zu untersuchen. Ziel ist es, dadurch besser zu verstehen, wie die Begriffe *community* und *neighborhood* in der sich entwickelnden Sozialen Arbeit Bedeutung erlangen konnten, wie diese zu einem festen Bestandteil Sozialer Arbeit wurden und welche Position sie darin einnahmen. Oder – um es noch eine Spur radikaler zu formulieren – wie die Diskussion um *community* und *neighborhood* dazu beitrug, dass sich Anfang des 20. Jahrhunderts die lose zusammenhängenden Themen zu einer Gestalt Sozialer Arbeit verfestigten, wie sie lange in den USA überdauert hat und schliesslich auch diesseits des Atlantiks die Entwicklung geprägt hat.

Wir werden diese Themenfelder und die damit verbundenen Begriffe entlang von fünf Achsen thematisieren und dabei die Breite und Vielfalt der Diskussion verdeutlichen. So lagerten sich beispielsweise um *community* und *neighborhood* die weiteren Begriffe Nation, Familie, Migration und *race* an. Sie fungierten als Scharniere zwischen den unterschiedlichen Diskursen. So stellten sich die Konferenzteilnehmer:innen beispielsweise in Bezug auf die von Migration geprägten Nachbarschaften die Frage, wie Familien dort leben, wie ihnen geholfen werden kann, welche Auswirkungen Migration und *race* auf Nachbarschaft, Gemeinwesen und schliesslich für die Entwicklung der US-amerikanischen Nation haben.

Die Rekonstruktion solcher Argumentationsketten und -vernetzungen ist nicht immer eindeutig. Beispielsweise fungierte der Begriff der Nation auch als

© Springer Fachmedien Wiesbaden GmbH, ein Teil von Springer Nature 2023
S. Köngeter und C. Reutlinger, *Studienbuch Geschichte der Gemeinwesenarbeit*, Sozialraumforschung und Sozialraumarbeit 17,
https://doi.org/10.1007/978-3-658-15025-9_6

Scharnier für andere Argumentationen und begriffliche Netzwerke. So weist er beispielsweise auch eine Nähe zur Schule auf, die als eine der bedeutsamsten Institutionen für den Prozess der *nation building* verstanden werden kann, oder eine Nähe zur Stadt, weil diese sich als multikultureller Ort par excellence präsentierte. Wir haben probiert, dieses Begriffsnetzwerk dementsprechend in seinen Überlappungen darzustellen und versuchen, so dies möglich ist, in den jeweiligen Abschnitten auf Querverweise zu anderen Argumentationsketten hinzudeuten. Das folgende Schaubild gibt einen Überblick über die aus unserer Perspektive fünf zentralen Argumentationsketten, die Anfang des 20. Jahrhunderts die Diskussion zu *community* und *neighborhood* in der sich herausbildenden Sozialen Arbeit der USA geprägt haben (Abb. 6.1).

Diese fünf Begriffsketten eines noch weit grösseren Begriffsnetzwerks strukturieren auch unsere weitere Spurensuche, wie wir sie in diesem Kapitel entfalten. Dabei beginnen wir mit der Familie, die wie erwähnt, auch der erste Begriff ist, mit dem in den *Sessions* das Thema *community* und *neighborhood* verbunden

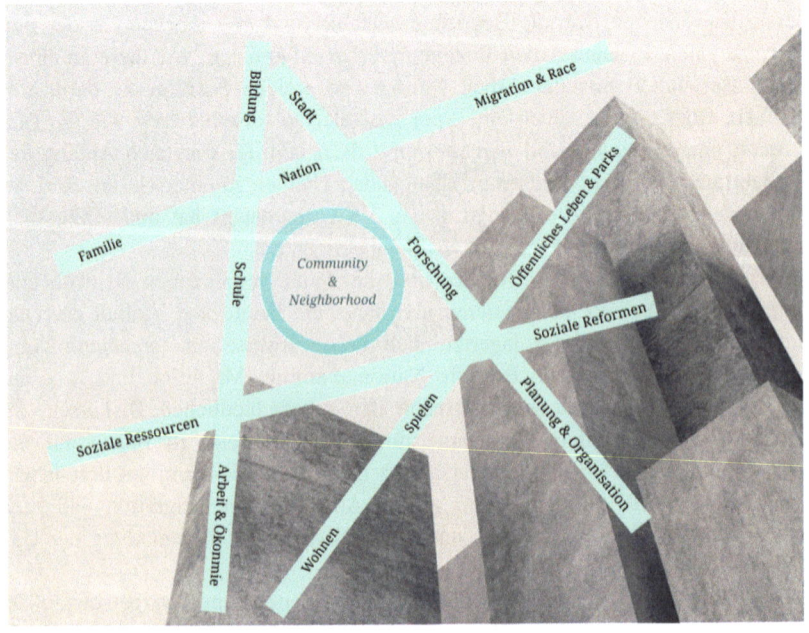

Abb. 6.1 Begriffsnetzwerk der Diskussion über community und neighborhood auf den National Conferences of Charities and Correction (NCCC). (Quelle: Eigene Darstellung)

wurde. Von dort aus thematisieren wir dann im Folgenden die Linie Bildung, Schule sowie Arbeit und Ökonomie, ein Argumentationsstrang, der sehr stark in der Traditionslinie der Settlement-Bewegung stand. Danach thematisieren wir die Bedeutung von Stadt und darauf bezogene Forschung, Planung und Organisation, weil insbesondere in der Stadt die gesellschaftlichen Fliehkräfte besonders deutlich sichtbar wurden und mit Hilfe systematischer Untersuchungen, mit Planung und Organisationsprozessen hier Kohäsion wiederhergestellt werden sollte. Von dort aus gehen wir dann zu den Fragen des öffentlichen Raums und dessen Gestaltung über, wobei hier die Frage nach der Erfahrung der Bevölkerung in den Städten bezüglich Wohnens, Spielens, Freizeitaktivitäten etc. neue Aufmerksamkeit erhalten hat. Mit dem letzten Kapitel zu sozialen Ressourcen und Reformen verfolgen wir schliesslich das Ziel einer Gegenüberstellung unterschiedlicher Antworten der Sozialen Arbeit auf diese sozialen Fragen.

6.1 Familie – Nation – Migration & *Race*

Wir beginnen unsere Spurensuche zur US-Geschichte der Gemeinwesenarbeit um die Jahrhundertwende vom 19. zum 20. Jahrhundert, auch wenn die ersten Settlement-Häuser bereits in den 1880er Jahren gegründet wurden (1886 die *„Neighborhood Guild"* durch Stanton Coit in New York und 1889 das *„Hull House"* durch Jane Addams und Ellen Gates Starr in Chicago). In den Jahren 1896 und 1897 gibt es auf der *National Conference of Charities and Correction (NCCC)* erste intensive Diskussionen zur Bedeutung von *community* und *neighborhood*. Diese bleiben jedoch beschränkt auf diejenigen *Sessions* mit dem Titel *„Social Settlements and the Labor Question"*, in denen die Arbeit der Settlement-Häuser vorgestellt und diskutiert werden. Ab dem Jahr 1901 weitet sich die Diskussion im Rahmen der Konferenz zur Sozialen Arbeit über *community* und *neighborhood* schliesslich systematisch aus und erfasst nicht nur diejenigen, die sich im Kontext von Settlement-Häusern in der Gemeinwesenarbeit engagieren, sondern auch andere Akteur:innen im Feld der Sozialen Arbeit. Insbesondere in dem Teil der Konferenz, der sich regelmässig mit der Bedeutung von Familie beschäftigt, wird deutlich, dass sich hier der Blick weitet und die Familie zunehmend im umliegenden sozialen Raum, nämlich der *community* und der *neighborhood,* reflektiert wird. In dem ersten hier diskutierten Aufsatz von Zilpha D. Smith (siehe Biografie von Smith in Abschn. 8.1.2), mit dem sie die *Session „Needy Families in their Homes"* einleitet, schlägt die Autorin den Bogen von der direkten Arbeit mit den Familien hin zur besseren Kenntnis der Stadtteile und der Lebensbedingungen der Familien, die in den Stadtteilen wohnen. Doch bleibt die Diskussion nicht im nahräumlichen, physischen Umfeld einer Familie respektive eines Stadtteils stecken, vielmehr wird zunehmend die Komplexität des sozialen und gesellschaftlichen Lebens thematisiert, indem auch der Bezug zur Nation hergestellt wird.

Da der Begriff *community* im Englischen sich nicht nur auf das Gemeinwesen im Sinne eines städtischen Quartiers oder einer sozialgeographischen Einheit eines Gebietes bezieht, sondern auch die Bedeutung von Gemeinschaft mitführt, ist es hier naheliegend, den Zusammenhalt der Nation zu diskutieren, wie der Aufsatz von Robert A. Woods (1909) zu *„The Neighborhood and the Nation"* in der *Session „Families and Neighborhoods"* zeigt (siehe Biografie von Woods in Abschn. 8.1.13). Damals wie heute spielt das Thema Migration eine zentrale Rolle: Die Frage nach dem Zusammenhalt und der Solidarität innerhalb der USA wurde angesichts der durch Migrationsbewegungen zunehmenden Diversität der Gesellschaft dringlich verhandelt. Dadurch erweitert sich die Perspektive auf *„charities"* (Wohltätigkeit) und letztlich entwickelt sich hieraus eine stärker sozialreformerische und sozialpolitische Perspektive. Auf diese Weise wird nicht mehr nur der Einzelfall (das Kind, der Erwachsene oder die Familie etc.), sondern zugleich dessen soziale Bezüge – angefangen von der Familie über *community* und *neighborhood* bis hin zur Gesamtbevölkerung als Nation für und von Einwandernden –, als Ansatzpunkt für Veränderungsbemühungen betrachtet. Dies hat zur Folge, dass sich der Fokus auf die grösseren sozialen Zusammenhänge richtet und sich damit einhergehend auf die Frage nach Migration und Heterogenität von *communities* bezieht, wie etwa Sophonisba P. Breckinridge 1914 in ihrem Aufsatz zu *„The Family in the Community, but not yet of the Community"* verdeutlicht (siehe Biografie von Breckinridge in Abschn. 8.1.2). Wir können also in den drei hier vorgestellten Texten nachvollziehen, wie sich binnen eines Jahrzehnts der Blick weitete und die Frage nach *community* und *neighborhood* für die Soziale Arbeit immer dringlicher wurde.

Sozialraumorientierung in der Kinder- und Jugendhilfe
Diese Weitung des Blicks im ersten Jahrzehnt des 20. Jahrhunderts werden wir im Folgenden genauer rekonstruieren. Die Rekonstruktion verfolgt nicht nur ein historisches Interesse, sondern findet auch vor dem Hintergrund einer Renaissance sozialräumlichen und gemeinwesenarbeiterischen Denkens in den 1990er und 2000er Jahren statt, wie wir sie in der Sozialen Arbeit in Deutschland beobachten können. Diese Renaissance steht im Zeichen eines zu Ende gehenden Schubs der Spezialisierung und Ausdifferenzierung der Sozialen Arbeit Ende der 1980er und Anfang der 1990er Jahre, welche in der bundesdeutschen Sozialen Arbeit im Feld der Kinder- und Jugendhilfe nachgezeichnet werden kann: Das alte Jugend-

wohlfahrtsgesetz wird in Deutschland 1991 durch das Kinder- und Jugendhilfegesetz abgelöst. Die Entwicklung neuer moderner Formen und Methoden der Jugendhilfe, wie sie in den 1970er und 1980er Jahren vorbereitet wurden, finden hier ihre institutionelle Formation: weg von der kontrollierenden, eingriffsorientierten und Abweichungen korrigierenden Sozialen Arbeit hin zu einer Sozialen Arbeit, die sich am Ziel einer ausdifferenzierten und professionalisierten Dienstleistungsinfrastruktur ausrichtet. Doch es dauert nicht lange, bis sich in den 1990er Jahren die negativen Nebeneffekte einer solchen Entwicklung zeigen. Obwohl die dominanten Theorien zu dieser Zeit, wie beispielsweise Alltags- und Lebensweltorientierung (vgl. BMJFFG 1990) oder Dienstleistungsorientierung (vgl. BMFSFJ 1994), eine Kritik an einer auf das Individuum zentrierten Sozialen Arbeit vorlegen (Grunwald und Thiersch 2016; Olk 1994; Thiersch 2015), gerät die Bedeutung dieser weiteren sozialen Kontexte in den Hintergrund. Erst seit Ende der 1990er Jahre öffnet sich die Perspektive wieder hin zu den sozialen Bezügen wie Nachbarschaft und Gemeinwesen. Die Gemeinwesenarbeit als historischer Bezugspunkt wird erneut aufgegriffen und mit dem Titel „Sozialraum" (Kessl 2011; Kessl und Reutlinger 2013) ein abstrakterer sozialwissenschaftlich fundierter Begriff entwickelt, der allgemein die Bedeutung verschiedener Formen der Vergesellschaftung für die Entstehung und Bearbeitung sozialer Problemlagen entfaltet.

6.1.1   Familie – Der einzelfallbezogene Ausgangspunkt der Diskussion über die Nachbarschaft und das Gemeinwesen

Zilpha D. Smith war zum Zeitpunkt ihres Vortrags auf der *National Conference of Charities and Correction (NCCC)* 1901 Geschäftsführerin der *Associated Charities* in Boston (siehe Biografie von Smith in Abschn. 8.1.11). Sie fokussiert in ihrem Beitrag in der *Session* mit dem Titel *„Needy Families in their Homes"* zunächst stark die einzelne Familie und ihre Bedarfe. Dabei steht ihre Argumentationslinie anfangs noch ganz in der Tradition der *Charity Organization Societies (COS)*, die grossen Wert auf die Anwendung und Entwicklung neuester sozialwissenschaftlicher Methoden legte, um die sozialen Probleme in den sich stark verändernden urbanen Kontexten zu bearbeiten. Dabei spielten Kategorisierungen von Adressat:innen eine zentrale Rolle. Denn nur so scheint gewährleistet zu sein, dass die Ressourcen effizient eingesetzt und die Bedürftigkeit nicht nur gelindert, sondern dauerhaft beseitigt würde („*we would destroy the need*", Smith 1901, S. 284). Auf den ersten Seiten des Aufsatzes finden wir einige solche Kategorisierungen („*degenerate*" vs. „*broken*", „*imperfect*" *families*), die rückgebunden werden an die bekannte Unterscheidung von „*deserving poor*" (die unverschuldet in Not Geratenen) und „*undeserving poor*" (diejenigen, die zum Beispiel aufgrund ihres bisherigen Verhaltens keinen Anspruch auf Unterstützung haben).[1] Smith betont, dass die meisten Familien „*deserving poor*" sind („*families whose difficulties are due solely to the misfortune or ill-doing of one member*" (Smith 1901, S. 285)), aber sie argumentiert weiter, dass diese besonders „schwierigen" Fälle durch Spezialist:innen behandelt werden sollten und zuweilen auch gegen den Willen der Eltern gehandelt werden müsste, um die Kinder vor deren Einfluss zu schützen (Smith 1901, S. 285). Die Eltern müssten also mit sanfter Kontrolle (vgl. auch Peters und Cremer-Schäfer 1975) dazu gebracht werden, ihre Kinder in die Obhut des Staates zu geben, damit diese zu wertvollen Mitgliedern der Gemeinschaft geformt werden könnten (Smith 1901, S. 285).

Im weiteren Verlauf ihrer Argumentation konzentriert sie sich auf die Gruppe der „*broken*" oder „*imperfect families*", die aus ihrer Sicht die grösste Gruppe der Adressat:innen darstellt, mit der es die Sozialpädagog:innen und Sozialarbeiter:innen der damaligen Zeit zu tun haben.[2] Ein wichtiges Argument, das Smith hier für eine erweiterte Perspektive auf diese Familien anbringt, steht im unmittelbaren Zusammenhang mit einem erweiterten Blick auf Familien im Allgemeinen: Wenn die familialen Bindungen durch die Soziale Arbeit wieder-

---

[1] Michael Katz (2013) beschreibt in seinem Buch „*The Undeserving Poor*", wie diese Kategorisierung damals wie heute die amerikanische Sozialpolitik durchzieht.

[2] Damit vollzieht sie eine frühe Ausdifferenzierung und Spezialisierung der Sozialen Arbeit: Die von Smith so genannten degenerierten Familien werden Spezialist:innen zugewiesen, während die alltäglichen Herausforderungen von „*broken*" oder „*imperfect families*" den Generalist:innen unter den Sozialarbeiter:innen zugeordnet werden. Wir sehen hier, dass Spezialisierung in der Sozialen Arbeit schon recht früh beginnt. Gerade die Gemeinwesenarbeit setzt sich aber immer wieder kritisch mit dieser zunehmenden Ausdifferenzierung der sozialpädagogischen Leistungsbereiche auseinander (Kraus et al. 2011). Die Argumente sind hier vielfältig: Sozio-strukturelle Problemkonstellationen würden dadurch ausgeblendet und Krisen der Lebensbewältigung individualisiert, lebensweltliche Probleme nicht in ihrem ganzheitlichen Zusammenhang betrachtet, schwierige Klientelgruppen abgeschoben und an andere Spezialist:innen weiterverwiesen etc.

hergestellt werden können, dann würden dadurch die „Schutz- und Unter-
stützungsinstinkte" (*„instinct of protection and support"*, Smith 1901, S. 286)
der *community* gestärkt, die letztlich präventiv gegenüber weiteren Fehlent-
wicklungen wirken können. Dadurch würde auch verhindert, dass insbesondere
bei Gruppen aus älteren und behinderten Menschen immer weitere Angebote
geschaffen werden müssten. Sie beschwört damit eine Wiederbesinnung der (vermeintlich) naturwüchsigen Kräfte eines Gemeinwesens oder einer Gemeinschaft.

Smith geht hier aber nicht so weit, sich auf die Kräfte des Gemeinwesens
zu verlassen oder zu konzentrieren, sondern sie beschreibt im Weiteren eine
eher als mechanistisch zu bezeichnende Form der Arbeit an Familie: In über-
forderten und vom Ehemann verlassenen Familien müssten die professionellen
Sozialarbeiter:innen zunächst eingreifen, unterstützen, zuweilen auch Mutter
und Kinder trennen, um diese nach erfolgreicher Behandlung wieder zusammen-
zuführen. Sie hat dabei vor allem die Zukunft der Kinder im Blick, die später
einmal verantwortliche Familienmitglieder werden sollen und damit das Gemeinwesen stärken können (Smith 1901, S. 287).

Nachfolgend geht sie einer weiteren Frage nach, die die Soziale Arbeit im
Spannungsfeld von Einzelfallhilfe und Gemeinwesenarbeit beschäftigt: Wo
sollte die Soziale Arbeit ansetzen? Am Individuum oder an gesellschaftlichen
Institutionen (z. B. über Gesetzgebung) (ebd.)? Ganz in der Tradition einer kate-
gorisierend vorgehenden Sozialen Arbeit geht Smith davon aus, dass es möglich
sein müsste, solche sozialen Probleme zu identifizieren, die dann am besten über
eine neue oder veränderte Sozialgesetzgebung oder andere infrastrukturelle Massnahmen behoben werden könnten. Dabei identifiziert sie zwei Wege: Erstens
braucht es die Entwicklung einer quasi-ethnographischen Haltung, die es ermöglicht, die Probleme aus Sicht der Familien zu betrachten, welche die Schwierigkeiten bereits erfolgreich überwunden haben, und zweitens soll die Kultur des
Zusammenlebens in einer Nachbarschaft mehr gefördert sowie das Leben in
diesen sozialen Räumen besser verstanden werden.

Der Anspruch einer solchermassen über die Familie hinausreichenden fall-
orientierten Sozialen Arbeit wird im Weiteren immer deutlicher: Es geht ihr
nicht nur darum, die unmittelbare Not der Menschen zu lindern, sondern eine –
zugespitzt formuliert – zivilisierende Wirkung („Gewohnheiten und Werte aufzubauen, die für ein glückliches Leben in der Familie oder in der Gemeinschaft
genauso essenziell sind wie für den beruflichen Erfolg", Smith 1901, S. 287,
eigene Übersetzung) in der Familie und Nachbarschaft zu entfalten. Die Soziale

Arbeit mit den Familien wird bei Smith zu einem Erziehungsprojekt des Gemeinwesens, angefangen beim nachbarschaftlichen Miteinander über die Verbesserung
der städtebaulichen Infrastruktur bis hin zur industriellen Entwicklung: „Wenn
wir mehr über den Stadtteil, die dort ansässigen Industrien und Möglichkeiten,
Geld zu verdienen und auszugeben, das Wesen seines Gemeinsinns, seine Ver-
gnügungen und Ambitionen erfahren, finden wir andere, die interessiert sind oder
sich interessieren könnten. Gemeinsam können wir Initiativen für lokale Verbesserungen, bessere Hygiene, mehr Freiräume, mehr Schönheit, mehr Licht und
Luft in den Wohnräumen anstossen und bessere Gesetze oder eine bessere Durchsetzung der Gesetze vorantreiben. Und aktuell betrachten wir Fragen zur Einwanderung, Besteuerung, der guten Verwaltung im Allgemeinen aus einer neuen
Perspektive" (ebd., S. 288, eigene Übersetzung).

Nicht zufällig schliesst Zilpha D. Smith damit explizit an die Arbeit und die
Ideen von Jane Addams und der Settlement-Bewegung an (ebd., S. 288–289). Sie
stimmt hier mit Addams überein, dass erst ein tiefes Verständnis des Lebens der
Armen und Arbeiter:innen zu einer Weiterentwicklung sowohl auf individueller
als auch auf gemeinschaftlicher Ebene (Nachbarschaft, Stadt etc.) führen kann.
Sie überbrückt mit dieser Argumentationsführung die vermeintlich so grosse
Kluft zwischen den *Charity Organization Societies (COS)* und Settlements
mühelos und skizziert die beiden Ansätze als komplementäre Strategien: spezifisches Wissen und Training für Familien in Not auf der einen und ganzheitliches
Wissen über das Leben von Armen im Allgemeinen auf der anderen Seite.

Ähnlich argumentiert auch Charles Frederick Weller (1902) in der Einleitung
der *Session „Needy Family in their Homes"* ein Jahr später. Auch er verweist auf
die sich durchsetzende Einsicht, dass die Familie stärker im Zusammenhang ihrer
neighbors und der *community* gesehen werden müsse. Es gehe um eine Perspektive,
die die „Heilsamkeit des sozialen Lebens" (Weller 1902, S. 271, eigene Übersetzung) berücksichtigt. Er schlägt vor, dass sich alle sozialen Einrichtungen innerhalb einer Stadt auf regelmässigen Konferenzen zusammenfinden sollten, um ein
soziales Programm für das Gemeinwesen zu etablieren (ebd., S. 272). Dementsprechend sei Fallarbeit auch nicht auf das Individuum bezogen, sondern erfordere
eine genaue Kenntnis des Gemeinwesens und der Nachbarschaften.

Fallunspezifische und fallübergreifende Arbeit
*Diese Überlegungen finden sich ungefähr hundert Jahre später in
ähnlicher Weise auch in den Ansätzen einiger Befürworter:innen
sozialraumorientierter Ansätze in den Erziehungshilfen wieder. Neben der
einzelfallspezifischen Arbeit bedarf es auch der fallübergreifenden und der
fallunspezifischen Arbeit (Galuske 2013). Fallübergreifend meint in diesem*

Kontext, dass die professionellen Mitarbeiter:innen Gemeinsamkeiten der Fälle im Blick haben und dementsprechend neue, über den Fall hinausgreifende Arbeitsansätze entwickeln sollten (z. B. in Form von Gruppenarbeit). Fallunspezifische Arbeit hingegen zielt darauf ab, die Ressourcen eines Stadtteils zu erkennen, zu nutzen oder gegebenenfalls auch Anregungen zu geben.

Weller ging damals über diese Ansätze sogar noch einen Schritt hinaus und forderte, dass die *COS*-Bewegung von den Settlement-Arbeiter:innen lernen könnte: „Denn obwohl wir nicht vergessen wollen, dass arme Menschen zu armen Haushalten führen, beginnen wir auch anzuerkennen, dass arme Haushalte zu armen Menschen führen" (Weller 1902, S. 272, eigene Übersetzung). Es geht also nicht nur um die Aktivierung und Nutzung von Ressourcen, sondern um die Gestaltung des sozialen Umfelds, um ein gutes Leben möglich zu machen. Und – wie um kein Missverständnis für spätere Leser:innen aufkommen zu lassen – ergänzt er, dass dieser sozialräumliche Ansatz kein kleinräumig begrenzter sei: „Gesellschaft, soziale Beziehungen, soziale Dienstleistungen – diese Begriffe müssen wir betonen und wiederholen, um den konservativen Tendenzen entgegenzutreten, die den Individualismus überschätzen, die nur die individuellen Ursachen für Stress im Blick haben und sich mit reiner Einzelfallhilfe zufriedengeben" (ebd., eigene Übersetzung).

6.1.2 Nation – Die gesellschaftliche Bedeutung von Gemeinwesenarbeit und Sozialer Arbeit

Wenn wir heute diese Texte aus den Anfängen der Beschäftigung mit *communities* und *neighborhoods* genau lesen, dann lässt sich in vielen Beiträgen der Vorschein für eine weitere Entwicklung der Gemeinwesenarbeit im Kontext der *National Conference of Charities and Correction (NCCC)* identifizieren, wie wir sie im Kap. 5 skizziert haben. Gerade während des ersten Jahrzehnts des 20. Jahrhunderts scheint sich diese Entwicklung rasant zu beschleunigen. Mit der Umbenennung der *Session* in *„Families and Neighborhoods"* im Jahr 1909 wird ein weiterer Schritt eingeläutet, den offensichtlich die Organisator:innen dieser *Session* ganz bewusst vollzogen. So formuliert Robert A. Woods, der die Einleitung zu dieser *Session* sprach und selbst ein international gut vernetzter Protagonist der Settlement-Bewegung war: „Diese Änderung des Titels in ‚*Families and Neighborhoods'* soll zeigen, dass wir den Standard unserer Bemühung erneut anheben und ihn ausweiten, um auch die Familien einzubeziehen, die nicht nur in der Lage sind, als Familie zusammenzuhalten, sondern die auch eine bestimmte Stellung in der Nachbarschaft einnehmen, jene Gruppe von Familien, die die essenziellen Einheiten von Nachbarschaften sind" (Woods 1909, S. 101, eigene Übersetzung). Woods erweitert hier deutlich die Perspektive, die *COS*-Protagonist:innen wie zum Beispiel Zilpha D. Smith in den ersten *Sessions* unter dem Titel *„Needy Families (in their Homes)"* noch hatten. Er geht davon aus, dass die Ursprünge der Familie in nachbarschaftlichen Netzwerken zu finden sind, die überhaupt erst den sozialen Nährboden (*„social menstruum"*, ebd., S. 102) für die Familien darstellen. Nun werden aber, so Woods, diese Nachbarschaften nicht durch die gleichen Mechanismen angetrieben wie klassische Wohlfahrtsarbeit: durch die schwierige Notlage (*„hard necessity"*, ebd.) auf der einen Seite und den Stachel des Ehrgeizes (*„spur of ambition"*, ebd.) auf der anderen. Vielmehr sei die Solidarität unter den Mitgliedern das zentrale Kennzeichen für ein Gemeinwesen. Genau dieses weite Feld sei aber noch weitgehend unentdeckt von der Sozialen Arbeit. Die Arbeiter:innenklasse und ihre fortschrittlichen Formen der Aktivitäten sowie der Vergemeinschaftung könnten hier ein wichtiges Vorbild und Bezugspunkt für die Soziale Arbeit darstellen. Als weiteres Merkmal nachbarschaftlicher *communities* führt Woods an, dass diese immer eine eigene Dignität aufweisen würden, niemals unterwürfig oder selbsterniedrigend (*„abject"*, ebd.) seien. In diesen Nachbarschaften liessen sich die Ursprünge einer vitalen, dynamischen, sich immer verändernden Vergemeinschaftung erkennen. Genau darin, so scheint Woods im Umkehrschluss zu folgern, habe die Auseinandersetzung mit dem Gemeinwesen ihren Vorteil gegenüber der Arbeit mit den einzelnen Individuen: Während die Einzelfallarbeit immer eine asymmetrische Beziehung zwischen helfender und hilfeempfangender Person etabliert, ist die Würde der *community* immer schon die Voraussetzung für die Gemeinwesenarbeit.

Stigmatisierung von Stadtteilen

Aus heutiger Sicht mag man gegenüber dieser Einschätzung durchaus skeptisch sein, weil viele Hilfsprojekte, die sich auf bestimmte Stadtteile beziehen, zu deren weiterer Entwertung und Stigmatisierung führen. Hier

*sei besonders an die diffamierende Rede von den „sozialen Brennpunkten"
erinnert. Solche Programme können den negativen Nebeneffekt haben,
dass sich dieses Bild vom Stadtteil auch in das Selbstverständnis der dort
lebenden Bewohner:innen einschreibt (van Santen 2010).*

Indem sich also die Sozialarbeiter:innen und Sozialpädagog:innen in dieses
soziale Gefüge des Gemeinwesens hineinbegeben und Teil davon werden, werden
sie auch zu einem Teil der demokratischen Basis des sozialen Lebens, so Woods.
Dies sei der einzige Weg, wie in legitimer Weise Einfluss auf dieses soziale
Gebilde genommen werden könne. Denn Gemeinwesen hätten eine eigene
Charakteristik; von aussen könnten sie nicht beeinflusst werden, zumal ihre
spezifische Eigensinnigkeit dies nicht zuliesse. Aber das müsse nicht als Nach-
teil betrachtet werden, vielmehr sei *neighborhood* geradezu der natürliche Weg
einer Demokratie, Einfluss auf die dort lebenden Familien zu nehmen. Dies sei
zwar ein komplizierter Prozess, bei dem die Gemeinwesenarbeiter:innen sich auf
die Kooperation mit allen Akteur:innen einlassen müssten. Gleichwohl betrachtet
Woods diesen Weg als lohnend, da hierüber die soziale Kluft zwischen den
religiös und kulturell unterschiedlichen Gruppen überwunden werden und eine
gemeinsame Basis entstehen könne.

Im weiteren Verlauf umreisst Woods eine Argumentation, die überraschend
modern wirkt und die auch heute in der Sozialen Arbeit vertreten wird. Er
beschreibt die Situation, dass der sogenannte *„institutionalism"* (Woods 1909,
S. 103) kollabiert sei. Unter Institutionalisierung versteht er die mechanistische
Anwendung sozialarbeiterischer und pädagogischer Methoden auf soziale
Problemlagen.

Lebensweltorientierung
*Gerade diese Kritik an den Institutionen mit ihren standardisierten
und verwissenschaftlichten Methoden lässt sich immer wieder im Diskurs um Gemeinwesenarbeit, aber auch in der Sozialen Arbeit und
Sozialpädagogik wiederfinden. So ist diese Kritik auch der Ausgangspunkt der Entwicklung des lebensweltorientierten Paradigmas, das die
totalen Institutionen (Goffman 1973), v. a. im Feld der Heimerziehung
(Kommission Heimerziehung und Internationale Gesellschaft für Heim-*

erziehung 1977), anprangert und von da an bis heute eine der wichtigsten Paradigmen der Sozialen Arbeit wurde (Thiersch 2015). Zentrales Anliegen der Lebensweltorientierung ist dabei, die sozialpädagogische Hilfe nicht von den Angeboten beziehungsweise sozialen Dienstleistungen der Organisationen aus zu denken, sondern von den Menschen, ihrem Alltag und ihren lebensweltlichen Handlungsmöglichkeiten. Ähnlich wie es also in dem Text von Woods 1909 schon angedeutet wurde, sollte eine radikale Kehrtwende hin zu den je individuellen Lebenswelten und gemeinschaftlichen Zusammenhängen der Adressat:innen von Sozialer Arbeit eingeleitet werden, in denen das unbekannte, aber starke Potenzial der menschlichen Hilfsbereitschaft schlummert, das wir zuallererst anerkennen und nutzen sollten.

Woods betonte weiter in seinem Aufsatz die Notwendigkeit einer aus der Perspektive der jungen Menschen entworfenen Arbeit. Gerade diese Teilhabe an und das Verständnis für die Stimmungen und Erfahrungen eröffnen die Möglichkeit, dass sie die Adressat:innen motivieren, sich in den Entwicklungen im Gemeinwesen einzubringen, einschliesslich der unerwarteten Zwischenfälle (*„unexpected contretemps"*, Woods 1909, S. 105), die einem begegnen können. Er verweist auf die quasi-ethnographische Herangehensweise der Settlement-Bewegung, die sich heutzutage in einer Renaissance der Ethnographie als professionelle Methode und als empirischer Zugang in der Forschung der Gemeinwesenarbeit und der Sozialen Arbeit widerspiegelt.

Neighborhoods sieht Woods ausserdem als die Orte, an denen die (gefährdete) demokratische Struktur der USA wiederaufgebaut werden müsse: „Die Nachbarschaft ist somit die aufkommende Einheit der politischen Rehabilitation in unseren Städten" (ebd., eigene Übersetzung). Gerade hier erweise sich letztlich, ob die angestossenen sozialen Reformen auch wirklich halten, was sie versprechen. Eine Erneuerung des demokratischen Gemeinwesens (der USA) würde also an der Basis beginnen und sich von dort aus Stück für Stück emporarbeiten müssen: „Eine föderale Vereinigung der anständigen Bürger:innen des Typs des:der guten Nachbars:Nachbarin in der gesamten Stadt, die durch die beglückende Erfahrung der Nachbarschaftsleistung im Kleinen entsteht, einschliesslich der Sozialarbeitenden, die lernen wollen, wie Reformen die harten Prüfungen der Demokratie auf der Strasse erfolgreich bestehen, wird zu einer echten Reform der Stadtverwaltung führen, da sie eine umfassende, aktuelle und lokal informierte, kooperative Wähler:innenschaft entwickelt" (ebd., S. 106, eigene Übersetzung). Dadurch würde letztlich das ganze Land erreicht und sich ein neuer, wahrhafter Patriotismus durchsetzen (ebd.). Gerade dieser letzte Ausblick von Woods verdeutlicht, dass sich Soziale Arbeit und Gemeinwesenarbeit letztlich nicht mehr nur als Hilfe für die Menschen in spezifischen Notlagen sehen, sondern dass sich die Perspektive systematisch weitet und die sozialen Professionen sich nun in neuer Weise auch auf die Nation mit ihrem Bedarf an „Erneuerung" und „Wiederherstellung" der US-amerikanischen Demokratie orientieren.

Diese neue Reflexivität zur Bedeutung von *community* und *neighborhood* im grösseren gesellschaftlichen Zusammenhang findet nun systematischen und regelmässigen Ausdruck in den Einleitungen der einschlägigen *Sessions* der *National Conference of Charities and Correction*. Ada Sheffield[3], die spätere Direktorin des Forschungsinstituts für Soziale Einzelfallhilfe in Boston, formuliert beispielsweise 1916, dass der Ausgangspunkt der Sozialen Arbeit erweitert werden müsse. Nur diejenigen Sozialarbeiter:innen, die eine Vorstellung von der Bedeutung der Stadt, der Region und der Nation hätten, würden adäquate Soziale Arbeit leisten: „Mit anderen Worten führt diese breitere soziale Perspektive, dieser Schritt der Vorstellungskraft nach vorn zu einer effektiven Differenzierung der Methoden der Alltagsarbeit in der Praxis" (Sheffield 1916, S. 420, eigene Übersetzung). Unter den Eindrücken des Ersten Weltkrieges erinnert Robert A. Woods 1917 an diesen geschichtlichen Zusammenhang von *neighborhood* und *nation:* „Die Essenz der Bürger:innenschaft ist die Mitbürger:innenschaft, die fast nur im Rahmen lokaler Zusammenschlüsse empfunden wird. Hierin liegt nach De Tocqueville die Stärke der freien Nationen. Unsere Städte haben erkannt, welche Chancen und welche Kraft in der nachbarschaftlichen Bindung liegen, durch welche die am wenigsten verzahnten und unwahrscheinlichsten Bevölkerungsgruppen gemeinsam ein Gefühl des Zusammenhalts entwickeln können. Inmitten der Depression nach dem Amerikanischen Bürgerkrieg wurden Wohlfahrtsorganisationen durch das kumulative Wachstum ihres Problems erdrückt, während sie noch an diesem arbeiteten. Vor vierzig Jahren übernahmen sie das ‚Prinzip der Lokalität' von

---

[3] Mehr zum Leben und Wirken von Ada Eliot Sheffield findet sich in dem Aufsatz von Ian Shaw „‚Let Us Go Then, You and I' – Journeying with Ada Eliot Sheffield" (2017).

Thomas Chalmers und gingen in den grösseren Städten dazu über, ihre Arbeit nach eindeutig definierten Gemeinschaftseinheiten zu dezentralisieren. Die Gemeindereformer:innen haben erkannt, dass ihr Programm die abgehängte Wähler:innenschaft nicht erreicht. Vor 25 Jahren entwickelte sich in diesen über Jahre gewachsenen Nachbarschaftsstrukturen eine neue Art der lokalen Führung, die von aussen kam[4], in Form von Nachbar:innen, die ein gemeinsames Ziel für einen grösseren gesellschaftlichen Zweck verfolgten. Auf diesen Zeitpunkt lassen sich alle Pläne für die Neuorganisation des Nachbarschaftslebens in den überfüllten Vierteln unserer Grossstädte zurückführen" (Woods 1917, S. 455, eigene Übersetzung). Woods schlägt in diesem Beitrag zur *Session „Community Life"* den Bogen vom Amerikanischen Bürgerkrieg bis zum damaligen Ersten Weltkrieg, der zu diesem Zeitpunkt gerade eskalierte. Die Einführung des Prinzips der Lokalität vierzig Jahre zuvor und die Entwicklung des Settlement-Ansatzes 25 Jahre zuvor stellen für Woods zentrale Weichenstellungen in der Entwicklung des US-amerikanischen Projekts von Zivilgesellschaft und Demokratie dar. Ähnlich formulierte es bereits Graham Taylor, Priester, Sozialreformer und Gründer des Settlement-Hauses *„Chicago Commons"* in einem der ersten Aufsätze über die Settlement-Arbeit in den USA, indem er die Frage nach dem Prinzip der Gemeinschaftlichkeit im Zusammenleben nicht auf die nahräumliche Nachbarschaft bezieht, sondern auf den Zusammenhalt angesichts verschärfter Klassengegensätze im Industriekapitalismus: „Das Hauptmotiv und finale Ziel dieser Bewegung des gemeinschaftlichen Lebens für die Emanzipation der Arbeit ist und war immer, wenn auch unbewusst, die Industrielle Demokratie. Der erste grosse Kampf war die Demokratisierung der Produktion" (Taylor 1896, S. 145, eigene Übersetzung). Er zitiert hierzu Arnold Toynbee, den Sozialökonomen und Namensgeber des ersten Settlement-Hauses in London: „Heute sind wir alle, Arbeitende und Arbeitgebende gleichermassen, Bewohnende einer grösseren Welt; nicht mehr Mitglieder einer einzelnen Klasse, sondern Bürger:innen eines grossen Volks; nicht mehr die armen Nachkommen in der Tradition der sozialen Klasse, sondern Erb:innen der reichen Geschichte einer Nation" (ebd., S. 149, eigene Übersetzung). *Community* und *neighborhood* waren daher zu dieser Zeit zumindest von ihrer konzeptionellen Anlage her eng mit der Idee der Bildung einer Nation verknüpft.

---

[4] Gemeint sind hier die Settlement-Arbeiter:innen, die sich explizit als Nachbar:innen verstanden haben.

6.1.3 Migration & *Race*[5] – Die Herausforderung im Umgang mit der Diversität in Nachbarschaft und Gemeinwesen

Migration und Einwanderung sind zentrale Themen, die in den *Sessions* zu *community* und *neighborhood* zur Sprache kommen. Migration wird in diesem Kontext als besondere Herausforderung betrachtet, weil hierdurch die vermeintliche Ursprünglichkeit von *communities* und *neighborhoods* verändert werde. Graham Taylor beschreibt dies folgendermassen: „Nichts Geringeres als die Wiederentdeckung des Amerikas, wie es sein soll, wird vom verwirrenden Kosmopolitismus grosser Massen unserer Bevölkerung gefordert. [...] Die Einleitung einer Renaissance der Nachbarschaft, d. h. des Bewusstseins, des Respekts und der Zusammenarbeit an den Interessen, die unseren Häusern und lokalen Gemeinschaften, in denen wir leben, gemein sind, ist so eindringlich geworden wie der Instinkt der Selbsterhaltung. Jede:r, die:der daran zweifelt, hat wahrscheinlich noch nie erlebt, wie gross der Schock in einer Nachbarschaft sein kann, wenn im Innenhof eines Mietshauses von einer kaputten Leine irische Wäsche in einen Topf italienischer Tomatensauce fällt!" (Taylor 1896, S. 487, eigene Übersetzung). Mit anderen Worten: Nachbarschaften werden bedingt durch Migration zu heterogenen und (potenziell) konflikthaften sozialen Arenen. Gerade weil hier in den lokalen Zusammenhängen der Ort identifiziert wird, an dem sich die Frage nach dem zukünftigen Amerika beziehungsweise dessen Weiterentwicklung als Nation entscheidet, betrachtet Taylor diese kleinräumigen sozialen Zusammenhänge als die entscheidenden Knotenpunkte. Dementsprechend sieht auch Jane Addams (1899) weniger die Gegensätze zwischen Arm und Reich in den *communities* und *neighborhoods* als entscheidendes Problem an, sondern die Heterogenität der Gesellschaft durch Migration, welche diese Gegensätze verschärfe.

In den Settlement-Häusern wird jedoch lange Zeit die Stellung der Schwarzen Bevölkerung kaum berücksichtigt. Stattdessen wird von der Idee ausgegangen, dass für deren Probleme spezifische Institutionen, beispielsweise in Form von eigenen Settlement-Häusern, geschaffen werden müssten (Lasch-Quinn 1993). Der afroamerikanische Journalist und Pädagoge William Pickens[6] diskutiert diese

---

[5] Vgl. Fussnote 4.

[6] William Pickens (1881–1954) war ein afro-amerikanischer Intellektueller, der sich als Schriftsteller und Pädagoge zeitlebens für die Rechte der Schwarzen in den USA einsetzte (Brewer 1954).

Frage der Segregation von Bevölkerungsgruppen entlang der Kategorie „*race*" beispielsweise 1924 in seinem Statement „*The Negro and the Community*" in der *Session* VI „*Neighorbood and Community Life – The Community and Racial Problems*". Hintergrund war die Beobachtung, dass sich die Schwarze Bevölkerung in den Vereinigten Staaten von alleine verteilt hätte und dadurch vom sektionalen zum nationalen Aspekt (Faktor), das heisst vom „Problem" der Südstaaten zum allgemeinen „Problem" der gesamten USA geworden sei. Gleichzeitig betont Pickens, dass der bisherige Umgang mit dem Thema *race,* welchen der Süden favorisiert hat – Pickens spricht von „*segregation*" – kein anzustrebender Umgang wäre. „Das beinhaltet für Schwarze getrennte und minderwertigere Schulen, Autos nach den Jim-Crow-Gesetzen, verfassungswidrige Entrechtung, Lynchjustiz bei Gerichtsverfahren, Verweigerung des Zugangs zu oder schlechtere Plätze bei allen Shows und kulturellen Veranstaltungen, an vielen Orten keine öffentlichen Parks oder Bibliotheken und eine allgemeine Verweigerung der gleichen Verhältnisse an öffentlichen Orten und der gleichen Menschlichkeit in der Gesellschaft des Menschen" (Pickens 1924, S. 381, eigene Übersetzung). Pickens sieht im bisherigen System keine Lösung, sondern eine Problemmaschine und kritisiert den vorherrschenden Zustand (ebd.).

Auch wenn am Anfang des Jahrhunderts in vielen Beiträgen vor allem die Bedeutung und der Beitrag der Familie für *community* und *neighborhood* im Mittelpunkt standen, gewannen im Laufe der Jahre diejenigen Beiträge die Oberhand, in denen soziale Reformen gefordert wurden. Dies gilt auch für die Frage des Umgangs mit Migrant:innen und *race*. Vielfach war es das Ziel, die Demokratie in den USA an der Basis zu stärken und damit gleichzeitig die Migrant:innen und ethnischen Minderheiten in ihrem Sozialisationsprozess zu demokratisch orientierten Amerikaner:innen zu unterstützen.

Eine solche sozialreformerische Haltung zeigt sich beispielsweise in einem Vortrag von Sophinisba Breckinridge, die an der Universität von Chicago die akademische Ausbildung für Soziale Arbeit ab 1903 mitaufgebaut und bis Anfang der 1940er Jahre wesentlich geprägt hat (siehe Biografie von Breckinridge in Abschn. 8.1.2). Der Beitrag Breckinridges (1914) mit dem Titel „*The Family in the Community, but not of the Community*" aus der *Session* „*The Family and the Community*" thematisiert die Situation migrantischer Familien in den Nachbarschaften US-amerikanischer Grossstädte. Sie führt am Anfang ihres Beitrags eine klare Unterscheidung ein: zwischen denjenigen Sozialreformer:innen, die ihr Augenmerk ausschliesslich auf die Kinder richten und diese vor dem negativen Einfluss der Familie schützen wollen, und jenen, zu denen sie sich selbst zählt, die davon ausgehen, dass jede Soziale Arbeit mit Kindern deren Familien mitberücksichtigen und -einbeziehen muss. Nach dieser kurzen Einführung zu ihrer Grundüberzeugung problematisiert sie die Kategorisierung migrantischer Familien. Diese Kategorisierung führe nicht zu besseren und effektiveren sozialen Dienstleistungen, sondern diene zur Bestätigung eigener Vorurteile. Aus ihrer Sicht hat die (junge) Profession der Sozialen Arbeit gerade gegenüber solchen Familien eine besondere Verantwortung, die scheinbar die gesellschaftlichen Erwartungen nicht erfüllen (z. B., weil sie sich nicht selbst finanziell über Wasser halten können) und daher wieder in ihr Herkunftsland zurückgeschickt werden (Breckinridge 1914, S. 70).

Für die Arbeit mit den Migrant:innen in der *community* ist jedoch ihre Forderung, dass Soziale Arbeit nicht nur die einseitige Assimilation der Migrant:innen einfordern dürfe, besonders gewichtig. Mit dieser Betrachtungsweise würde man nämlich die migrantischen Familien auf ihren Beitrag zur Industrialisierung des Landes *(„We Use the Bodily Strengths of the Immigrants and Transmute It into Railroads")* reduzieren und nur darüber nachdenken, wie diese möglichst schnell die Bräuche und Werte der US-amerikanischen Gesellschaft übernehmen können. Eine solche Herangehensweise würde die Schule ebenso einseitig nur in ihrer Funktion der Amerikanisierung betrachten. Es bedürfe jedoch im Minimum einer Übersetzungsleistung zwischen Schule und Familie, um ein gegenseitiges Verständnis herzustellen (ebd.).

Aber Breckinridge fordert noch mehr. Sie verlangt, dass Sozialpädagog:innen und Sozialarbeiter:innen die jeweiligen kulturellen Hintergründe der migrantischen Familien erkennen und anerkennen. Wenn wir diese Perspektive einnehmen, dann sehen wir die grossen Herausforderungen, denen sich diese Familien ausgesetzt sahen: der Erfahrung, fremd zu sein (vgl. auch Schütz 1972), eine fremde Sprache zu sprechen und dementsprechend auch die fremden Praktiken nicht entschlüsseln zu können (vgl. auch Kallifatides 1999), das Gefühl, einsam und entwurzelt zu sein (vgl. auch Lim et al. 2020) und schliesslich unter Armut, Ausbeutung und traumatisierenden Katastrophen zu leiden (Köngeter und Smith 2015). Breckinridge geht davon aus, dass die meisten Familien trotz dieser Herausforderungen das Leben in dem neuen Land gut bewältigen. Jedoch gebe es auch Familien, denen dies nicht gelingen würde und denen nicht ausreichend und professionell genug geholfen werde. Ein Problem liege hier bereits in den Migrationsgesetzen, auf Basis derer eine Ausweisung möglich werde, sollte der Fall eintreffen, dass die Migrant:innen eine Bürde für die Öffentlichkeit darstellen könnten. Auch wenn schon in den Jahren vor Erscheinen des Beitrags Bewegungen zu vernehmen waren, wird aus Sicht von Breckinridge nach wie vor zu früh ausgewiesen und zu wenig Wert darauf gelegt, ob und in welcher Form diesen Menschen geholfen werden könnte. Sie ist befremdet darüber, dass migrantische Familien für weit weniger offensichtliche Gründe in ein fernes Dorf nach Europa zurückgebracht werden als US-amerikanische Familien in ihren Herkunftsstaat („*to their old home in Georgia from California or to California from Massachusettes*", Breckinridge 1914, S. 73).

Dieses moralische Argument ist auch aus heutiger Sicht bemerkenswert. Ganz explizit kritisiert Breckinridge die migrationspolitischen Vorgaben, an denen sich die Soziale Arbeit orientiert und sich in diese einfügt. Dies führt dazu, dass professionelle Grundsätze (hier: „*careful investigation*", ebd.) nicht berücksichtigt und stattdessen einfach administrative Vorgaben erfüllt werden. Sie besteht jedoch darauf, dass eine sorgsame und einzelfallorientierte Untersuchung vorgenommen werden müsse, um die Lebensbedingungen kennen und die jeweiligen Praktiken der Lebensbewältigung verstehen zu lernen. Eine solche Untersuchung hat die gleichen Prinzipien anzulegen – unabhängig davon, ob es sich um US-amerikanische Staatsbürger:innen handelt oder nicht.

> **Soziale Arbeit als Menschenrechtsprofession**
> *Eine solche Orientierung knüpft daran an, dass Soziale Arbeit sich nicht primär an national- und wohlfahrtsstaatlichen Normen und Gesetzeslagen orientiert, sondern an universalen Menschenrechten (Healy 2007). Dies ist auch so in den allgemeinen Grundlagen der Sozialen Arbeit festgeschrieben, die durch die* International Federation of Social Worker *und die* International Association of Schools of Social Work *festgelegt wurden. Eine Orientierung an den allgemeinen Menschenrechten ist hier das Fundament für eine professionelle Soziale Arbeit.*

Im Folgenden führt Breckinridge einige weitere Fälle an, in denen deutlich wird, dass Sozialarbeiter:innen in ihrer Zusammenarbeit mit Familien, die erst kürzlich migriert sind, zu vorschnellen und falschen Schlussfolgerungen kommen. Eindrücklich ist hier das Beispiel einer litauischen Familie (Breckinridge 1914, S. 73). In diesem Beispiel zeigt sie, dass es notwendig ist, die gesamte Familie und ihre Netzwerke dies- und jenseits des Atlantiks in den Blick zu nehmen, um gemeinsam mit der Familie eine Entscheidung zu treffen. Das ursprüngliche Ansinnen der Familie, die ihren Vater und Ehemann durch einen Unfall verloren hat, nach Europa zurückzukehren, erweist sich in diesem Fall nämlich als wenig hilfreiche Lösung. Der Bruder der verwitweten Frau könne, so Breckinridge, ihr und der Familie viel besser helfen, wenn sie in den USA blieben und er sie von Litauen aus finanziell unterstützen würde. Sie macht deutlich, dass es ihr nicht um eine Kritik an den Migrationsbehörden gehe, sondern um die eigenen ethischen Prinzipien der jungen Profession Sozialer Arbeit. Diese müssten konstruktiv in die Migrationspolitik und die Administration eingebracht werden.

Transnationalität

Die Berücksichtigung dieser grenzüberschreitenden Beziehungen und Netzwerke der litauischen Familie sind überraschend aktuell. Erst in den letzten 20 Jahren wurde in der Migrationsforschung deutlich, wie bedeutsam diese Vernetzungen über nationale Grenzen hinweg (Herz und Olivier 2013) und die Entstehung transnationaler sozialer Räume (Pries 2008; Reutlinger et al. 2010) für Familien, für communities *und letztlich auch für Nationalstaaten sein können. Das migrationspolitische Mantra der Integration verstellt diese Komplexität lebensweltlicher Bezüge häufig und übersieht, in welchen sozialräumlichen Bezügen Individuen, Familien, Nachbarschaften und Gemeinwesen sich bewegen. Diese alte und neue Einsicht fordert auch Soziale Arbeit und Gemeinwesenarbeit insofern heraus, als dass sie dazu aufruft, die Bedeutung grenzüberschreitender Vergesellschaftungsformen systematisch zu berücksichtigen (Diwersy und Köngeter 2022).*

Damit schliesst sich unsere erste Spurensuche, in der wir nachgezeichnet haben, wie rasch die sich formierende Profession der Sozialen Arbeit sich von der Arbeit mit einzelnen Familien löste und immer weitere Formen der Vergesellschaftung in den Blick nahm. Sie reflektiert damit die seit dem 19. Jahrhundert diagnostizierten Prozesse der Globalisierung, die heute nach wie vor sowohl unser Alltagsleben als auch den (sozial-)politischen Diskurs bestimmen.

Originalliteratur

- Smith, Z. D. (1901). Introduction. In I. C. Barrows (Hrsg.), *Proceedings of the National Conference on Charities and Correction* (S. 284–289). Boston, Mass.: Geo. H. Ellis. Abgerufen von: https://quod.lib.umich.edu/n/ncosw/ACH8650.1901.001/307
- Woods, R. A. (1909). The Neighborhood and the Nation. In A. Johnson (Hrsg.), *Proceedings of the National Conference on Charities and Correction* (S. 101–106). Fort Wayne, Ind: Fort Wayne Printing Company. Abgerufen von: https://quod.lib.umich.edu/n/ncosw/ACH8650.1909.001/122

- Breckinridge, S. P. (1914). The Family in the Community, but Not Yet of the Community. In *Proceedings National Conferences of Charities and Correction,* (S. 69–75). Chicago, Ill.: Fort Wayne Printing Company. Abgerufen von: https://quod.lib.umich.edu/n/ncosw/ACH8650.1914.001/90

6.2   Bildung – Schule – Arbeit & Ökonomie

Ein weiterer vergessener Zusammenhang in der Geschichte der Gemeinwesenarbeit knüpft an das Thema Bildung an. Dieses wird mit Diskussionen über die Bedeutung von Schule im Gemeinwesen, mit der Fragen zu Arbeit und Arbeitsschutz und breiter noch mit ökonomischen Aspekten verknüpft. Dabei ist das Bedeutungsfeld des Begriffs *education* breit und geht über das heutige englische Verständnis von schulisch-formaler Bildung hinaus. *Education* im Sinne der Settlement-Arbeiter:innen ist viel näher an einem weiten Bildungsbegriff, wie er sich im deutschsprachigen Raum im Anschluss an Johann H. Pestalozzi, Wilhelm von Humboldt und Paul Natorp etabliert hat. Insbesondere Paul Natorp (1907), der als Philosoph und Pädagoge eine auch heute noch vielbeachtete Grundlegung der Sozialpädagogik vorlegte, hat ein Verständnis von Bildung als „Bildung in und durch Gemeinschaft" (Kuhlmann 2013) entwickelt, das mit diesem *education*-Begriff aus der frühen Gemeinwesenarbeit in Form von Settlements verwandt ist. Bildung wird dabei verstanden als eine eigensinnige Veränderung des Verhältnisses eines Selbst zu seiner materialen, geistigen und sozialen Umwelt, wobei die soziale Umwelt von der lokalen Gemeinschaft bis hin zur globalen Vergesellschaftung gedacht wird (siehe Abschn. 6.2). Der:die Einzelne bildet sich also nicht nur für sich, sondern Bildung betrifft die Gemeinschaft als ganze.

Ähnlich beschreiben die Settlement-Arbeiter:innen die Bedeutung von *education*. Es geht ihnen um den Zusammenhang zwischen der Bearbeitung von sozialen Problemen, die sich in *neighborhood, community* und *nation state* zeigen, und der Frage nach *education*. Die Kluft zwischen Arm und Reich, die in der damaligen Zeit als sprichwörtliche Rede von den „zwei Nationen" in zahlreichen Ländern dies- und jenseits des Atlantiks (Rodgers 1998) problematisiert wird, ist Ausgangspunkt für eine Art Bildungsrevolution, die eben gerade nicht nur die Armen und andere marginalisierte Gruppen im Blick hat. Vielmehr geht es ihnen um eine grundlegendere Kritik an der Gesellschaft, die auseinanderdriftet und die sich durch Ignoranz und Abwertung gegenüber den Lebensbedingungen der verschiedenen sozialen Klassen, ethnischen Gruppierungen etc. auszeichnet. Auch die Arbeit am Einzelfall (wie von den *Charity Organization Societies (COS)* vorangetrieben) ist von dieser Kritik betroffen, da mit diesem

Ansatz das Verständnis für die Lebensbedingungen der jeweiligen Personen oder Gruppen nicht „von innen" heraus entwickelt, sondern „von aussen" und „von oben" Hilfe „angeboten" wird. Die neue Diskussion betont demgegenüber, dass nachhaltige Veränderung nur in *community* und *neighborhood* ansetzen kann, um diese Spaltung zwischen Arm und Reich durch Bildung zu überwinden. Dementsprechend verstehen sich die ersten Settlement-Häuser als Bildungsinstitutionen im breitesten Sinne und haben zum Ziel, aus und mittels dieser Bildungsperspektive auch Schulen und die Arbeitswelt zu transformieren.

6.2.1 Bildung – Der Prozess des gegenseitigen Anerkennens und Lernens voneinander

Communities und *neighborhoods* sind diejenigen Orte, an denen die beschriebene gesellschaftliche Kluft am deutlichsten sichtbar wird und an denen jedoch auch deren Überwindung durch *education* stattfinden soll. Insbesondere in den frühen Diskussionen während der 1890er und 1900er Jahre wird Bildung in einer doppelten Bewegung gesehen. Es geht einerseits darum, der armen Bevölkerung Bildungsangebote zur Verfügung zu stellen, die sich an deren Lebensbedingungen orientieren (z. B. durch Abendkurse für Männer, Clubs für Kinder). Anderseits wird das Problem der mangelhaften Bildung nicht nur an der Existenz von Armen und Arbeiter:innen der sogenannten Slums oder an der ungleichen Verteilung von Wissen und Bildung festgemacht, sondern auch an der Ignoranz der Bürgerlichen (in doppeltem Sinne von Nicht-Wissen und Nicht-Wissen-Wollen). Letztere würden die Lebensbedingungen der Armen und Marginalisierten nur von der Ferne her kennen und hätten kein Verständnis von und für deren Leben in Armut entwickelt. Die Hinwendung zum *„neighbor"*, der:dem Nächsten, und zu den Stadtgebieten der Armen wird als mögliche Bildungsbewegung für die Bürgerlichen betrachtet, vor allem auch für Studierende, die als künftige politische und wirtschaftliche Entscheidungsträger:innen imaginiert werden.[7]

Diese starke Bedeutung des Lernens voneinander wird insbesondere in der englischen Tradition der *University Settlements* vertreten. Der in Chicago tätige Graham Taylor stellt dies 1896 rückblickend so dar: „Als Arnold Toynbee [Vorkämpfer und Namensgeber für das University Settlement in Whitechapel

---

[7] Diese religiöse, vor allem in der jüdisch-christlichen Tradition verankerte Idee von *community* und *neighborliness* spielt eine wesentliche, bislang in der Geschichtsschreibung zur Gemeinwesenarbeit kaum beachtete Rolle.

(London, Grossbritannien), d.A.] die Schuld der englischen Intellektuellen gegenüber den englischen Arbeiter:innen erkannte und die Kultur ihre soziale Selbstverwirklichung in diesem Dienst für und gemeinsam mit den Angehörigen der Arbeiter:innenklasse fand, wobei er seine Verpflichtung sowohl ihnen als auch sich selbst gegenüber zu erfüllen versuchte, erwachte das Motiv der Siedlungsbewegung und Englands älteste Universität wurde zu neuem Leben erweckt" (ebd., S. 143, eigene Übersetzung). Die Intellektuellen Englands *(„english learning")* schulden der englischen Arbeiter:innenschaft *(„english labor")* also etwas und die englische Arbeiter:innenschaft sollte von den Bildungsmöglichkeiten der englischen Universitäten profitieren. Aber nicht nur das: Auch sollten die englischen Universitäten selbst zu neuem Leben erweckt werden, indem sie sich dieser Aufgabe der Öffnung für die englische Arbeiter:innenschaft widmeten. Mit anderen Worten: Die Bildung der Arbeiter:innenschaft muss begleitet werden durch eine – aus heutiger sozialpädagogischer Perspektive – reflexive Bildungsbewegung der englischen Universitäten.[8]

Julia Lathrop (1896), eine der führenden Settlement-Arbeiterinnen im berühmten *Hull House* in Chicago, setzt hier direkt an (siehe Biografie von Lathrop in Abschn. 8.1.7). Sie beschreibt in einem viel zitierten Aufsatz mit dem Titel *„What the Settlement Work Stands for"* aus der Session *„Social Settlements and the Labor Question"*, wofür die Settlement-Arbeit steht) und rollt hierfür die Entwicklung der Settlement-Idee von ihren Anfängen in England bis hin zu ihrer Übersetzung in die gesellschaftliche Situation der Vereinigten Staaten aus.[9] Arnold

---

[8] Mit Bezug auf John Dewey stellt dies Jane Addams in ähnlicher Form drei Jahre später so dar: „Es wird häufig behauptet, dass das dringlichste Problem des modernen Lebens die Rekonstruktion und Reorganisation unseres Wissens, das wir besitzen, ist; dass wir endlich darum kämpfen, dass alles Entdeckte und Absorbierte lebenspraktisch umgesetzt wird, um es in gesunde und direkte Ausdrucksformen des freien Lebens zu überführen. Dr. John Dewey von der University of Chicago schrieb: ‚Das Wissen dient nicht nur mehr der Rechtfertigung seiner selbst, das Interesse an Wissen wurde endlich von der reinen Akkumulation und Verifikation hin zur Anwendung in der Lebensrealität transferiert'" (1899, eigene Übersetzung).

[9] Da sie die erste Sprecherin ist, führt sie zunächst in die Thematik der *Session* und Vorträge ein. Dabei legt sie den Fokus auf die Arbeiter:innen frage *(„labor question")*, nur um sich zugleich davon abzugrenzen: Es wäre die Vorgabe des Programmkomitees gewesen, sich auf die Arbeiter:innenfrage zu konzentrieren und nicht die Idee der Redner:innen. Gleichwohl ist es interessant zu sehen, dass sie im weiteren Verlauf ihres Beitrags dann sehr wohl auf die sogenannte Soziale Frage bzw. die Arbeiter:innenfrage eingeht (Lathrop 1896).

Toynbees Leben und wissenschaftliches Werk steht für sie am Anfang der Settlement-Idee. Er ist nicht nur derjenige, der die Settlement-Bewegung intellektuell mit seinen Vorlesungen zur industriellen Revolution inspiriert hat, sondern auch praktisch ein Vorbild, weil er selbst in die als Slums abqualifizierten Stadtteile Londons gezogen ist und dort das Leben der Armen und Arbeiter:innenschaft kennenlernt. In England liegt der Fokus der Settlement-Arbeit auf der ungleichen Verteilung von Wissen und die dortigen Settlements entwickeln Bildungsangebote jenseits schulischer Arrangements, insbesondere für die nachwachsende Generation, wie Julia Lathrop in ihrem Beitrag auf der *National Conference of Charities and Correction* 1896 verdeutlicht: „Die Bewohner solcher Nachbarschaften wie dem University Settlement in der Delancy Street, New York, oder dem College Settlement in der St. Mary's Street, Philadelphia, beginnen in der Regel damit, Kindergärten, Clubs und Kurse für Kinder zu etablieren. So sollen Kinder, die noch zu jung für die öffentlichen Schulen sind, Bildung erhalten und ältere Kinder Zugang zu Freizeitmöglichkeiten, die in solchen Stadtteilen normalerweise fehlen" (ebd., S. 108, eigene Übersetzung). Die Nachbarschaft ist also der Ort, an dem die Settlement-Arbeiter:innen das Leben der Arbeiter:innenschaft und der Armen kennenlernen können.

Im Anschluss beschreibt Lathrop die weitere Entwicklung des Settlement-Ansatzes: Sie bezeichnet die Settlements als soziale Bewegung, die eben keine straffe Organisationsform hat, sondern nur lose über eine grundlegende Idee verbunden ist. Die Kluft der Gesellschaft könne nur überwunden werden, wenn die Bürgerlichen sich tatsächlich auf das Leben in diesen Stadtteilen einliessen, indem sie dorthin übersiedeln würden. Es geht also um „*residence*", dem vielleicht einigenden Band der Settlement-Leute über alle verschiedenen Settlement-Gruppierungen hinweg. Nur das Mitleben im Stadtteil ermögliche es, Kontakte zu den Bewohner:innen dieser Nachbarschaft aufzubauen. Dies ist letztlich für sie auch das entscheidende Evaluationskriterium schlechthin: Wie viele Kontakte hat das Settlement in die Nachbarschaft? Wie viele Freiwillige aus dem Stadtteil beteiligen sich an der Settlement-Arbeit?

Diese sich daraus ergebende Heterogenität der Settlement-Bewegung könnte als Schwäche ausgelegt werden – nicht so von Julia Lathrop: Sie legt Wert darauf, dass gerade diese unterschiedlichen Wege zu akzeptieren sind. Ob es Fortbildungsprogramme oder Nachbarschaftsvernetzung in Mietwohnanlagen, ob es Kooperationen mit städtischen Einrichtungen oder (sogar) Einzelfallhilfe und „*charity*" sind: All dies hänge von dem Stadtteil ab und den sogenannten „*residents*" (den Bewohner:innen), die im Settlement-Haus wohnen. Sie würden dort nicht aus einem puren Aktionismus wohnen, sondern aus einem tiefen Verständnis der Lebenswirklichkeit der Menschen in den Stadtteilen. Settlement-Arbeiter:innen seien trainiert, die Ursachen für diese Entwicklungen in den Stadtteilen zu erkennen und dementsprechend die identifizierten Schwierigkeiten zu beheben.

An dieser Stelle zitiert sie den Historiker William E.H. Lecky und verweist darauf, dass jede Epoche ihre eigenen Herausforderungen berge. Dies sei in ökonomischer Hinsicht die Soziale Frage *(„social question")*, die durch die industrielle Entwicklung im 19. Jahrhundert entstanden sei, und in moralischer Hinsicht die Erweiterung unserer Vorstellungen von Verantwortlichkeit: „Was sind die entscheidenden Fragen dieser Tage? Auch zögert er [der Essay, Anm. d. Übers.] nicht mit der Antwort, dass es auf der materiellen Seite die industriellen und wirtschaftlichen Fragen sind, von denen die sozialen Fragen so stark abhängen. Auf der moralischen Seite geht es hingegen um die Erweiterung unseres Begriffs der persönlichen Verantwortung, um eine Beschleunigung des Gefühls der sozialen Interdependenz" (Lathrop 1896, S. 109, eigene Übersetzung).

> **Die Soziale Frage damals und heute**
>
> *Ab Mitte des 19. Jahrhunderts verhandeln vor allem bürgerliche Akteur:innen die sozialen Folgen der Industrialisierung: die mit dem Bevölkerungs- und Städtewachstum entstehende Verelendung, Armut, Verwahrlosung, Krankheit, Arbeitslosigkeit, soziale Ungleichheit, aber auch die damit verbundenen wachsenden sozialen Konflikte und Bewegungen. Soziale Not ist weder gegeben noch individuell verschuldet. Vielmehr muss sie als Folge der wirtschaftlichen und politischen Ordnung verstanden werden – und diese grenzt ganze Bevölkerungsgruppen aus und setzt sie unmenschlichen Bedingungen aus. Notwendig zur Linderung beziehungsweise Bewältigung dieser Folgen ist eine gesellschaftliche Verantwortung (Degen 2012).*
>
> *Der Begriff der Sozialen Frage taucht gegenwärtig im Zusammenhang gesellschaftlicher Entwicklungen wieder vermehrt auf, sei dies im Kontext von Fragen nach sozialer Sicherheit, sozialer Gerechtigkeit oder in Diskussionen um demographische und migrationsbedingte Veränderungen. Angesichts neuer Ausgrenzungsmechanismen wird die Soziale Frage aktuell auch in der Sozialen Arbeit erneut thematisiert. Eine solche Verwendung verbindet die historische Soziale Frage, in der gesellschaftliche Verwerfungen, Aufruhr und Revolutionsbestrebungen der Arbeiter:innenschaft*

zu Beginn der Industrialisierung zusammengefasst werden (Fontanellaz et al. 2018; Paulus et al. 2020), mit aktuellen, gesellschaftlichen Megatrends. Wie von Lindenau und Meier-Kressig (2018) gezeigt, lässt sich die Soziale Frage nicht (mehr) allein auf sozioökonomische Problemstellungen reduzieren. Es handelt sich um Vielfachkrisen (Demirović und Maihofer 2013), die ineinander verwoben sind und sich gegenseitig verstärken (Brandstetter et al. 2021).

Wir sollten erkennen, so Lathrop, dass die soziale Verflochtenheit der Gesellschaft uns zwinge, neue Wege einer Vergesellschaftung von sozialer Verantwortung zu entwickeln. Diese soziale Verantwortung ist aus ihrer Sicht die Voraussetzung, um eine soziale Demokratie aufrechtzuerhalten. In einer solchen sozialen Demokratie müssten aber die Verstrickungen und gegensätzlichen Interessen in der Welt verstanden und berücksichtigt werden. Der Settlement-Ansatz steht für Julia Lathrop im Wesentlichen also für eine Reform der sozialen Demokratie angesichts der komplexer werdenden Gesellschaft. Er steht für ein wissenschaftlich fundiertes, tieferes Verständnis für die zugrundeliegenden gesellschaftlichen Konflikte, die in den Settlements bearbeitet werden. Insofern stehen Settlements nicht nur für Bildung der Armen und Arbeiter:innen auf der einen und der Bürgerlichen auf der anderen Seite, sondern auch für eine sozialwissenschaftliche Bildung der Gesellschaft als Ganze.

6.2.2   Schule – Der soziale Ort, von dem aus sich das Gemeinwesen entwickelt

Diese Idee einer Vergemeinschaftung heterogener gesellschaftlicher Gruppierungen ist auch der Bezugspunkt für andere Institutionen wie zum Beispiel die Schule. Dadurch trafen sich die Interessen der Settlement-Arbeiter:innen mit jenen der reformpädagogisch-pragmatistisch orientierten Schulpädagog:innen.[10] So findet sich 1910 eine *Session* der *National Conference of Charities and Correction (NCCC)* zu *„Community and the School"*, die aber keine Fortführung erfährt. Dennoch hat die Settlement-Arbeit in der Person von

---

[10]Allerdings öffnete sich die Soziale Arbeit in Richtung *community* und *neighborhood* entschiedener und offensiver, als dies die Schule tat.

John Dewey einen einflussreichen Fürsprecher für ein solches gemeinwesen-
orientiertes Verständnis von Schule (siehe Biografie von Dewey in Abschn. 8.1.5).
So beschreiben John und Evelyn Dewey (1995 [1915]) in einem Aufsatz,
inwiefern Schulen selbst zu sozialen Settlements werden sollten und somit zu
modernen Gemeinwesen-Zentren ausgebaut werden könnten. Einen weiteren
Beitrag zu der Reformierung von Schulen im Geiste der Settlements leistet John
Dewey während der *NCCC* im Jahr 1923 unter dem Titel *„Future Trends in the
Development of Social Programs Through the Schools"* im Kontext der *Session
„School"*, auf den hier näher eingegangen werden soll.

John Dewey betont gleich zu Beginn seines Aufsatzes diese Reformierung
der Schulen. Die Schule habe – wenn man sie mit einer gewissen analytischen
Distanz betrachte – die Aufgabe, die heterogene Gesellschaft zu einem geordneten
Ganzen zusammenzufügen. Dabei fokussiert er vor allem die Heterogenität der
amerikanischen Gesellschaft, die sich durch die massenhafte Migration zu Anfang
des 20. Jahrhunderts entwickelt hat. In seiner Metapher des Webens vergleicht er
die Schule mit dem Schiffchen, das die verschiedenen und heterogenen Fäden zu
einem in sich stimmigen Gewebe zusammenführt. Diese Heterogenität an und für
sich sei aber nicht ein Problem, sondern die um sich greifende Intoleranz gegenüber den neu ankommenden Personen und eine Kampagne zur Amerikanisierung
der Migrant:innen. „Ein sehr guter Freund von mir sagte mir kürzlich sehr ernst,
dass er nicht pessimistisch erscheinen wolle, aber das entmutigendste Symptom
des heutigen ‚American Life' sei für ihn die wachsende soziale Intoleranz in
den vergangenen zehn Jahren. Sie ist, in den verschiedenen Phasen ihrer Entwicklung, ein Grund, warum die Schule in Zukunft bei jenen Dingen bewusster
vorgehen muss, die sie in der Vergangenheit unbewusst getan hat. Sie ist eines
dieser Hindernisse, die eine stärkere Kooperation und Einheit im Denken und
Handeln zwischen den Pädagog:innen in der Gemeinschaft und den anderen an
der Gemeinschaft interessierten Menschen erfordern, damit diese Ursachen der
Spaltung, der Trennung und des gegenseitigen Misstrauens nicht weiter wachsen"
(Dewey 1923, S. 150, eigene Übersetzung). Er plädiert dafür, sich nicht von
diesem Misstrauen gegenüber den Migrant:innen und deren *communities* leiten
zu lassen. Er sieht die Tendenz und die Gefahr, dass eine Abgrenzung gegenüber
neu ankommenden Personen dazu führen könnte, die gemeinsamen Grundlagen
des US-amerikanischen Zusammenlebens zu vergessen. Stattdessen stellt er die
Bedeutung der Akzeptanz und des Friedens zwischen verschiedenen ethnischen
Gruppierungen ins Zentrum der Bemühungen jeder Schule: „Das amerikanische
öffentliche und nationale Leben bietet uns bei all diesen Unterschieden eine
gemeinsame Einheit, eine Grundlage; dass wir genügend gemeinsame Arbeit,
gemeinsame Verantwortung und gemeinsame Interessen und Sympathien haben,

um trotz all dieser Unterschiede weiter zusammenarbeiten zu können. Und der Zweck der öffentlichen Schule ist es, sich auf die grundlegenden Elemente der Gemeinschaft unseres nationalen Lebens zu konzentrieren" (ebd., S. 152, eigene Übersetzung). Gerade angesichts der Verschärfung der Heterogenität und Konflikte geht es Dewey darum, dass die Schule von der Sozialen Arbeit lernen möge: Die Schule solle einen reflektierten Beitrag zum Zusammenhalt der Gemeinschaft beziehungsweise der Nation leisten.

Für einen solchen reflektierten Beitrag sei es notwendig, sich Vereinfachungen vorzunehmen (vgl. die Mythen und Geschichten über die US-amerikanische Geschichte, die die Schulbücher bevölkern, ebd., S. 451). Zudem sei es unerlässlich, die Schüler:innen mit der Realität des Lebens zu konfrontieren und die amerikanischen Grundüberzeugungen zu vermitteln: „Ich glaube an den Respekt gegenüber der Unschuld und Hoffnung von Kindern und Jugendlichen. Sie haben ein Recht auf Vergnügen und darauf, dass harte wirtschaftliche und politische Kämpfe und Probleme im Leben hinausgezögert werden. Diese Dinge sollten ihnen nicht vorzeitig aufgezwungen werden. Doch unser Unterricht der Geschichte und Geografie sowie unsere Sozialstudien im Allgemeinen sollten intellektuell ehrlicher sein, sie sollten die Schüler:innen allmählich in den Kontakt mit der tatsächlichen Wirklichkeit des heutigen Lebens bringen. Sie sollten nicht von diesen Dingen überrascht werden, wie es selbst College-Student:innen an verschiedenen Bildungseinrichtungen in diesem Land passiert" (ebd., S. 453, eigene Übersetzung).

Insofern sollten sich Lehrer:innen als Sozialarbeiter:innen verstehen, die sich darum kümmern, die Gesundheit und die Kultur einer Gemeinschaft zu verbessern: „Ich weiss nicht genau, was ein:e Sozialarbeiter:in ist (obwohl ich vor Kurzem ein paar Definitionen gesehen habe), aber was er:sie auch immer ist, Lehrer:innen sollten sagen: ‚Wir sind Sozialarbeiter:innen'; sie sollten sagen: ‚Wir sind es mehr als jede andere Klasse der Gemeinschaft', leisten wirklich grundlegende Arbeit zur Verbesserung der Gesundheit und Kultur der Gemeinschaft und den verbreiten die Gedanken von Freiheit und Gerechtigkeit und Glück in der gesamten Gemeinschaft. Wenn dies der Arbeitsbereich der:des Sozialarbeitenden ist, dann sollten die Lehrer:innen alle anderen Elemente in der Gemeinschaft, seien es professionelle oder nicht professionelle, herausfordern und den Anspruch erheben, die Sozialarbeit anzuführen" (ebd., eigene Übersetzung). Auch wenn diese Forderung sicherlich eine Art Verbeugung gegenüber den Konferenzorganisator:innen darstellt, weist sie auf einen interessanten Vorschlag hin. Es geht darum, die Schule und deren Lehrer:innen als elementare Teile des Gemeinwesens zu betrachten, die nicht nur zur Wissensvermittlung beitragen sollen, sondern zum Zusammenhalt des Gemeinwesens.

Bildungslandschaften – citta educativa

In den letzten Jahren hat sich auch in Europa bei der Diskussion über Bildung im Bereich des Gemeinwesens einiges getan. Möglicherweise etwas unter dem Radar der Bologna-Reformen des Hochschulwesens und dem vor allem in Deutschland viel diskutierten PISA-Schock wird das Gemeinwesen als Träger von Bildung (wieder-)entdeckt. Diese Diskussion läuft unter dem Begriff und dem Konzept der Bildungslandschaften, bei dem es darum geht, alle Akteur:innen, die mit Kindern und Jugendlichen arbeiten (neben Schulen und Jugendhilfeeinrichtungen sind dies vor allem Sport- und Kulturvereine, Ausbildungsbetriebe, Handwerkskammern, politische Parteien etc.), zur Zusammenarbeit zu bewegen. Die Diskussion um die citta educativa *nimmt eine noch stärkere sozialräumliche Perspektive ein, indem die sozialen Räume der Gemeinden, der Stadtteile und Städte als Bildungsräume verstanden werden und man sich stärker auf zivilgesellschaftliche Akteur:innen bezieht. Insbesondere aus einer dezidiert sozialräumlichen und alltagsorientierten Perspektive bedürfte es, diesen Prozess sehr viel stärker von den Kindern und Jugendlichen, als entscheidende, eigenständig handelnde Personen, her zu planen und sie in die Gestaltung von bildenden oder Bildung ermöglichenden Gemeinwesen einzubeziehen.*

6.2.3 Arbeit und Ökonomie – Der gesellschaftliche Kontext für Bildung und Schule

Der Zusammenhang von Bildung und Arbeit wird häufig auf die Frage reduziert, inwiefern die Ausbildung genügt, um einen Arbeitsplatz zu erhalten und den zukünftigen Aufgaben dort gewachsen zu sein. Die Geschichte der Gemeinwesenarbeit verdeutlicht aber, dass es um weit mehr geht. Nämlich darum, zu fragen, welche gesellschaftlichen Auswirkungen ein sich globalisierender Kapitalismus auf Bildung hat und wie in diesem Kontext Bildungsprozesse gestaltet werden. Diese Frage stellt sich heute im Zuge der zunehmenden Digitalisierung des globalen Kapitalismus umso dringlicher (Böhnisch und Schröer 2011).

Wie bereits verdeutlicht, geht es dabei nicht um eine Funktionalisierung der Bildung oder darum, den kapitalistischen Mechanismen in die Hände zu spielen, sondern es wird darauf abgezielt, die gesellschaftlich dominante Bedeutung von Arbeit und Bildung kritisch zu reflektieren. Auch wenn Julia Lathrop in ihrem die *Session* einleitenden Referat etwas distanzierend darauf hinweist, dass nicht sie, sondern die Konferenzorganisator:innen das Thema *labor* für die Settlement-*Session* auserkoren hätten, so zeigt sie doch im letzten Teil ihres Beitrags, wie bedeutsam die Frage nach Arbeit für die Settlements ist. So hält sie fest, dass die Soziale Frage – zu der ja untrennbar die Frage nach der gesellschaftlichen Spaltung gehört und die der Ausgangspunkt der Settlement- respektive Gemeinwesenarbeit darstellt – unmittelbar von dieser Frage zur gesellschaftlichen Bedeutung von Arbeit abhängt. Und hierbei sei es unabdingbar zu realisieren, welche globalen gesellschaftlichen Kräfte am Werk sind, die die gesellschaftliche Spaltung vorantreiben.

Auch Florence Kelley, eine der Protagonistinnen der Settlement-Arbeit im *Hull House* in Chicago, setzt sich insbesondere mit dieser Sozialen Frage (siehe oben) und der Arbeiter:innenschaft auseinander (siehe Biografie von Kelley in Abschn. 8.1.6). In ihrer Biographie ist sie sehr stark von den sozialistischen Ideen Kontinentaleuropas geprägt. Sie studierte an der Universität Zürich, kam dabei in Kontakt mit führenden sozialistischen Intellektuellen, die sich dort vor allem versammelt hatten, und war in engem Kontakt mit Friedrich Engels, dessen Studie „Die Lage der arbeitenden Klasse" sie ins Englische übersetzte und 1887 publizierte. In dieser wegweisenden Analyse legt Engels die Auswirkungen des globalisierten Industriekapitalismus auf die Arbeiter:innenschaft in England dar. Auch wenn sich Kelley nach ihrer Rückkehr in die USA nicht weiter politisch in der sozialistischen Bewegung verortete, verfolgte sie zeitlebens diese Themen aus ihrem Engagement für die Settlement-Bewegung heraus. So arbeitete sie, während sie in einem New Yorker Settlement lebte, in der *National Consumer League*, in der sie die Rechte der Arbeiter:innen verteidigte und erweiterte. Diese Perspektive brachte sie überdies immer wieder in die *National Conference of Charities and Correction* ein.

Ökonomische Globalisierung, Gemeinwesenarbeit und Gemeinwesenökonomie

Die ökonomische Globalisierung ist ein Thema, das seit den 1990er Jahren den Diskurs über soziale Ungleichheit bestimmt. Häufig wird dabei ausgeblendet, dass diese Globalisierung schon sehr viel früher weitsichtig durch Karl Marx und Friedrich Engels (1977 [1848]) behandelt wurde. Im kommunistischen Manifest heisst es: „Das Bedürfnis nach einem stets ausgedehnteren Absatz für ihre Produkte jagt die Bourgeoisie über die ganze Erdkugel. Überall muss sie sich einnisten, überall anbauen, überall Verbindungen herstellen. Die Bourgeoisie hat durch ihre Exploitation des Weltmarkts die Produktion und Konsumtion aller Länder kosmopolitisch gestaltet. An die Stelle der alten lokalen und nationalen Selbstgenüg-samkeit und Abgeschlossenheit tritt ein allseitiger Verkehr, eine allseitige Abhängigkeit der Nationen voneinander" (Marx und Engels 1977 [1848]). Sozialreformerinnen wie Florence Kelley und Jane Addams sind sich dieser Entwicklungen sehr wohl bewusst, ohne dass sie deshalb die Bedeutung der lokalen Entwicklungen vernachlässigt hätten. Unter dem Stichwort Gemeinwesenökonomie wird heute besonders auf die ökonomische Seite der Gemeinwesenarbeit aufmerksam gemacht und versucht, in den wider-sprüchlichen gesellschaftlichen Entwicklungen auf der Gemeinwesenebene alternative ökonomische Entwicklungen voranzutreiben (Elsen 1998).

Die Beiträge von Florence Kelley unterscheiden sich in ihrem Zugang deutlich von den bislang hier vorgestellten Aufsätzen: Sie sind direkter in ihrer sozialpolitischen Schärfe, plakativer mit ihren skandalisierenden Beispielen und praktischer in ihren Forderungen. Stellvertretend hierfür steht der Beitrag „*The Family and the Woman's Wage*" im Rahmen der *Session „Family and Neighborhoods*" aus dem Jahr 1909. Sie prangert darin die eklatante Kluft zwischen der Rhetorik, in der die Bedeutung des Heimes und der Familie in den USA hervorgehoben wird, und der gesellschaftlichen Realität an, in der junge Frauen und Mütter arbeiten müssen und damit weder einer Ausbildung noch der Sorge um ihre Kinder nachkommen können. Sie berichtet von einer jungen Frau, deren Mutter sie bereits mit 14 Jahren in ein Kaufhaus schickte, um dort als *cash girl*[11] zu arbeiten, um das Familienbudget aufzubessern. Mit 15 Jahren wurde das Mädchen schwanger und nachdem sie über ein Jahr lang jede Nacht in einem Telefondienst gearbeitet hatte, war sie so ausgezehrt, dass sie sich ent-

---

[11] *Cash girls* oder *cash boys* sind Kinder oder Jugendliche, die das Geld, das die Verkäufer:innen von den Kund:innen erhalten haben, zur Kasse bringen und das passende Wechselgeld wieder zurücktragen.

schloss, eine andere Arbeit zu suchen. Da ihre Mutter sich weigerte, das Enkelkind zu betreuen, solange ihre Tochter kein Geld nach Hause brachte, nahm die junge Frau ihr Kind mit, um eine neue Stelle zu finden. Nachdem sie eine Woche erfolglos gesucht hatte, schickte sie ihr Enkelkind schliesslich zur Grossmutter, die daraufhin ihre Tochter anzeigte, weil sie sie für ein „missratenes Mädchen" hielt, das nicht für seinen eigenen Unterhalt sorgen könnte. Die junge Frau kam daraufhin für drei Jahre ins Gefängnis.

Es geht Florence Kelley nicht um den Generationenkonflikt oder die familialen Schwierigkeiten, die in dieser tragischen Geschichte sichtbar werden, sondern sie macht auf die strukturellen, gesellschaftlichen Konflikte und Widersprüche aufmerksam, die sich hinter der Oberfläche der Geschichte verbergen: „Wenn wir das Familienleben wirklich schätzen würden, wie wir es scheinheilig behaupten, gäbe es keine jungen Mädchen mehr, die nachts nicht zu Hause wären, sondern der Allgemeinheit dienten. Die Mädchen tun dies nicht, weil sie der Allgemeinheit besser dienen als die Männer, sondern weil sie billiger sind und weil das Interesse der Aktionär:innen und Anleihegläubiger:innen des Unternehmens von grösserer Bedeutung ist als das Opfer dieser jungen Mädchen" (ebd., 1909, S. 119, eigene Übersetzung). Der vergleichsweise geringere Lohn für Frauen und die Missachtung der Familie als schützenswerte und förderungswürdige Institution werden hier angeprangert. Zusätzlich setzt sich der ungezügelte Kapitalismus mit seiner unbedingten Orientierung an der Gewinnmaximierung der Inhaber:innen und Aktionär:innen durch. Als Vorsitzende der *National Consumer League* macht sie deutlich, dass sich Nutzer:innen dieser Dienstleistungen mitschuldig machen an diesen Verbrechen, die durch die kapitalistische Arbeitsteilung verdeckt und durch das an den kapitalistischen Produktionsinteressen orientierte Recht gedeckt werden.

Sweatshops damals und heute

Eine ähnliche Argumentationslinie findet sich in Florence Kelleys jahrelangem Kampf gegen die sogenannten sweatshops *in den US-amerikanischen Grossstädten. Diese in Hinter- und Apartmenthäusern betriebenen, häufig von grossen Textilunternehmer:innen abhängigen Familienbetriebe, fertigten damals Stoffe und Kleidung unter oft gesundheitsbedrohenden Bedingungen an. Dabei wurden vielfach alle Familienmitglieder miteinbezogen – egal ob schulpflichtig, krank oder bereits betagt – um sich finanziell über Wasser halten zu können. Da diese Arbeit im Schutz der Privatsphäre durchgeführt werden konnte, galten hier keine entsprechenden rechtlichen Regulierungen und die grossen Textilunternehmen konnten dadurch ihre Lohnkosten senken. Florence Kelley und ihre* National Consumer League *kämpften gegen diese Ausbeutungsverhältnisse und für die Abschaffung der* sweatshops *(Sklar 1995). Heutzutage haben sich die* sweatshops *verlagert. Sie finden sich in ostasiatischen Ländern (Bangladesch, China etc.), aber auch in Europa, wie zum Beispiel in Prato, wo sich zahlreiche chinesische Unternehmen niedergelassen haben und chinesische Arbeiter:innen unter unkontrollierten und unregulierten Bedingungen, ähnlich wie früher in den* sweatshops, *arbeiten lassen*[12].

Dieses Beispiel zum Schluss dieses Kapitels zeigt, wie sich in den communities und neighborhoods die Widersprüche und Konfliktlinien globaler kapitalistischer Produktionsbedingungen einschreiben und wie diese auch zur Herausforderung für die communities und neighborhoods werden (vgl. auch das Ende des Abschn. 6.1) – ähnlich wie die Diskussion am Ende des Abschn. 5.1 – zeigt, wie sich in den *communities* und *neighborhoods* die Widersprüche und Konfliktlinien globaler kapitalistischer Produktionsbedingungen einschreiben und wie diese auch zur Herausforderung für die *communities* und *neighborhoods* werden. Die Sozialarbeiter:innen von damals sahen es als ihre Aufgabe, diese Missstände durch soziale Reformen und politisches Engagement direkt anzugehen und sich nicht nur auf die unmittelbare Hilfe in individuellen Notlagen zu konzentrieren. Florence Kelleys Strategie lautete hierbei: „investigate, educate, legislate, enforce" (vgl. Sklar 1995, S. 52), frei übersetzt bedeutet dies: „forschen, aufklären, Gesetze verabschieden und diesen Geltung verschaffen". Damit ist eine sozialpolitische Professionalität skizziert, die wesentlich die Entwicklung einer wissenschaftlich informierten und sozialpolitisch reflektierten Sozialen Arbeit und Gemeinwesenarbeit vorzeichnet.

Originalliteratur:

- Lathrop, J. (1896). What the Settlement Work Stands for. In I. C. Barrows (Hrsg.), *Proceedings of the National Conference on Charities and Correction* (S. 106–110). Boston, Mass.: Geo. H. Ellis. Abgerufen von: https://quod.lib. umich.edu/n/ncosw/ACH8650.1896.001/131

---

[12] https://www.newyorker.com/magazine/2018/04/16/the-chinese-workers-who-assemble-designer-bags-in-tuscany *[zuletzt aufgerufen am 23.03.2022]*.

- Dewey, J. (1923). Future Trends in the Development of Social Programs Through the Schools. In *Proceedings of the National Conference on Charities and Correction* (S. 449–453). Chicago, Ill.: The University of Chicago Press. Abgerufen von: https://quod.lib.umich.edu/n/ncosw/ACH8650.1923.001/462
- Kelley, F. (1909). The Family and the Woman's Wage. In A. Johnson (Hrsg.), *Proceedings of the National Conference on Charities and Correction (S. 118–121)*. Fort Wayne, Ind.: Fort Wayne Printing Company. Abgerufen von: https://quod.lib.umich.edu/n/ncosw/ACH8650.1909.001/139

6.3   Stadt – Forschung – Planung & Organisation

Migration in wachsende Metropolen und prosperierende Regionen führen damals wie heute zu kritischen Diskussionen über die damit einhergehenden sozialen und politischen Herausforderungen. Diese Diskussionen reichen von der Sicherstellung der Versorgung – Nahrung, Wohnraum und Infrastruktur – über die Möglichkeit zur Produktion und Reproduktion – Beschäftigung, Bildung und soziale Absicherung – bis hin zur Auseinandersetzung mit dem Zusammenleben in einer durch Diversität geprägten Bevölkerung oder der Vermeidung negativer Effekte durch die Konzentration bestimmter Bevölkerungsgruppen in städtischen Gebieten. Letztlich zielen viele dieser Herausforderungen auf die Frage, wie die Gesellschaft geordnet sein soll. Aus einer historischen Perspektive wird diese Frage nach der Ordnung von Gesellschaft insbesondere im Hinblick auf das damals noch neue und immer wieder problematisierte Phänomen der wachsenden Stadt beziehungsweise Grossstadt diskutiert (Häussermann und Oswald 1997, S. 9). Forschung, Planung und Organisation sind die Antworten auf die Problematisierung von Stadt. Insofern sind diese Fragestellungen nicht neu, sondern sie tauchen immer wieder an bestimmten Orten in massierter Form auf, wie beispielsweise in vielen englischen und nordamerikanischen Städten Ende des 19. und Anfang des 20. Jahrhunderts (Dangschat und Frey 2005).

Die sich entwickelnden sozialen Professionen, wie zum Beispiel die Soziale Arbeit, sehen es als Aufgabe an, gesellschaftliche Gruppierungen und politische Entscheidungsträger:innen über diese sozialen Entwicklungen aufzuklären. Immer mehr wird „das Soziale" zum Gegenstand von Forschung, neuen Untersuchungs- und Planungsmethoden. Wir können hier von einer zunehmenden Verwissenschaftlichung des Sozialen (Brückweh et al. 2012; Raphael 1996) sprechen.

Auf dieser neuen Informations- und Wissensbasis sehen sich die gesellschaftlichen Akteur:innen herausgefordert, sich mit den skizzierten Fragen auseinanderzusetzen, da zu der Zeit immer deutlicher wird, inwiefern soziale Ungleichheiten (entlang der Differenzlinien zum Beispiel von Klasse, *race* und ethnischer Differenz) das gesellschaftliche Leben verändern. Die *National Conference of Charities and Correction (NCCC)* identifizieren und verhandeln die damit verbundenen Herausforderungen als wichtiges soziales Problem. Damals sind es viele europäische Zugewanderte und Schwarze Menschen, die sich auf den Weg in Richtung Grossstädte im Norden der USA machen. „Insgesamt kamen zwischen 1815 und 1914 etwa 40 Mio. Menschen von Europa nach Amerika, darunter rund sieben Millionen Deutsche. Es gab ein ganzes Bündel möglicher Gründe für die Auswanderung – wirtschaftliche, politische und persönliche –, die eine Entscheidung beeinflussten und zu bestimmten Zeiten eine jeweils unterschiedliche Gewichtung erfuhren" (Brunner 2009, S. 7 f.).

In den nordamerikanischen Grossstädten fehlen damals die wissenschaftlichen und technischen Voraussetzungen, um mit einer ordnenden Hand der Stadtplanung, so Häussermann (1991), Wohngelegenheiten und Infrastrukturen aufzubauen, aber auch in sozialer Hinsicht die Basis einer – wie man heute sagen würde – „Integrationskultur" (Fikentscher 2013) zu schaffen. Dieser Hintergrund führt zu einem gesteigerten Anspruch an die sich gerade erst etablierenden Sozialwissenschaften, entsprechende theoretische und methodische Grundlagen zu beschaffen und der Politik und Verwaltung zur Verfügung zu stellen. Betrachtet man die Diskussionen der *NCCC* wird mit dieser gesellschaftlich-politischen Einbettung verständlich, weshalb man sich über lange Jahre mit den Folgen von rasantem Städtewachstum, wie beispielsweise sozialen Folgen (beengter) Wohnverhältnisse, beschäftigt.

Die Rekonstruktion der thematischen Zusammenhänge und Diskussionsstränge an den *NCCC* ist insbesondere deshalb von grossem Interesse, da in heutigen Diskussionen ähnliche Argumentationslinien wiederzufinden sind. Dies ist etwa in der Auseinandersetzung um eine sogenannte Soziale Stadtentwicklung (vgl. Altrock 2019; Güntner 2007; Walther 2002) oder um eine kinderfreundliche Wohnumfeldgestaltung (vgl. Blinkert 2017) der Fall. Aber auch in der Beschäftigung mit den Folgen der derzeitigen Migrationsströme und den Herausforderungen der Integration einer Vielzahl von Menschen mit unterschiedlichen sozio-kulturellen Hintergründen (Siebel 2012) wird sehr ähnlich debattiert, wie noch zu Anfang des 20. Jahrhunderts. Dass es sich hierbei also um eine Wiederholung von über hundertjährigen Gedankengängen und Argumentationsfiguren im Geschichtserlauf handelt, geht in aktuellen Auseinandersetzungen jedoch häufig vergessen. Für eine Erweiterung unserer heutzutage in wissenschaftliche Disziplinen eingeteilten, inhaltlich und handlungslogisch separierten Sichtweisen sorgt die Einsicht, dass in der damaligen Diskussion Stadt *forschung,* Gemeinwesen *arbeit* und Stadt *planung* systematisch miteinander verschränkt betrachtet wurden. Die folgenden Beispiele sollen dies verdeutlichen und dazu einladen, selbst den Reichtum einer vernetzten Betrachtung dieser Tätigkeiten (Forschen, Arbeiten und Planen) zu entdecken.

Soziale Stadtentwicklung

Städtische Entwicklung führt – so zeigen zahlreiche Studien seit den 1980er Jahren – europaweit zu neuen Formen und Strukturen sozialer Ungleichheit, die sich in bestimmten Stadtteilen bündeln respektive konzentrieren. Städte spalten sich auf in einen integrierten und einen ausgegrenzten Teil, oder es bilden sich benachteiligte Brennpunkte heraus als Sinnbild von Desintegraion und Marginalisierung. Als Gegenmodell wird deshalb eine Soziale Stadt propagiert, welche diese Spaltungsprozesse überwinden kann. Betrachtet man die entsprechenden Analysen und Beschreibungen negativer städtischer Entwicklung, so fällt auf, dass viele der gegenwärtigen Wohnsituationen in dicht bebauten Gebieten einer Stadt ablehnend bewertet werden: zu wenig Platz zum Spielen für Kinder, zu wenig Möglichkeiten der Begegnung und des Austausches zwischen den unterschiedlichen Bevölkerungsgruppen, zu wenig Flächen zur Erholung. Diesem in vielen Beschreibungen negativ konstruierten urbanen ‚Heute‘ wird vielfach ein ideales ländlich geprägtes ‚Früher‘ gegenübergestellt. Überspitzt formuliert wird das idealisierte Dorf als Lösung vieler sozialer städtischer Probleme gesehen (siehe Reutlinger und Roth 2018).

6.3.1   Stadt – Der soziale Ort, an dem sich die Zukunft der Gesellschaft entscheidet

Die historische Betrachtung zeigt auf, dass exakt das gleiche Argumentationsmuster auch schon in den Diskussionen an der *National Conference of Charities and Correction (NCCC)* auftaucht: Die dichotome Gegenüberstellung der potenziell krankmachenden (überfüllten) Stadt und des „gesunden Dorfs" wird beispielsweise in den Ausführungen zum Thema *„Community Organization within the Housing Estate"* aus der *Session „Special Committees"* des Stadtplaners Clarence Arthur Perry 1935 sichtbar (siehe Biografie von Perry in Abschn. 8.1.8). Auf dem Dorf hätten, so Perry, Kinder die Möglichkeit, sich ohne Gefahren im Freien aufzuhalten und sich gesund zu entwickeln. Die Freiheit im kindlichen Spiel werde jedoch durch die soziale Kontrolle von Nachbar:innen reguliert, was Perry als zentrale Komponente des gemeinschaftlichen Lebens auf dem Land herausarbeitet. Auf dem Dorf schaue immer jemand, was Kinder, was die Menschen nebenan tun würden. Und genau diese informelle soziale Kontrolle, das gegenseitige Wissen über das Leben der Nachbar:innen – Perry illustriert diesen Aspekt mit der Metapher eines „Lebens als Goldfisch" – fehle in der Stadt, sodass das soziale Verhalten nicht mehr reguliert werde. Perry führt jedoch auch die negativen Aspekte dieser engen sozialen Bindungen an, wenn er von der Tyrannei spricht, vor der viele Menschen flüchten und sich in der Anonymität von Grossstädten wiederfinden würden.

Allerdings fehlt es in vielen städtischen Wohnformen eben an einer nachbarschaftlichen Einbindung. In (sub-)urbanen Einfamilienhaussiedlungen würden gemäss Perry Nachbarschaften zwar weiterhin funktionieren, da hier die Kontrolle durch die Nachbar:innen gegeben sei (Perry 1935, S. 655). Gleichzeitig würden sich jedoch in Grossstädten bestimmte Wohngegenden bilden, die von einem physischen Zerfall, von einer mit verschiedenen Problemlagen belasteten Bevölkerung und von einer Desintegration der traditionellen nachbarschaftlichen Kultur und Organisation (ebd., S. 654) geprägt wären: „In den Slums leben die Menschen in erzwungener Intimität, aber sie kommunizieren dennoch nicht. Sie misstrauen einander und halten sich voneinander fern. Sie können ihre Persönlichkeit nicht pflegen, weil es keine Normen gibt; wenn es Normen für Anstand, Moral und Hygiene gibt, werden sie von aussen aufgezwungen" (ebd., S. 655, eigene Übersetzung). In sogenannten *„multifamily areas"* (ebd., S. 655), wo viele Familien in grossen Mietshäusern wohnen, würden die Familien nicht mit ihrer Wohnung identifiziert und deren Leben würde auch nicht mehr durch die Nachbarschaft beobachtet oder überwacht werden. Es finde generell nur noch wenig Leben im Freien statt, welches unter der Aufsicht der Nachbar:innen stehe, da die Aussenräume so beengt seien. Es fehle also in dieser Situation an einer unterstützenden nachbarschaftlichen Umgebung (ebd., S. 656), die wichtig für Kinder wäre, die nicht nur durch die Familie, sondern auch durch die Nachbar:innen erzogen würden. Das nachbarschaftliche Umfeld, von dem das Verhalten so abhänge, sei jedoch in einem Slum zerstört. Dies sei mitunter ein wichtiger Grund für eine hohe Delinquenzrate und die damit zusammenhängenden sozialen Probleme (ebd., S. 664).

Dieses Manko zieht Perry als Begründung heran, weshalb es *community organization (CO)* brauche. Nach seinen Überlegungen beschreibt CO „den Prozess, bei dem eine freiwillige Zusammenführung von Personen rund um ein gemeinsames Interesse stattfindet und bewusst gefördert werden kann" (ebd., eigene Übersetzung). CO habe die Aufgabe des Ordnens vorhandener sozialer Zusammenschlüsse und Initiativen. Dem Planer Perry geht es darum, über den

Bau neuer öffentlicher Wohnsiedlungen Nachbarschaften zu schaffen, die regel-
mässig Pfadfinder:innen anstelle von Gangster:innen hervorbringen (ebd.,
S. 654). Deshalb beginnt er seine Ausführungen mit der Frage, was die genauen
Veränderungen in der Umgebung von sogenannten *slum*-Familien sein müssten,
damit neue Wohnsiedlungen eher die Tugend förderten als umgekehrt das Laster.
Perry ist sich bewusst, dass Kriminalität von mehreren Faktoren, wie zum Beispiel von Armut, zerrütteten Familien oder vom Fehlen nachbarschaftlicher
Beziehungen, abhängt. Durch den Bau neuer Wohnanlagen könne zwar auf der
baulichen Seite etwas verändert werden, aber es müsse eben auch die soziale
Seite berücksichtigt werden. Und daher bedarf es nach seinen Vorstellungen
weiterer spezifischer Kompetenzen, um die sozialen Zusammenhänge bearbeiten
zu können. Im Zusammenspiel von Planung der baulichen Aspekte und von
community organization der sozialen Aspekte könne es gelingen, die soziale Welt
zu verändern, neu anzuordnen oder zu strukturieren, und an die damaligen, veränderten Gegebenheiten anzupassen.

Partizipative Sozialforschung
Im Alltagsverständnis verbinden wir Forschung mit strengen Güte-
kriterien wie Objektivität, Nachvollziehbarkeit, Wiederholbarkeit etc.
Die Partizipation derjenigen, die Gegenstand der Forschung sein sollen,
erscheint uns daher als unwissenschaftlich. Wird dadurch nicht das Ergeb-
nis verfälscht, wenn die Sozialforscher:innen transparent machen, um was
es ihnen geht, wenn sie sogar Veränderungen anregen wollen? Wird die
Sozialforschung nicht dadurch korrumpiert, dass die Teilnehmenden nur
sozial erwünscht antworten und agieren? Wie wir gesehen haben, begleitet
diese Kritik auch die Entwicklung der Sozialforschung seit ihren Anfängen.
Gerade in der vor uns in diesem Band näher untersuchten Anfangszeit
waren Partizipation (insbesondere von beruflich Tätigen) und Reform-
bestrebungen zentraler Bestandteil der Forschung. Forschung wurde mit
und für Menschen gemacht. Mit der fortschreitenden gesellschaftlichen
Differenzierung wurden auch Forschung und Wissenschaft von diesen
praktischen Handlungsanforderungen „entlastet". Dennoch gab es immer
wieder auch Bestrebungen, Forschung, Praxis und Alltag erneut stärker
aufeinander zu beziehen. In den 1970er Jahren wurde dies vor allem unter
dem Stichwort Aktionsforschung verhandelt. Diese Art von Forschung
ging davon aus, dass Wissenschaft soziale Praxis verändern müsse und
dass wir gesellschaftliche Veränderungen nur dann auch analytisch ver-
stehen könnten, wenn sich Forschung in diese Veränderungsdynamik

hineinbegäbe. In den letzten Jahren wird an diese vergessene Forschungs-tradition verstärkt unter dem Titel „partizipative Sozialforschung" wieder angeknüpft. Hinter diesem Begriff steht eine Vielfalt unterschiedlicher Forschungszugänge. Eine Gemeinsamkeit besteht darin, dass

a) *die Hierarchie zwischen Forschenden und Beforschten überwunden wird und dass die Beforschten als Akteur:innen (seien es professionelle Fachpersonen wie z. B. Sozialarbeitende oder Kinder, Jugendliche, Stadtteilbewohner:innen etc.) im Forschungsprozess betrachtet werden, die über eine spezifische Expertise verfügen,*
b) *die erhobenen Materialien (z. B. Interviews, Beobachtungen, Akten, Fotos) zusammen mit den Beforschten hergestellt und nicht als etwas Gegebenes betrachtet, sondern zur Reflexion genutzt werden, um auch andere Handlungsmöglichkeiten denk- und sagbar zu machen,*
c) *sich hieraus ein Lernprozess entwickelt, der nicht allein Erkenntnisse für die Wissenschaft produziert, sondern für alle Teilnehmer:innen des Forschungsprozesses gewinnbringend ist und*
d) *sich daraus Gestaltungs- und Veränderungsoptionen ergeben, sodass das ursprünglich zu untersuchende soziale Problem nicht mehr das gleiche ist wie zu Beginn und im besten Fall die neue Gestalt des sozialen Problems für die Teilnehmer:innen mehr Handlungsoptionen bietet (vgl. Reutlinger 2017).*

Perry unterstellt in seinen Ausführungen von 1935 bereits eine disziplinäre Auf-gabenteilung, wie sie uns auch heute geläufig ist: Stadtsoziologie beschäftigt sich mit dem Studium sozialer Problemlagen und steht daher für den idealtypischen Handlungsmodus *Forschung*. Gemeinwesenarbeit respektive CO sieht sich hin-gegen zuständig für die Bearbeitung sozialer Problemlagen und steht für den Handlungsmodus *Arbeiten oder Hilfe*. Und schliesslich geht es um eine (Neu-) Ordnung der Stadt beziehungsweise städtischen Gesellschaft, was den Hand-lungsmodus *Planung* anspricht, wofür die Stadtplanung sich zuständig erklärt. Diese klare Differenzierung und disziplinäre Abgrenzung ist besonders in den Anfangszeiten der *National Conference of Charities and Correction* bis in die 1920er Jahre so noch nicht gegeben. Gerade die Settlement-Häuser verstehen sich als Zentren in den Gemeinwesen, in denen gemeinsames Leben, Forschen und Verändern Hand in Hand gehen (die sogenannten drei „R": Residence, Research and Reform (Trattner 1989)). Dementsprechend untersuchen die Settlement-

Anhänger:innen sowohl soziale als auch baulich-strukturelle Bedingungen, die zu sozialen Problemlagen führen. Die stadtsoziologische Auseinandersetzung mit dem Zusammenhang von baulichen Bedingungen und sozialen Folgen von städtischer Entwicklung setzt zeitlich verzögert, circa am Anfang des 20. Jahrhunderts ein (zur *Chicago School of Sociology*, siehe unten *Stadtsoziologie und Community-Studies*). Diese spätere disziplinäre Ausdifferenzierung ist mitunter ein Grund dafür, dass wir in der Rückschau überrascht sind, dass viele der ersten stadtsoziologischen Arbeiten meist von Fachfremden im engeren Sinne und nicht von Stadtsoziologen/-soziologinnen verfasst wurden (siehe bspw. Dangschat 1997, 2013). Gerade in der Zeit von 1880 bis 1920 sind Forschen, Planen und Arbeiten im sozialwissenschaftlichen Bereich noch eng miteinander verzahnt. Daher lassen sich die Akteur:innen häufig nicht einfach einer Disziplin (Soziologie, Soziale Arbeit etc.), der Forschung oder der Praxis zuordnen.

Wir möchten mit den weiteren Beiträgen die Entwicklung vor dieser disziplinären Abgrenzung und Rollenteilung illustrieren. Ausgangspunkt ist das Bild von der Stadt als „soziales Laboratorium" (Häussermann und Siebel 2004, S. 45). Dieses Bild steht für die Vorstellung, dass erst durch das gemeinsame Studieren und das Sich-intervenierend-in-die-sozialen-Zusammenhänge-Hineinbegeben, das Soziale in der Stadt und die Soziale Frage verstanden und gestaltet werden können – eine Idee, die unseres Erachtens auch heute noch inspirierend sein kann.

6.3.2   Forschung – Die Verschränkung der Analyse sozialer Verhältnisse mit sozialen Interventionen

Insbesondere die damaligen Settlement-Häuser und ihre Bewohner:innen sind für ein solches verstehend-gestaltendes Programm prädestiniert. Angesiedelt sind die Häuser in problembeladenen städtischen Gebieten. Hintergrund ist die Einsicht, dass soziale Veränderungen nicht aus den „bürgerlichen Stuben" heraus bewirkt werden können, sondern aus und mit den betroffenen Menschen vor dem Hintergrund ihrer konkreten Lebenszusammenhänge. Und um diese zu verstehen, muss man sie nicht nur studieren oder aus der Ferne beobachten, sondern erfahren, das heisst, unter und mit den Menschen leben und sie somit auch erleben. Julia C. Lathrop vom *Hull House* in Chicago zeigt in ihrem Beitrag *„What the Settlement Work Stands for"* von 1896 auf, wie wichtig diese Settlements sind zum Studium der sozialen Zusammenhänge, welche die Probleme verursachen (siehe Biografie von Lathrop in Abschn. 8.1.7). Sie erinnert dabei an Arnold Toynbee, der namensgebend für das erste Settlement in England war (Barnett 1915), dessen Interesse dem „Leben ausserhalb der akademischen Hallen" galt und damit den sozialen Problemen, die der industriell geprägte Kapitalismus verursachte (Lathrop 1896, S. 106). Dies rekonstruiert sie anhand des Gebäudes von *Toynbee Hall*, einem Haus im Osten Londons, das Universitätsangehörige *(university men)* bewohnen können und „von Angesicht zu Angesicht mit den wahren Lebensbedingungen der überfüllten Stadt, die Missstände und ihre Abhilfemassnahmen direkt vor Ort studieren und, wenn möglich, das Leben und die materiellen Bedingungen der Menschen verbessern" (*Universities' Settlement Association* 1884, S. I, eigene Übersetzung). Die Eröffnung von *Toynbee Hall* „war eine natürliche und intime Abfolge der Arbeiten eines ganzen Kreises von Student:innen der Sozialwissenschaften und Reformer:innen der Gesellschaft" (ebd., S. 107, eigene Übersetzung). Die Bewohner:innen der Settlements wären, so Lathrop, Menschen, die das Beste mitbringen würden, was die Universitäten geben könnten (im Sinne einer guten Ausbildung).

„Sie sind geschult, nach den Ursachen zu suchen. So sehr sie auch darauf bedacht sind, die direkten Bedürfnisse des kargen Lebens zu erfüllen, geben sie sich nicht damit zufrieden und sind ernsthaft darum bemüht, die Wurzeln des Problems zu finden, zu erfahren, welche Bedingungen zu dieser Kargheit geführt haben. Sie werden unvermeidlich versuchen, die Bedingungen des industriellen Lebens zu verstehen, von denen die des sozialen Lebens so stark abhängen. Sie werden so weit wie möglich mit all jenen Personen bekannt, die sich aus der Sicht des:der Arbeitenden mit denselben Problemen intensiv auseinandersetzen. Notwendigerweise begrüssen sie die Möglichkeit, diese Probleme aus allen Blickwinkeln zu diskutieren" (Lathrop 1896, S. 109, eigene Übersetzung).

Lathrop warnt jedoch davor, dass die moralische Pflicht allein nicht ausreichen würde, sondern dass diese durch eine wissensbasierte Fundierung begleitet werden müsse. Nach diesem Grundsatz, wissensbasiert zu intervenieren, verbreiten sich (ab 1885) von *Toynbee Hall* aus Settlements in verschiedenen englischen und amerikanischen Städten: „Sie haben sich in den bedürftigsten und überfülltesten Teilen verschiedener englischer und amerikanischer Städte niedergelassen, um bei der Verbesserung ihrer Siedlungen zu helfen und genaue Kenntnisse über die sozialen Bedingungen zu erlangen. [...] So erkennt die Siedlung [...] an, dass die Güte des individuellen Gefühls, wenn nicht von der Wissenschaft und genauen Kenntnissen gelenkt, säumig ist. Sie ist verblüht" (Lathrop 1896, S. 107, eigene Übersetzung). In diesen Stadtvierteln angesiedelt entfalten die Settlements ihr Programm einer sozialwissenschaftlich orientierten Sozialen Arbeit im Gemeinwesen. Wobei sie dabei wie Seefahrende sind, „die ihr Schiff auf offener See umbauen müssen, ohne es jemals in einem Dock zerlegen und aus besten Bestandteilen neu errichten zu können" (Neurath 1981, S. 206). Denn die Protagonist:innen der Settlements können weder auf ein ausgearbeitetes Instrumentarium der Sozialwissenschaften zurückgreifen noch sich auf eine Profession wie die der Sozialen Arbeit beziehen. Sie befinden sich auf der offenen See der Grossstadt.

Hull House Maps and Papers

Am eindrücklichsten sichtbar wird die Verbindung aus Leben, Forschen und Arbeiten sowie der Versuch des Verstehens und Gestaltens wohl in den sogenannten Hull House Maps and Papers, *die 1895 veröffentlicht wurden. Sie entstanden im Zusammenhang einer grösseren Studie, die 1892 durch den Kongress der USA in Auftrag gegeben wurde, in der die Slums von Baltimore, Chicago, New York und Philadelphia näher untersucht werden sollten. Florence Kelley, die seit 1891 im* Hull House *lebte, hatte diese Aufgabe für Chicago übernommen und zusammen mit Bewohner:innen des Settlements durchgeführt. Die Maps and Papers sind im historischen Rückblick eine der wichtigsten sozialwissenschaftlichen Studien des 19. Jahrhunderts. Die Karten (Maps) orientieren sich an der Studie von Charles Booth, der in London die Lage der Arbeiter:innen seit 1886 untersucht hatte. Florence Kelley, weitere Bewohner:innen des* Hull House *sowie Mitarbeiter:innen des* United States Bureau of Labor *dokumentierten für den 19. Distrikt in Chicago für jedes Haus die Anzahl der Mitglieder eines Haushalts, die Einkommensverhältnisse, die Arbeitssituation und die ethnische Herkunft. Daraus entstanden kolorierte Karten, die einen genauen Einblick und Überblick (Survey) über diesen Stadtteil gaben. Ergänzt wurden die Karten um Essays, erstens über spezifische soziale Probleme, wie zum Beispiel Kinderarbeit oder die Arbeit in sogenannten* sweatshops, *also Mietwohnungen, in denen Familien Aufträge für die Textilindustrie erledigten und täglich den dabei eingesetzten Chemikalien und Stoffen ausgesetzt waren, weil sie in den Arbeitsräumen auch wohnen mussten. Zweitens wurden hier auch Beiträge zur Situation von ethnischen Gruppen, wie zum Beispiel die jüdischen, die italienischen und die böhmischen* communities *zusammengetragen. Schliesslich beschrieb Jane Addams in einem Beitrag die Settlement-Arbeit im* Hull House. *Die* Hull House Maps and Papers *waren lange Zeit vergessen, sind aber heute gut dokumentiert, online wie offline. Die Karten können online eingesehen werden (Bienen 2012). In der Ausgabe aus dem Jahr 2007 mit einer Ein-*

leitung von Rima Lunin Schultz (2007) findet man weitere Hintergrund-
informationen über die Studie und deren historische Bedeutung.

Damit wird „Settlement Work" von Beginn an als Ausweitung der Universität
in ein „neues Umfeld der Liebe und des Vertrauens" (Burgess 1924, S. 406)
gesehen, gepaart mit dem Geist der Wissenschaft, wie dies Ernest W. Burgess
im Rahmen seines Inputs 1924 „*Diagnosis of Community Problems*" in der
Session „*Neighborhood and Community Life*" formuliert: „*Can neighborhood
work have a scientific basis?*" (S. 406). „Die Bewohner der Siedlung wurden
sofort mit der sozialen Realität in Berührung gebracht, d. h. mit den konkreten
Fakten des menschlichen Lebens" (ebd.). Burgess macht in seinen Ausführungen
also deutlich, dass der Ausgangspunkt der Settlements im Kennenlernen der
und im Mitleben in den *communities* liegt. Diese Bewegung bildet jedoch nur
den ersten Schritt. Als zweiten Schritt betrachtet er das Engagement der Settlements, die Faktoren genauer zu studieren, die die *communities* beeinflussen: „Die
Arbeiter:innen in den Siedlungen stellten bald fest, dass einfühlsames Verständnis und enge Kontakte viele der tatsächlichen Probleme der Nachbarschaftsarbeit
nicht lösen konnten. […] Sie begannen daher, ihre Gemeinschaften zu studieren,
um die wirkenden Faktoren zu identifizieren, die Elemente in der Situation
herauszufiltern" (ebd., eigene Übersetzung). Dieser forscherische Zugang zu den
Lebensverhältnissen der betroffenen Menschen gehört also selbstverständlich zur
Intervention, mit der die Settlements versuchen, Einfluss auf die *communities*
zu nehmen. Mit dieser Verschränkung und dem Studium der Stadt durch eigene
Sozialforschungen (Köngeter 2013; Lindner 2004) legen die Settlements die
Basis zur Erforschung der Sozialen Fragen, welche von den industriellen und
ökonomischen Bedingungen abhängig sind. Burgess nennt hier herausragende
Beispiele: die bereits erwähnte Studie „*Hull House Maps and Papers*" sowie
zwei Untersuchungen „*The City Wilderness*" (Woods 1898) und „*Americans in
Process*" (Woods 1902) von Robert A. Woods, Pionier der Entwicklung von uni-
versitären und sozialen Settlements in den USA, aus dem „*South End House*"
in Boston (siehe Biografie von Woods in Abschn. 8.1.13). Zwar versuchen die
Settlements mit Zugängen der Sozialforschung die Lebenszusammenhänge der
Menschen und die dahinter liegenden strukturellen Probleme aufzudecken. Ziel
ist das Finden (professioneller) Antworten durch die Problematisierung dieser
Herausforderungen. Und dennoch folgen sie vornehmlich einem praktischen
Impuls – das bedeutet, sie sind weniger als akademische Akteur:innen tätig.

Burgess relativiert deshalb auch den akademischen Wert dieser Untersuchungen, indem seines Erachtens die Befunde noch keine wissenschaftliche Basis im engen Sinne bieten würden. Notwendig wäre die Unterscheidung zwischen Faktoren und Kräften – eine Idee, die er zusammen mit seinem Kollegen und Begründer der sogenannten Chicagoer Schule der Soziologie Robert Ezra Park entwickelte. Während Faktoren einen konkreten, für die jeweilige *community* spezifischen Einfluss haben, sind Kräfte idealtypische Faktoren, die in idealtypischen Situationen Einfluss ausüben können. Er macht dies anhand eines Beispiels einer italienischen Gang von Jungen deutlich: Die Torpedo-Gang in einem italienischen Viertel, mit Tony als dem Anführer von acht Strassenkindern *(„street arabs")*, verkörpert einen Faktor genau in diesem Viertel. Die Soziologie als Wissenschaft interessiere sich aber generell für Gangs als Kräfte innerhalb von Stadtvierteln. Hier wird also ein Bruch deutlich, der aus unserer heutigen Sicht fast schon selbstverständlich wirkt: nämlich derjenige zwischen Forschung auf der einen und Praxis auf der anderen Seite.

Stadtsoziologie und Community-Studies
Die stadtsoziologische Tradition der Sozialforschung – und darauf aufbauend der sozialen Intervention – setzte zeitlich später als die soziologischen Studien der Settlements ein. Erst seit den 1920er Jahren und örtlich auf die Stadt Chicago bezogen, entwickelte sich die Disziplin der Stadtsoziologie, welche heute mit Robert Ezra Park in Verbindung gebracht wird. Dieser war lange Jahre seines Lebens zuerst Journalist, bevor er an der Universität die Chicago School of Sociology *begründete und dabei Chicago als „ein gigantisches soziales Laborexperiment" (Häussermann und Siebel 2004, S. 45) betrachtete sowie systematisch erforschte. „Die Stadt und insbesondere die Grossstadt, in der die menschlichen Beziehungen wahrscheinlicher als anderswo auf unpersönliche und rationale Weise stattfinden und sich in Bezug auf Interesse und Geld definieren, ist auf sehr reale Weise ein Labor, in dem das kollektive Verhalten untersucht wird" (Park 1984 [1925], S. 22, eigene Übersetzung). Das Studium der sozialen und urbanen Entwicklungen in Chicago, der grossen Stadt, in der sich rapider Wandel „mit Immigration, Industrialisierung, Bevölkerungswachstum und vielerlei zugehörigen Ausdifferenzierungen" konzentrierte und die entsprechenden Phänomene eingefangen werden konnten (Hennig 2012, S. 114), wurde zum Schlüssel des Verständnisses der sozialen Zusammenhänge. „Chicago wird zum*

Labor. Dort finden sich die vielfältigen Prozesse des Fortschritts von Traditionen der vielfältig agrarischen Herkunftsländer der Migration in die neue, sich städtisch darstellende Moderne, weg von alten Anschliessungen zu modernen Vereinheitlichungen und Distinktionen (etwa beim Wohnen). Diesen Prozessen stellt sich das neue Fach, die Stadtsoziologie. Die Chicago School *begreift diese Buntheit – aus einem Geist von Evolution, Reform und Pragmatismus – als fachwissenschaftliche, empirische Herausforderung. Vor allem Park befreite dieses Erkenntnisinteresse von thematischen wie methodischen Grenzen, aber auch von empathischen Komponenten" (ebd.). Sogenannte „natural areas", d. h. homogene Sozial-, Bau- und Infrastrukturen in Quartieren, würden ein spezifisches Muster in der Stadt bilden, welches zugleich ein Abbild gesellschaftlicher Ungleichheit darstellen würde (Hennig 2012, S. 100). Zusammen mit Ernest W. Burgess entwickelte Park anhand von Untersuchungen in der boomenden Stadt Chicago Stadtentwicklungsmodelle, in die soziostrukturelle, infrastrukturelle und Wohnbaustrukturdaten eingingen (Dangschat 1997, S. 630). Mit dem von Park entwickelten „racerelation-cycle" wurde ein Modell skizziert, wie Zugewanderte (Stichwort:* the marginal man) *sich über mehrere Generationen hinweg in die Aufnahmegesellschaft assimilieren (Stichwort:* melting pot) *(Dangschat 2013, S. 459). Studierende und Mitarbeitende der Universität wurden deshalb in die Quartiere der Zuwandernden geschickt, um mit journalistischen und qualitativ soziologischen Verfahren die sozialen Problemlagen und stadtsoziologischen Zusammenhänge zu studieren. Aus diesen Studien gingen verschiedene sogenannte* community *und* neighborhood studies *hervor, welche heute als zentrale Basis stadtsoziologischer Forschungstradition betrachtet werden (Eckardt 2012).*

Bislang hätte die Soziologie, so Burgess in seinen weiteren Überlegungen, nur wenige wissenschaftliche Erkenntnisse (insbesondere hinsichtlich der Kräfte) geliefert. Deshalb könnten sich Sozial- und Gemeinwesenarbeiter:innen in ihrem professionellen Handeln nur auf eine schmale und erst langsam wachsende Basis wissenschaftlicher Erkenntnisse stützen. Burgess verweist hier auf die Studien, die er und seine Kolleg:innen selbst an der *University of Chicago* durchgeführt haben und unterscheidet hierzu idealtypisch drei Kräfte: ökonomische beziehungsweise ökologische, kulturelle und politische Kräfte. Warum er diese ökonomischen Kräfte auch und besonders als ökologische Kräfte verstanden wissen will – die viele heutige Leser:innen möglicherweise eher als Gegen-satz-Paar wahrnehmen – zeigt sich in seinen weiteren Ausführungen. Er ver-weist darauf, dass die ökonomischen Prozesse die verschiedenen Stadtteile und *communities* systematisch miteinander verbinden, sodass eine Betrachtung der einzelnen Stadtteile als eigenständige Einheiten zu kurz greift. Es geht ihm um eine integrierte, eben ökologische Betrachtung des Zusammenspiels der Stadt als Ganze und ihrer Stadtteile. Dabei verweist er auf das in der *Chicago School* entwickelte Zonen-Modell. Demnach wachsen Städte um ein *„business district"* (Zone 1) herum. Kreisförmig umschliessen die weiteren Zonen dieses Zentrum: die Übergangszone mit ihren Slums, Manufakturen etc. (Zone 2), die Arbeiterviertel (Zone 3), die Zone der Wohlhabenden (Zone 4) und schliesslich die Vorstädte mit ihren Pendler:innen (Zone 5). Unter kulturellen Kräften ver-steht er die migrantischen *communities,* die in nordamerikanischen Städten den Charakter der Stadtteile dominieren: Chinatown, Little Italy, das jüdische Ghetto usw. prägen das Leben in den Stadtteilen. Doch er verweist auch hier darauf, dass es verkürzt wäre, diese Stadtteile je für sich zu betrachten, denn die jüngere Generation orientiere sich in ihrer Freizeit auch an den Etablissements ausserhalb ihrer eigenen Stadtteile. Er stellt die Frage, ob die Gemeinweseneinrichtungen, wie zum Beispiel die Settlements, noch in der Lage seien, die nachwachsende Generation zu binden. Diese Offenheit der Stadt führt seines Erachtens zum Ver-lust der primären Kontrolle durch die Stadtteilbewohner:innen, sodass „Tanz-paläste" mit ihrer eigenen Kultur wichtiger werden.[13] Dadurch, dass sich also Wohnort und Ort der Begegnung nicht mehr in ein und demselben Stadtteil befinden, ergeben sich neue Formen der Intimität, die Burgess idealtypisch dar-stellt. Schliesslich verweist er im Kontext der politischen Kräfte darauf, dass Gemeinwesenarbeiter:innen eigentlich Sozialpolitiker:innen sein müssten. Sie sollten ähnlich wie professionelle Politiker:innen die zentralen Akteur:innen eines Gemeinwesens kennen und „mehr noch, sie müssen die Grundinteressen, die motivierenden Wünsche und die essenziellen Probleme der in der Gemein-schaft lebenden Männer und Frauen, Jugendlichen und Kinder kennen" (Burgess 1924, S. 410, eigene Übersetzung). All dieses Wissen um diese Kräfte scheinen

---

[13] Er verweist hier auf die *„flappers"* und *„sheiks"*. *Flappers* sind junge Frauen, die mit ihren Kurzhaarfrisuren, den engen, geraden Kleidern, den modischen Hüten, den typischen Arm- und Halsbändern, den metallenen Gürteln usw. ikonographisch die 1920er Jahre repräsentieren. Die *„sheiks"* sind deren männliche Konterparts, die mit ihren weiten Schlaghosen, den karierten Socken, der Weste und dem passenden Hut dazu zu Jazzmusik Foxtrott tanzen (Burgess 1924, S. 409).

notwendig zu sein, um Gemeinwesenarbeit auf eine wissenschaftliche Basis zu stellen und doch kommt die Frage auf, ob nicht die aus seiner Sicht zu konstatierende Zerstörung des Gemeinwesens durch die moderne urbane Gesellschaft eine solche Arbeit vor unlösbare Aufgaben stellt: „Es gibt diejenigen, die davon überzeugt sind, dass die Funktion des Nachbarschaftszentrums mit dem Niedergang der Nachbarschaft in der Stadt vorübergehen wird. Ich selbst bin mir da nicht so sicher. Sicherlich muss die Arbeit des Nachbarschaftszentrums jetzt in Bezug auf sein Verhältnis zum gesamten Leben in der Stadt konzipiert und geplant werden" (ebd., eigene Übersetzung). Mit Verweis auf Robert A. Woods Aufsatz „*University Settlements as Laboratories in Social Science*" (1893) betont er die Bedeutung von Forschung sowohl für die Sozialwissenschaften als auch für die Settlements beziehungsweise die Gemeinwesenarbeit. Die zunehmende Komplexität der grossen Städte mache es umso notwendiger, Gemeinwesenarbeit auch als sozialwissenschaftliches Labor zu verstehen.

Auch wenn die stadtsoziologische Tradition der *Chicago School of Sociology* zeitlich später als die Settlement-Bewegung entsteht, halten R. E. Park, E. Burgess und Kolleg:innen eine Verschränkung des Studiums der sozialen Zusammenhänge und der sozialen Intervention also nach wie vor für wichtig. Burgess nimmt hier eine vermittelnde Rolle ein. Auch wenn er darauf beharrt, dass Sozialwissenschaften ein eigenes Erkenntnisinteresse haben, so haben doch auch die Settlements oder die Gemeinwesenarbeit einen Forschungsauftrag. Sie sollen die konkreten Faktoren in den Städten und Stadtteilen erforschen mit dem Ziel, diese gestalten zu können. In den Vorstellungen der *Chicago School of Sociology* sollten die sozialökologischen Zusammenhänge genauer untersucht werden, das heisst die wechselseitigen Anpassungen zwischen menschlichen Gemeinschaften und ihrer physisch-räumlichen Umwelt herausgearbeitet werden. Die beiden in diesem Abschnitt referierten Beiträge von Lathrop (1896) und Burgess (1924) zeigen, dass sich beide Forschungtraditionen immer wieder beeinflussen. Dabei lässt sich durchaus eine Veränderung bemerken: Die Diskussionen in den 1890er Jahren werden vor allem von Verteter:innen der Settlements geführt. Mit ihrem Programm, Forschung, Reform und Praxis zu verbinden, sind sie wichtige Pionier:innen auch für die Stadtsoziologie und liefern essenzielle Erkenntnisse zu den sozialen Zusammenhängen der sich entwickelnden Städte. Anders sieht dies dann ab den 1920er Jahren aus, als sich die Stadtsoziologie zu etablieren und sich stärker von professionellen, reformerischen Impulsen der Settlement-Praxis abzugrenzen beginnt. So entsteht der Eindruck, dass der stadtsoziologische Diskurs erst damals die Gemeinwesenarbeit (mit) zu prägen beginnt (Burgess 1924; Perry 1924).

6.3.3   Planung & Organisation – Die Entwicklung einer menschenwürdigen Stadt

Die Forschungsaktivitäten der Settlements und der frühen Stadtsoziolog:innen machen darauf aufmerksam, dass die Infrastrukturen der Städte systematisch ausgebaut werden müssen, damit diese weiterhin lebenswert bleiben: Parks, Spielplätze, öffentliche Bäder und Bibliotheken etc. rücken in den Fokus der Aufmerksamkeit der Stadtplaner:innen. Der Unterhalt einer Infrastruktur benötigt sowohl eine kontinuierliche und finanzierte Kontrolle durch die planenden Akteur:innen. Gleichzeitig ist jedoch auch eine bezahlte Beziehungsarbeit mit den Nutzenden notwendig, wie der Stadtplaner und Soziologe Clarence Arthur Perry (1935) in einem Beitrag betont. Die Entwicklung tragfähiger Nachbarschaften ist die Hauptaufgabe von *community organizing*. „Auf dem Spielplatz und im Gesellschaftsraum, im Auditorium oder im Klassenzimmer treffen die Mieter:innen ihre Nachbar:innen und lernen sie kennen. […] Ob sie es wünschen oder nicht, die Mieter:innen gehen alle eine gemeinsame Bindung ein. Sie werden erkennen, dass sie alle zum selben staatlichen Projekt gehören und von diesem profitieren. Es wird jedoch nicht ausreichen, sich ausschliesslich bzw. weitgehend auf dieses Bewusstsein zu verlassen, um eine nachbarschaftliche Umgebung zu schaffen. Es wird helfen, doch muss es durch die notwendigen gemeinsamen Einrichtungen und die organisierte Förderung ihrer Nutzung ergänzt werden" (ebd., S. 665, eigene Übersetzung).

Als Vertreter der Planungsseite fügt Perry in seinem Text Beispiele und Forderungen an, die auf die Veränderung der räumlichen Welt zielen: Es geht ihm um neue Wohnbauten und um die Schaffung spezifischer freier Flächen, wie beispielsweise Spiel- oder Sportplätze für Kinder und Jugendliche. Letztere gäbe es zu wenig im öffentlichen Wohnungsbau. Wenn man etwas gegen die Gangster(:innen) tun wolle, müsse man Jugendlichen den Raum für Muskeltraining geben (ebd., S. 658). Gleichzeitig betont Perry die in der Planung oftmals wenig beachtete soziale Seite, indem er auf die Wichtigkeit intakter sozialer Zusammenhänge, des nachbarschaftlichen Umfeldes oder der personellen Zusammensetzung der Slums aufmerksam macht (ebd., S. 663). „Wenn die Kinder aus den ordentlichen Häusern in den Slums ihr ganzes Leben unter den Augen ihrer Eltern führen könnten, würden diese Kinder nicht zu Straftäter:innen werden, obwohl ihre Viertel dunkel, modrig oder überfüllt sind" (ebd., S. 663, eigene Übersetzung).

Die Organisation dieses Engagements für eine Verbesserung der lokalen baulichen und sozialen Verhältnisse ist jedoch mit verschiedenen Problemen verbunden, wie dies Roy Smith Wallace (siehe Biografie von Wallace in Abschn. 8.1.12) in seinem Statement *„How do Local Community Organizations*

Function?" 1922 im Rahmen der Division *„Neighborhood and Community Life"* ausführt. Er kritisiert zunächst eine zu enge Auslegung des Begriffs, wonach sich *„local community organization"* technisch als „Bemühung, die gesamte Gemeinschaft für das ganze soziale Programm zu organisieren" (ebd., S. 316, eigene Übersetzung) verstehen liesse. Stattdessen geht es ihm darum, die Vielfältigkeit der unterschiedlichen Organisationen und deren Funktionen zu betrachten, unabhängig davon, ob sie nun einen sozialen Zweck verfolgen oder nicht. Das Zusammenspiel aller Organisationen einer *community* zu betrachten, um das soziale Zusammenleben dort zu verbessern, das sei die Aufgabe von *community organization*. In seinen Ausführungen streicht er heraus, dass dieses Unterfangen schwierig sei, da sich die Organisationen komplex und vielfältig gestalten würden und kein statistisches Material vorhanden wäre, das deren Koordination erleichtern würde. Hier wird erneut die Wichtigkeit von systematisch erarbeitetem Wissen deutlich (siehe die Ausführungen zu unterschiedlichen Forschungszugängen).

Im Weiteren führt er eine wichtige Unterscheidung an. Diese bestimmt seine weitere Argumentation im Beitrag: diejenige zwischen Organisationen, die er als *„interest agencies"* bezeichnet und die sich heute wahrscheinlich am besten mit Expert:innenorganisationen übersetzen lassen, sowie sogenannten *„geographic agencies"*, das heisst Organisationen, die am und mit dem lokalen Gemeinwesen arbeiten.[14] Erstere Bezeichnung umfasst Organisationen mit einem „allgemeinen Gemeinschaftswert wie Gesundheit, Erholung, Bildung oder gemeinnützige Verwaltung, wie z. B. Tuberkuloseverbände, Krankenschwestern, Kinderschutzverbände, Spielvereinigungen usw." (ebd., S. 317, eigene Übersetzung). *„Geographic agency"* hingegen bezieht sich auf „die Organisation und die Vertretung verschiedener Interessen, die einen möglichst

---

[14] Beide Arten der lokalen Organisation sind laut Wallace wichtig: „Es gibt diejenigen von uns, die sich wünschen, dass alle lokalen Organisationen eindeutig demokratisch im geografischen Sinne sind und dass die lokale Beteiligung und Kontrolle weit verbreitet und allgemeingültig ist, dass die finanzielle Unterstützung über die Teilnehmer:innen und Begünstigten der jeweiligen Aktivitäten demokratisch gesichert wird und dass Programme demokratisch festgelegt werden. Auf der anderen Seite gibt es diejenigen, die nach geschulter, geschickter Führung suchen und deren Arbeit auf hohen Standards gründet, um über die Organisation ein Gesundheitsprogramm oder ein Bildungsprogramm oder ein Freizeitprogramm umzusetzen. Diese Ziele sind zwar zulässig, aber vielfältig und allzu oft widersprüchlich. Wir alle wollen Demokratie. Wir alle erkennen den Wert einer wirklich demokratischen Beteiligung und Kontrolle an" (Wallace 1922, S. 319, eigene Übersetzung).

grossen Teil der Bevölkerung eines bestimmten Bezirks oder einer Gemeinschaft einschliessen" (ebd., eigene Übersetzung). Hierzu zählt er beispielsweise „Nachbarschaftsverbände, Schulzentren, Gemeinderäte, Siedlungen und andere Einrichtungen dieses Charakters, Einrichtungen, deren Programme natürlich auch Dinge wie Gesundheit, Bildung, Erholung usw. umfassen" (ebd., eigene Übersetzung). Eine Besonderheit beziehungsweise eine Mischung aus diesen beiden Typen seien solche Organisationen, die ihr Interesse auf das Organisieren selbst legen: „So wie die einen an Gesundheit oder Bildung interessiert sind, so sind andere an der logischen, koordinierenden Organisation als solcher interessiert; und eine solche koordinierende Organisation, die sich die Möglichkeit leistet, doppelte Arbeiten zu vermeiden und die Vorteile von Teamarbeit und effizienter Nutzung der Ressourcen der Gemeinschaft zu nutzen, ist natürlich ein absolut berechtigtes objektives Interesse" (ebd., eigene Übersetzung). Das Problem dieser Expert:innenorganisationen ist aber, dass sie sich häufig nur unwillig oder gar nicht koordinieren lassen. Sie verfolgen ihre eigenen Interessen und orientieren sich an ihren eigenen professionellen Werten, und denken daher, dass andere Akteur:innen im Feld nicht in der Lage sind einzuschätzen, ob das, was sie tun, auch das Richtige ist.

Kritik an Expertokratie

Wallace spricht damit die in der Vergangenheit auch in der Sozialen Arbeit viel kritisierte Borniertheit von Expert:innen und Professionellen an. Diese wurde insbesondere in den 1970er und 1980er Jahren intensiv vorgetragen und verhandelt, zum Beispiel in der Diskussion um die Entmündigung durch Expert:innen im Gesundheitsbereich und im Schulsystem (vgl. Illich 1979). Diese Kritik spricht sich massgeblich dafür aus, dass (auch heutzutage) im Bereich der Sozialen Arbeit die Bedeutung der Lebenswelt und der Eigensinn des Alltäglichen – mit all seinen Widersprüchen – ernster genommen wird (Thiersch 1978).

Auch wenn Wallace sich in seinem Beitrag dafür einsetzt, die besonderen Verdienste der Expert:innenorganisationen anzuerkennen, geht er doch von einer notwendigen Balance zwischen den beiden Organisationstypen aus. Er beschreibt dies als Antithese: „Diese Ziele sind zwar zulässig, aber vielfältig und allzu oft widersprüchlich. Wir alle wollen Demokratie. Wir alle erkennen den Wert einer wirklich demokratischen Beteiligung und Kontrolle an. Die einen von uns sind überwiegend an diesen Dingen interessiert. Auf der anderen Seite gibt es diejenigen, die zuvorderst an die Gesundheit, Bildung, Berufsberatung, Psychiatrie, psychische Gesundheit, Erholung oder an andere konkrete Vorteile für die Gemeinschaft glauben. Sie würden zur Erreichung ihrer spezifischen Ziele die Demokratie der technischen Effizienz unterordnen. Wir müssen verstehen, dass der Erfolg der Erreichung eines dieser Ziele häufig die Kehrseite des Erfolgs der Erreichung eines anderen Ziels ist. Was die Stärke einer lokalen Organisation aus Sicht der technischen Effizienz ist, kann eine Schwäche aus Sicht der lokalen demokratischen Organisation sein. Was aus Sicht der technischen Effizienz eine Schwäche sein kann, ist aus Sicht der geografischen Demokratie eine Stärke" (Wallace 1922, S. 319 f., eigene Übersetzung). Es geht ihm hier um den Widerspruch zwischen Demokratie und Expertise (Wallace 1922, S. 320). Wallace plädiert letztlich dafür, diese beiden Organisationsformen in ihrem jeweiligen Wert anzuerkennen und deren Zusammenarbeit gezielt zu fördern. Heute würde man in diesem Zusammenhang von Kooperation und Vernetzung sprechen.

Für Wallace ist klar, dass alle Expert:innenorganisationen, auch solche, die sich für das Organisieren selbst interessieren, ausgebildete *leader* oder Expert:innen benötigen. Dies sei für solche Expert:innenorganisationen selbstverständlich. Aber auch Gemeinwesenorganisationen bräuchten eine solche Art von Führung. Er argumentiert hier, dass ohne eine solche Expertise keine Entwicklungen angestossen würden, weil die durch demokratische Prozesse gefällten Entscheidungen häufig eben nicht den hohen Standards entsprächen, die durch Professionen mittlerweile erreicht würden. Daher müsste hier immer wieder der Ausgleich zwischen diesen verschiedenen Interessen gesucht werden. Ein zweites Problem bestünde darin, dass gerade kleineren *communities,* vor allem in ländlichen Regionen, nicht genügend finanzielle Mittel zur Verfügung stünden, um solche führenden Expert:innen zu bezahlen: „In einer bestimmten Nachbarschaft oder kleinen Gemeinschaft gibt es für gewöhnlich zu wenige Menschen, die eine Begeisterung für den spezifischen Zweck der Interessensvertretung zeigen, zu wenige Menschen, die das Geld haben, sie zu unterstützen, zu wenige mit einer grossen Vision, zu wenige, die die Notwendigkeit einer ausgebildeten Führung anerkennen, sodass gerade die lokale, nahe gelegene, allgemeine, weit verbreitete, demokratische Beteiligung an Politik und den Aktivitäten verschiedener Interessensvertretungen sowie deren Kontrolle nicht in den Nachbarschaften und den kleineren Gemeinschaften zu finden sind" (ebd., S. 317 f., eigene Übersetzung). Um ein Gemeinwesen aber gut organisieren zu können, braucht es eben beides: eine ausreichend finanzierte Infrastruktur mit Expert:innenorganisationen und eine demokratische Struktur, in der ein Interessensausgleich stattfindet. Dies gilt sowohl für die Stadtplanung als auch die Planungen im ländlichen Raum.

Anhand einiger Beispiele haben wir in diesem Kapitel aufgezeigt, dass in den Diskussionen der *National Conference of Charities and Correction (NCCC)* über gut 30 Jahre die heute getrennten disziplinären Perspektiven Stadtsoziologie, Gemeinwesenarbeit und Stadtplanung miteinander verschränkt waren. Durch diese verwobene Betrachtungsweise wurden die heute hintereinander liegenden oder zumindest voneinander getrennten idealtypischen Handlungsmodi Forschen, Arbeiten und Planen zusammengedacht. Daraus ergab sich für die in städtischen Zusammenhängen forschenden, arbeitenden oder planenden Personen ein Reichtum an Blickwinkeln und Handlungsmöglichkeiten, der sich auch im Studium der folgenden Originaltexte entfaltet.

Originalliteratur:

- Perry, C. A. (1935). Community Organization within the Housing Estate. In *Proceedings of the National Conference on Charities and Correction* (S. 654–667). Chicago, Ill.: The University of Chicago Press. Abgerufen von: https://quod.lib.umich.edu/n/ncosw/ACH8650.1935.001/675
- Burgess, E. W. (1924). Diagnosis of Community Problems. Can Neighborhood Work Have a Scientific Basis? In *Proceedings of the National Conference on Charities and Correction* (S. 406–411). Chicago, Ill.: The University of Chicago Press. Abgerufen von: https://quod.lib.umich.edu/n/ncosw/ach8650.1924.001/420
- Wallace, R. S. (1922): How do Local Community Organizations Function? Their Weakness and Their Strength. In *Proceedings of the National Conference on Charities and Correction* (S. 316–322). Chicago, Ill.: The University of Chicago Press. Abgerufen von: https://quod.lib.umich.edu/n/ncosw/ach8650.1922.001/329

6.4   Wohnen – Spielen – Öffentliches Leben & Parks

Der Diskurs zur Sozialen Frage und die Problematisierung des gesellschaftlichen Zusammenlebens Ende des 19. und Anfang des 20. Jahrhunderts war, wie aufgezeigt, immer auch ein Diskurs über die Stadt beziehungsweise über städtische Zusammenhänge (siehe Abschn. 6.3) – jedoch nicht nur verbunden mit der Forderung nach Forschung, Planung und Organisation städtischer Entwicklungen und Phänomene. Vielmehr provozierten die rasanten Umbrüche und Veränderungen grundlegende soziale Fragestellungen dahingehend, ob und wie gutes Wohnen unter beengten Bedingungen möglich ist, wie öffentliches Leben gestaltet werden kann und wie kindgerecht dieses Leben zu sein vermag. In diesen Auseinandersetzungen wurde eine Vielzahl von Zusammenhängen zwischen verschiedenen Erscheinungen, zum Beispiel zwischen ungesunden Wohngegenden und Hygieneproblemen, zwischen Jugenddelinquenz und Mietshäusern oder zwischen der Sauberkeit von Strassen und dem Spielen von Kindern, hergestellt. Betrachtet man diese Diskurslinien genauer, fällt auf, dass themenbezogen und quer zu heute vorherrschenden disziplinären Positionierungen diskutiert wurde. Exemplarisch und vergleichsweise früh lässt sich dieses Phänomen in der Diskussion der *Session „Neighborhood and Civic Improvement"* aus dem Jahr 1902 aufzeigen: Alle angesprochenen Themen des Diskussionsstrangs Wohnen – Spielen – Öffentliches Leben & Parks wurden miteinander verbunden.

Nach den Analysen von General Roeliff Brinkerhoff, Mitglied der *National Conference of Charities and Correction* und Vice-Präsident des *National Prison Congress* (zur Person, vgl. Social Welfare History Project 2012), gäbe es in vielen kleineren Städten zu wenig attraktive Parks und Grünflächen – dies hätte nach seinen Überlegungen negative Auswirkungen auf die sozialen Zusammenhänge einer Stadt. Am Beispiel seiner Heimatstadt Mansfield zeigt Brinkerhoff (Verschiedene Autor:innen 1902) die positiven Wirkungen eines sauberen Parks, in welchem Männer, Frauen und Kinder sonntags flanieren und picknicken würden und für Ausflüge nicht mehr wegfahren müssten, für das Funktionieren der Stadt als Ganzes auf: Ausgehend von ihren Erfahrungen mit einem attraktiven Park würden sich die Menschen eine schöne Stadt mit sauberen Strassen und Häusern wünschen. „Wir werden es nicht zulassen, dass die Strassen von Papier und Blechdosen übersät sind" (ebd., S. 473, eigene Übersetzung). Ähnlich argumentiert Julia C. Lathrop (1902) aus Chicago in ihrem Statement, in welchem sie die Fragen nach Sauberkeit, Ordnung *(order)*, Sicherheit und Annehmlichkeit in Verbindung mit dem Vorhandensein von Spielplätzen als wesentlichen Teil der grossen moralischen Frage einer Stadt bringt: „Die Frage nach der Sauberkeit und Ordnung, der Sicherheit und dem Wohlbefinden auf der Strasse ist gross – tatsächlich kann man problemlos die grosse moralische Frage einer Stadt noch hinzufügen" (ebd., S. 475, eigene Übersetzung). Ihrer Ansicht nach braucht es Spielplätze und kleine Parks in den dichten Innenstädten, denn die Anwesenheit von Kindern in den Strassen wäre ein wichtiger Indikator für eine gesunde Stadt. Hierzu müsste jedoch auch die negative Konnotation der Strasse für die kindliche Entwicklung durchbrochen werden. „Die Kinder müssen auf der Strasse sein. […] Wir erleben die alte Tradition der Verderbtheit und Gefahr auf der Strasse. Das Strassenkind ist ein Synonym der Vernachlässigung. Wir meinen die arme Strasse und das arme Kind. Jetzt ist die Strasse der interessanteste Ort der Welt. Jeder geht vorbei, alles passiert dort.

Es gibt immer den Reiz des Unerwarteten" (ebd., 475 f., eigene Übersetzung). Für eine gesunde kindliche Entwicklung sei die Strasse verlockend, unvermeidlich und legitim. Ziel der Anstrengungen müsse es deshalb sein, die Strassen gesund, lieblich und ordentlich zu halten – besonders die Strassen von Wohndistrikts *(tenement districts)*, in denen die arme Bevölkerung wohne. An diesem Punkt setzt Ellen H. Bailey aus Boston, Mass. (Verschiedene Autor:innen, 1902), an, welche einen deutlichen Zusammenhang zwischen Jugenddelinquenz und den Wohnbedingungen junger Menschen sieht: Jugenddelinquenz als Produkt ihrer Heime, den Mietwohnhäusern *(tenement houses)*. „Die dunklen, schlecht belüfteten, unhygienischen Gebäude, in denen die Familien zusammen untergebracht sind, sind Beweis genug, dass die Kinder, die aus diesen Häusern kommen, zwangsläufig sehr viele Dinge lernen, die unmoralisch und unsittlich sind, und dass sie in Institutionen, Heimen und Anstalten landen werden, die solche Kinder aufnehmen" (ebd., S. 477, eigene Übersetzung). Deshalb müssten die *tenement-house blocks* oder *neighborhoods* frei von «bösen Einflüssen sein, die zur Zerstörung der Kinder führen» (ebd.: 478, eigene Übersetzung). Für Reverend D.J. McMahon (ebd.) hat sich die Situation oder Umwelt – „böse Einflüsse, die so sehr zur Zerstörung der Kinder neigen" – in Mietwohnhäusern durch die städtischen Entwicklungen im Gegensatz zur Zeit, in der er ein Kind war, deutlich verschlechtert: „Als ich ein Kind im Mietshaus in dem Bezirk war, in dem ich heute als Pastor tätig bin, gab es viel Freiraum zum Spielen. [...] Wir pflanzten keine Kartoffeln und züchteten keine Rüben, aber wir hatten viel Platz zum Spielen und brauchten die Parks nicht" (ebd., S. 479, eigene Übersetzung). Durch die Asphaltierung der vergangenen Jahre hätten Kinder immer weniger Möglichkeiten auf der Strasse zu spielen und sich vor den „*cops*" zu verstecken. Gleichzeitig müssten sie ständig beaufsichtigt werden.

6.4.1 Wohnen – Die notwendige Bedingung für ein menschenwürdiges Leben

Mit der Industrialisierung und dem Wachstum der Grossstädte wurden die bürgerlichen, besser situierten Stadtbewohner:innen mit der sichtbaren Armut derjenigen konfrontiert, welche in die Stadt gezogen waren, um sich dort als Lohnarbeiter:innen zu verdingen, oder die aufgrund von Krankheit, Unfällen etc. nicht mehr in der Lage waren, sich selbst zu versorgen. Insbesondere die miserablen Wohnverhältnisse und die problematischen hygienischen Bedingungen in denjenigen Stadtteilen, die vor allem durch die von Armut Betroffenen bewohnt wurden, die sogenannten Slums, wurden von den Bürgerlichen sowohl als abschreckend als auch als faszinierend empfunden. Jacob Riis (1890) war einer derjenigen, die sich zur Aufgabe gemacht hatten, diese Wohn- verhältnisse zu dokumentieren (siehe Biografie von Riis in Abschn. 8.1.10). Er arbeitete als Journalist für verschiedene US-amerikanische Zeitungen und hat die sozialdokumentarische Fotografie massgeblich mitentwickelt. Bekannt wurde er mit seiner Publikation „*How the Other Half Lives*" (Wie die andere Hälfte lebt) aus dem Jahr 1890. Dieses Buch dokumentiert in sozialreformerischer Absicht, unter welchen Bedingungen die Menschen in diesen Slums wohnen müssen. Dabei verschränkte er geschickt Fotografien und Texte miteinander.

Sozialreportage als Mittel zur Dokumentation sozialer Probleme und Gesellschaftskritik
Ähnlich wie Riis gab es auch auf dieser Seite des Atlantiks Akteur:innen, welche die Wohnverhältnisse der Arbeiter:innen in den sich industrialisierenden Städten mit Bild und Schrift dokumentierten. So besuchte beispielsweise George Orwell, der heute noch durch seine populären Werke „Farm der Tiere" (1945), „1984" (1949) oder „Mein Katalonien" (1938) bekannte britische Autor, Anfang des vergangenen Jahrhunderts die nordenglische Stadt Manchester und ihr Umland. Er tat dies mit dem Auftrag, „an Ort und Stelle zu beobachten", wie Arbeiter:innen „im Alltag arbeiten und wohnen und überleben" (Orwell und Papst 1982, siehe Einband). Seine Beobachtungen und Notizen hielt er in einer Dokumentation mit dem Titel „Der Weg nach Wigan Pier" (1936) fest. Dieses heute als Sozialreportage bekannte Buch handelt von Anklage-Schriften gegen die vorherrschenden Verhältnisse bzw. gegen die Bourgeoisie, welche die Verantwortung für die Verelendung der Arbeiter:innen trägt. Neben der Analyse und Dokumentation der damaligen Wohn- und Arbeitsverhältnisse enthält die Schrift konkrete Forderungen nach strukturellen Veränderungen, Gerechtigkeit und Frei- heit für alle. Neben Orwell gilt auch Max Winter (1870–1937), der öster- reichische Journalist, Schriftsteller und Politiker, als Begründer der Sozialreportage im deutschsprachigen Raum. Viele seiner Reportagen, wie „Im dunkelsten Wien" (1904) oder „Soziales Wandern" (1911), sind detailreiche und realitätsnahe Beschreibungen sozialer Verhältnisse, welche diese aufdecken, die strukturellen Ungleichheiten sichtbar machen und über die sozialen Fragen aufklären sollten. Auf der Basis dieses spezi- fischen methodischen Zugangs zu sozialen Situationen ist heute ein ganzes

Genre der Sozialreportage entstanden, das Wissen „über die komplexen und in sich widersprüchlichen Zusammenhänge von gesamtgesellschaftlichen Strukturen, alltäglichen Lebensbedingungen, intersubjektiven Verständigungsweisen und der Herausbildung unterschiedlicher Formen von psychosozialer Handlungs-, Reflexions- und Genussfähigkeit" (Braun et al. 2009, S. 11) erarbeitet – mit dem Ziel, die Situationen zu verändern. Geblieben ist die Kombination unterschiedlicher Medien zur Dokumentation prekärer Lebenslagen, indem neben Bildmaterial auch andere Artefakte wie Geschichten, Listen, Statistiken, Schriftstücke, Briefe etc. gesammelt und die eigenen Eindrücke schriftlich festgehalten werden.

In seinem Beitrag „*What Bad Housing Means to a Community"* (Was schlechtes Wohnen für ein Gemeinwesen bedeutet) aus der *Session „Housing, Health and Recreation"*, den er auf der *National Conference of Charities and Correction* im Jahr 1911 hielt, arbeitet er mit eindrücklichen Geschichten und Anekdoten aus seinem Leben als Journalist. Im Gegensatz zu den anderen Texten, die wir hier als historische Quellen heranziehen, geht es uns bei Riis' Text nicht nur um die inhaltlichen Verbindungslinien, die in der Thematisierung von *communities* und *neighborhoods* aufgezeigt werden können, sondern auch um die Art der Darstellung, in der der Zusammenhang von moralischem Appell und empirischer Dokumentation sichtbar wird.

Er beginnt seinen Text wie ein Altvorderer, einer der sich schon früh um die Armen und deren Lebensbedingungen gesorgt hat, und der nun mit den neuen wissenschaftlichen Methoden der Vermessung von Armut nichts anfangen kann: „Für mich beschwören sie [die zwei Hefte, auf die er zu Beginn seiner Rede verweist, Anm. d. Übers.] auf eher unpassende Weise die Tage, an denen wir am Fundament arbeiteten, wie sie waren – unpassend deshalb, weil unsere Methoden im neuen wissenschaftlichen Licht sehr grob und ineffektiv gewesen sein sollen. Grob waren sie sicherlich; beim anderen bin ich mir nicht so sicher. Wir waren wie der Kaplan der Rough Riders, der mir sagte, dass seine Männer nicht viel mit Religion anfangen könnten, aber ‚sie können singen. Sie sollten sie singen hören'. Wir haben auch nicht viel mit der Wohnungsbaureform zu tun gehabt. Es gab nicht so viele Statistiken wie heute, und wir schienen sie damals auch nicht zu brauchen. Wir haben uns nicht besonders um den Anteil von Männern und Frauen und Kindern gekümmert, die die Slums bewohnten, in denen wir tätig waren. Ich gebe zu, dass mir bis heute, die $3^{1}/_{2}$ oder $4^{1}/_{2}$-Personen – die halben Personen, die sich dort zu verstecken scheinen –, Sorgen bereiten. Wir wollten, dass komplette Männer und Frauen aufwuchsen, die unser Land und unsere Stadt führen könnten, und wenn wir zehn oder dreizehn Leute in einem Raum oder in einem Keller fanden, wenn wir nachts unsere Runden drehten, machten wir die Behausung dicht und kaputt, falls möglich. Sie hätten uns singen hören sollen: Ein Hoch auf Columbia! Dank Roosevelt, der im Gesundheitsministerium war, konnten wir das. ‚Ihr wählt sie aus‘, sagte er, ‚und wir werden sie vernichten‘, und das taten sie, auf seinen Befehl hin" (Riis 1911, S. 313, eigene Übersetzung).

Alte und Neue Wohnungsfragen

Für immer mehr Menschen ist heute Wohnen als Grundbedürfnis wie auch als Voraussetzung zur Teilhabe in der Gesellschaft immer weniger gesichert, häufig prekär und mitunter auch notdürftig. Wohnen wird in vielerlei Hinsicht zur alltäglichen und lebenslaufbezogenen Heraus-forderung – trotz neuer Gestaltungsfreiheiten. Die ungelösten strukturellen Fragen lassen sich nicht allein mit einem wild gewordenen Wohnungsmarkt erklären, vielmehr reichen die Wurzeln tiefer. Seit einigen Jahren mehren sich deshalb die Hinweise, dass die sogenannte Wohnungsfrage zurück ist.

Die Wohnungsfrage kristallisierte sich im Rahmen der Industrialisierung in enger Verknüpfung mit der Sozialen Frage heraus, was nach marxistischen Vorstellungen bedeutete, dass „durch die Lösung der sozialen Frage, d. h. durch die Abschaffung der kapitalistischen Produktionsweise, [...] die Lösung der Wohnungsfrage möglich gemacht" würde (Engels 1964 [1872]), 243). Hintergrund war die Beobachtung, dass sich die Soziale Frage quasi räumlich abbildete (Reutlinger 2018). In der Sprache Engels bezeichnete man marode Häuser in benachteiligten Stadtteilen, in denen die Arbeiter:innen wohnten, als sogenannte „Brut-stätten der Seuchen, die infamsten Höhlen und Löcher", in die sie „Nacht für Nacht eingesperrt werden" (ebd.: 263). Bürgerlich konservative wie auch sozialreformerisch geprägte Lösungsmodelle im Widerstreit mit marxistischer Kritik mündeten schliesslich über sozial- und wohnpolitische Reformen in soziale Sicherungssysteme des Wohlfahrtstaats und auch in eine sozialstaatlich gelenkte und geförderte Wohnraumversorgung (siehe ausführlich Beck und Reutlinger 2019).

Die Motivation Riis ist dabei, wie die von vielen seiner Zeitgenoss:innen (Williams und MacLean 2015), die sich für soziale Reformen einsetzten, auch durch christliche Motive geprägt. Es geht ihm darum, Armut und die davon betroffenen Personen nicht zu quantifizieren, zum Beispiel in Form von Sterbe-raten von Kindern, sondern sie sowohl als Kinder Gottes als auch als zukünftige

Bürger:innen zu betrachten. Die ganzen Anstrengungen sollen, so Riis, letztlich dazu dienen, Gottes Welt auf Erden zu verwirklichen und dabei auf die Entwicklungskraft der Einzelnen zu vertrauen, wenn man ihnen die räumlichen und sozialen Möglichkeiten gibt, sich entsprechend zu entfalten (vgl. Riis 1911, S. 314).

In dem Hauptteil seines Beitrags geht er dann auf die Wohnverhältnisse in den Slums näher ein. Dabei verwendet er einen besonderen rhetorischen Kniff: Zu Anfang schildert er in kräftigen Bildern, wie die Wohnbedingungen in den Slums sich gestalten: „361.000 dunkle, sonnenlose, schlecht belüftete Räume wurden erfasst, Räume, in denen keine Kartoffelpflanze gewachsen wäre, da eine Pflanze Licht und Luft braucht, aber in denen die Jungen und Mädchen, die eines Tages die Metropolen Amerikas führen sollten, aufwuchsen, wenn sie wuchsen. Und damit Sie nicht denken, die Dämmerung sei der Grund, möchte ich Sie in den Worten des Verwalters des Mietshauses darauf hinweisen, dass es in den meisten Fällen überhaupt keine Fenster gab, nicht einmal eines, das mit einem anderen Zimmer in der Wohnung verbunden war. Sie mussten immer durch zwei, oft drei oder sogar vier Räume gehen, bevor Sie eines nach Aussen zur frischen Luft erreichten" (ebd., S. 315, eigene Übersetzung). Er führt dann weiter aus, wie diese Lebensbedingungen sich auf die Menschen auswirken: „Zehntausend Tote durch Tuberkulose jedes Jahr in New York – dreissigtausend gefesselt und angekettet, zur Schlachtbank geführt – fünftausend verstümmelte, schmerzgeplagte Kinder mit deformierten Gliedmassen in New Yorks Wohnungen, Opfer von Knochentuberkulose. Hunderttausend bleichgesichtige Kleinkinder warten darauf, dass sie an der Reihe sind, sagen uns unsere Ärzte. Das sind einige der Dinge, die schlechte Wohnbedingungen bedeuteten, noch heute in der grossartigsten Stadt in unserem christlichen Land bedeuten, und wir diskutieren über Steuersätze und Budgets, während die endlose Prozession der kleinen weissen Särge langsam aus den desolaten Häusern über die Fähren zu den Friedhöfen getragen werden" (ebd., S. 316, eigene Übersetzung). Diese dramatischen Zahlen dienen ihm als sozialdokumentarischer Fotograf nur dazu, seine eigentliche Geschichte besser ins rechte Licht zu rücken. Es geht ihm darum, zu verdeutlichen, wie es für diejenigen ist, die unter diesen Bedingungen in diesen Häusern wohnen müssen. Dafür zieht er ein Mädchen als Protagonistin herbei, das in einem Hinterhaus wohnt und das kaum jemals die Sonne zu sehen bekommt. Er lässt einen das Grauen fühlen, das ihn selbst überkommen hat, als er dorthin ging: „Es gibt noch ein anderes Haus, zu dem ich seit Jahren nicht mehr gegangen bin, weil mir der Mut fehlte. Es gibt viele, aber um dieses hier mache ich einen weiten Bogen. Es versetzte meinem Herzen einen solchen Stich, über den ich nie hinwegkommen sollte, obwohl es gegenüber anderen Dingen verhärtet ist. Es steht drüben in der Stanton Street. In einem Hinterhaus stiess ich auf die Wohnung eines polnischen Hutmachers, in der eine müde Frau und ein bleiches zwölfjähriges Mädchen sich bemühten, es heimisch zu machen. Ein kleiner Junge stand am Fenster, drückte seine Nase gegen die Scheibe und sah sehnsuchtsvoll zu den Schornsteinen hinauf, wo ein Stück blauer Himmel, so gross wie die Küche, zu erkennen war. Ich sagte zu der Mutter, dass dies schöne Zimmer seien, und das stimmte, wenn sie sie in Ordnung halten kann. ‚Oh, ja‘, sagte sie mit dem geduldigen Lächeln der stets lange aufgeschobenen Hoffnung, ‚aber es ist schwer, sich hier zuhause zu fühlen. Wir würden so gerne im Vorderhaus wohnen, aber wir können die Miete nicht bezahlen‘. Die düstere Strasse war mir bekannt und ich sagte etwas über den Luftschacht – man konnte es kaum Hof nennen –, was mich selbst überraschte, doch das Mädchen, das zugehört hatte, unterbrach mich eifrig: ‚Warum, sie haben dort Sonne. Wenn du die Tür öffnest, scheint das Licht direkt in dein Gesicht!‘ ‚Sie scheint niemals hier rein?‘, fragte ich und wünschte sofort, ich hätte es nicht getan, da das Kind am Fenster zuhörte, in seinen Augen seine ganze kleine hungrige Seele. Doch, das tue sie, sagte sie; einmal im Sommer stehe sie für einen Moment über den Häusern. Sie kannte den genauen Monat und die genaue Stunde, in der die Sonne in ihre Wohnung leuchtet, und auch den Punkt an der Wand, zu dem die Strahlen reichen. Sie lebten dort bereits seit sechs Jahren. Im Juni kam die Sonne. Eine quälende Angst, dass das Kind fragen würde, wie lange es noch dauerte bis Juni, nahm von mir Besitz, und ich wechselte schnell das Thema. Damals war es Februar" (ebd., S. 316 f., eigene Übersetzung). Dieses Bild eines Kindes, das nur einmal im Jahr die Sonne sehen kann, kontrastiert er sodann mit einem Kind auf Long Island, das voller Bewunderung einen Sonnenuntergang beobachtet und seiner Mutter mitteilt, dass Gott ein toller Maler sei. Für Riis besteht darin die Sünde der Menschen: Dass Gott die Welt in solcher Schönheit entworfen hat, von der aber die Menschen in den Slums ausgeschlossen werden. Riis beschliesst daher auch folgerichtig seinen Beitrag mit einer längeren Diskussion darüber, wer denn eigentlich diejenigen seien, die als „*unfit*" (untüchtig) gelten würden: Sind es die von Armut Betroffenen oder diejenigen, die von diesen Menschen und ihrer Armut profitieren? Es ist natürlich klar, dass es aus seiner Sicht der selbstsüchtige Reiche ist, der hier als untüchtig qualifiziert werden muss. Um seine Zuhörer:innen jedoch nicht mit solchen dunklen Bildern zu entlassen, erzählt er zum Abschluss noch das Gleichnis zweier Brüder, die sich in ihrer Verschiedenheit anerkennen und sich gegenseitig etwas geben, ohne voneinander zu wissen. Es ist diese christlich-brüderliche Hingabe, die er als sinnbildlich und als vorbildgebend für die Soziale Arbeit betrachtet.

6.4.2   Spielen – Das Kind und sein (sichtbarer) Zustand als Ausgangspunkt und Gradmesser sozialer Fragestellungen

In den Analysen weiterer *NCCC-Sessions* wird deutlich, dass viele soziale Fragen, wie etwa zu Armut, Kriminalität oder Wohnverhältnissen mit dem Fokus auf Kinder respektive dem, was „das Kind" benötigt oder benötigen würde, diskutiert werden. Beengte und ungesunde Wohnverhältnisse, schwierige ökonomische Situationen, familiäre Konfliktkonstellationen, Missbrauch und Gewalt sowie kein Platz zum Spielen treiben die Kinder auf die Strasse. Jedoch wird auch festgestellt, dass Kinder auf der Strasse vielen gefährlichen und gefährdenden Einflüssen ausgesetzt sind (Kelley 1906; Perry 1935, S. 654). Deshalb verfolgen viele Massnahmen und Beiträge das Ziel, Kinder von der Strasse wegzuholen und sie in der Schule oder auf für sie vorgesehenen Spielplätzen „unterzubringen". In sozialer Hinsicht geschieht das über neue Gesetzgebungen, die unter anderem Kinderarbeit verbieten, Altersgrenzen festlegen und das Strafmass für Eltern erhöhen. „Der Strassenhandel umfasst in Bezug auf Kinder nicht nur das Verkaufen und Austeilen von Zeitungen und Zeitschriften, sondern auch den Handel mit verschiedenen Artikeln, den Verkauf von Waren auf den Märkten, das Polieren von Schuhen, die Begleitung von Bettler:innen und das Zünden der Strassenlaternen" (Clopper 1910, S. 137, eigene Übersetzung). In den Ausführungen von Florence Kelley von 1906 zu *„The Moral Danger of Premature Employment"* zeigt die Vertreterin des *Hull House* das Dilemma von Kindern auf, die schon in frühen Jahren Erwerbstätigkeiten auf der Strasse nachgehen und dadurch einen wichtigen Beitrag fürs familiäre Einkommen aber auch für die Volkswirtschaft beitragen mussten. Für sie ist es heuchlerisch, sichtbare Kinderarbeit auf der Strasse, wie die von Zeitungsjungen, zu verbieten, jedoch nichts gegen die unsichtbare Kinderarbeit in Wohnhäusern zu unternehmen. „Solange wir zulassen, dass in den Wohnhäusern von New York City gearbeitet wird, werden die Kinder weiterarbeiten. Wir werden sie nie befreien und während des Unterrichts in die Schulen oder nach dem Unterricht nach draussen zum Spielen bringen können, wenn wir diesen Schädling nicht endgültig aus dem Leben der Armen vertreiben, den Zwang, in ihren Küchen und Schlafzimmern der Arbeit nachzugehen. […] Es gibt noch eine andere praktische Sache. Niemand in diesem Raum ist derzeit frei von der Anklage der Mittäter:innenschaft an Kinderarbeit. Es gibt niemanden, der sagen kann: ‚Mein Gewissen ist rein; ich trage in diesem Moment kein Produkt, das durch die Arbeit eines Kindes entstanden ist'. Die Kinder befinden sich in Schuhfabriken und Hutfabriken und in fast allen anderen

Arten von Fabriken, die die Dinge herstellen, die wir tragen, und die meisten Dinge, die wir essen; sie sind in den Geschäften und verkaufen Dinge, die wir kaufen. Solange wir nicht energisch und wirksam dagegen protestieren, was sind wir dann anderes als Heuchler:innen, wenn wir ein echtes Interesse am Leben der arbeitenden Kinder und den Versuchungen, denen sie ausgesetzt sind, nur vorgeben" (Kelley 1906, S. 159/164, eigene Übersetzung).

Angesichts dieser sozialen Verhältnisse, die wir heute aus Städten kennen und der sogenannten Dritten Welt zuordnen, scheinen die damals vielfach diskutierten Lösungen, das heisst, die Schaffung von Orten für das kindliche Spiel unter freiem Himmel *(outdoor play spaces),* mitunter vereinfachend.

> **Kindgerechte Gemeinden und Städte – Kinderstädte**
> *Städte sind immer weniger in der Lage, auf die unterschiedlichen Bedürfnisse der Bewohner:innen einzugehen. Spezialisierung und Differenzierung der Funktionen führen zur Zerlegung einzelner Orte in der Stadt – im Mittelpunkt stehen die Bedürfnisse der Erwachsenen und Arbeitenden. Der ursprüngliche Charakter als Orte der Begegnung geht verloren. Für Kinder haben diese Veränderungen negative Konsequenzen, indem sie in ihrer Entwicklung, im Erkunden, in Abenteuern und beim Spielen eingeschränkt sind. Verschiedene Initiativen und Aktionen versuchen, diesen negativen Entwicklungen etwas entgegenzustellen, wie exemplarisch in der Schweiz, wo die Stiftung UNICEF Gemeinden das Label „Kinderfreundlichkeit" verleiht, wenn sie Massnahmen für Kinder – auch bei der Gestaltung des öffentlichen Raums – umsetzen. In südeuropäischen Ländern werden wiederum beispielsweise unter dem Motto „Ciudad de los niños" die Bedürfnisse eines fünfjährigen Mädchens zum Ausgangspunkt aller städtischen Entwicklungen gemacht. Die dahinterstehende Idee lautet: „Eine geeignete Stadt für Kinder ist eine gute Stadt für alle Bewohnenden"* (Francesco Tonucci 1997).

Argumentiert wurde beispielsweise, dass es zu wenig geeignete Orte für Kinder beziehungsweise das kindliche Spiel gäbe – weder innerhalb der Wohnungen noch ausserhalb unter freiem Himmel im Wohnumfeld des öffentlichen Wohnbaus. „Es fehlt im Allgemeinen an Platz zum Spielen im Freien, und die Innenräume sind nicht gross genug für ein normales soziales Leben zu Hause" (Perry 1935, S. 657 f., eigene Übersetzung). Deshalb müssten Spiel- und Sportplätze

im Wohnumfeld oder auf dem Schulhof geschaffen werden, aber auch innerhalb der Wohnungen und Häuser mehr Platz für das kindliche Spiel eingeplant
werden. Hierfür wurden Kennzahlen genau ausgearbeitet und benennbar gemacht
(ebd.). „Spielplätze, die für Spiele und als Aufenthaltsort von Kindern von unter
vierzehn Jahren geeignet sind, sind unverzichtbar und sollten im Rahmen jedes
Wohnprojekts eingerichtet werden. In vielen Fällen werden die kleineren Spielplätze und alle Inneneinrichtungen, mit Ausnahme derjenigen, die in Mehr-
familienhäusern untergebracht sind, von einer öffentlichen Schule bereitgestellt"
(ebd., S. 659, eigene Übersetzung).

Neben der Problemanalyse werden auch die Herausforderungen sozialer
Bewegungen verhandelt, welche die Situation in den Städten zu verbessern ver-
suchten. „Als die Stadt klein war, gab es ausreichend Freiraum; und es war immer
möglich, auf die Felder auszuweichen. Als die Stadt begann, enger zusammen-
zuwachsen, und die Gebäude sich dichter aneinanderdrängten, kam es zu einer
systematischen Bewegung hin zur Errichtung kleiner Parks und Spielplätze" (Verschiedene Autor:innen 1902, S. 485, eigene Übersetzung).

Eine wichtige Rolle spielte die damalige *„Playground Association of
America"* (siehe bspw. Braucher 1910), welche die sozialen Problemlagen
hinter der Spielraumfrage ganzheitlich und in ihrer Komplexität betrachtete:
„Die wirtschaftlichen Probleme, denen sich der:die Sozialarbeiter:in nicht entziehen kann. Die Bedingungen, unter denen die Frauen in seiner:ihrer Nachbarschaft arbeiten, zwingen ihn:sie zur Zusammenarbeit mit der Liga der
Konsument:innen. Die Probleme der Tuberkulose, der Wohnsituation und der
Kinderarbeit sind offensichtlich, und der:die Sozialarbeiter:in erkennt, dass er:sie
diese Probleme verstehen und mit diesen nationalen Bewegungen in Kontakt
bleiben muss, wenn seine:ihre Arbeit wirksam sein soll. Die Notwendigkeit, dass
die Sozialarbeiter:innen auch die Spielprobleme verstehen müssen, ist für viele
nicht offensichtlich. Zwei grosse und grundlegende Weltanschauungen haben
sich oft durchgesetzt – wenn nicht in der Theorie, so zumindest in der Praxis:
1) Spielen ist eher Luxus als Notwendigkeit. 2) Spielen ist nur für Kinder. [...]
Der:die Sozialarbeiter:in beginnt zu erkennen, dass der Grund für seine:ihre
eigene Ineffizienz oft darin besteht, dass er:sie es versäumt hat zu spielen, und
er:sie sich über das universelle Gesetz gestellt hat, dass ein effizientes Leben nur
dort möglich ist, wo es Arbeit, Spiel und Erholung gibt" (ebd., S. 221, eigene
Übersetzung).

Drei Jahre zuvor begründete Henry S. Curtis (1907), der Sekretär der
Playground Association of America in seinem Beitrag *„The Playground"* aus
der *Session „Children"*, die Anfänge und Anlässe dieser sozialen Bewegung,
indem er auf die unterschiedlichen Entwicklungen in europäischen Ländern und

in den Vereinigten Staaten von Amerika hinweist (siehe Biografie von Curtis in Abschn. 8.1.4). „In Amerika haben wir geglaubt, dass der Spielplatz in erster Linie für die Kinder der Armen da ist" (ebd., S. 280, eigene Übersetzung), während man in Europa eher von einem gesamtgesellschaftlich zu bearbeitenden Phänomen ausgeht. Dahinter sieht er zwei Ursachen oder Quellen: „ein sorgfältigeres Studium und besseres Verständnis für die Kinder und zweitens ein neuer bürgerlicher Geist, ein neues Verantwortungsbewusstsein des Menschen für seinen Nächsten und das der Starken für die Schwachen (ebd.: 280, eigene Übersetzung). Hinzu kommt gemäss Curtis ein neues Gesundheitsverständnis und die Einsicht, dass die Gesundheit aller Menschen und besonders derjenigen von Kindern vom Leben an der frischen Luft abhängt (ebd.: 281). Das Spiel an der frischen Luft sei die beste Prävention gegen gesundheitliche Schäden und Krankheiten, wie Tuberkulose. In seiner Analyse greift Curtis ebenfalls das erwähnte Motiv der schnellen und unkontrollierten Stadtentwicklung und das Verschwinden des gesunden Lebens auf dem Dorf auf (siehe Perry 1935) – auf dem Land gebe es die notwendige Infrastruktur, das bedeute offene Felder zum Durchwandern, Flüsse, um darin zu schwimmen und zu fischen, oder Wälder, um darin zu jagen oder diese zu entdecken. „Mit der rasanten Entwicklung der Stadt sind diese Anlagen zur Erkundung und für das Abenteuer der meisten Stadtjungen zu weit weg" (Curtis 1907, S. 282, eigene Übersetzung). Kinder seien dazu verdammt, sich auf den heissen, staubigen und gefährlichen Strassen der grossen Städte aufzuhalten, ohne eine Beschäftigung zu haben (ebd.). Die Strassen, „mit ihren Schlägereien und Möglichkeiten, sich Lastern und der Gesetzlosigkeit hinzugeben", sieht er als *„school of crime"* (ebd., eigene Übersetzung). Jedes Spiel auf der Strasse sei fast immer gegen das Gesetz, „das Kind wurde zum Gesetzesbrecher gemacht, indem es seinem grundlegendsten Bedürfnis nachgab" (ebd.: eigene Übersetzung). Das kindliche Spiel in der Strasse zerstöre schliesslich, so Curtis, das nervöse System der gesamten *„community"*. Deshalb bedürfe es der Einrichtung von Spielplätzen – entsprechend dem jeweiligen Alter respektive der Altersphase der Kinder sehen diese anders aus. „Diese [...] Phasen erfordern drei unterschiedliche Typen von Spielplätzen, die in den meisten unserer Grossstädte in mehr oder weniger entwickeltem Zustand zu finden sind, wobei zwei Arten oft kombiniert werden. Der Spielplatz für kleine Kinder muss nicht gross sein und ist oft der Hof des Hauses oder der Schulhof. Der zweite Spielplatztyp muss gross genug sein, um Rennen und kraftvollere Spiele zu ermöglichen, als sie normalerweise auf dem Schulhof möglich sind. Dieser Typ entspricht im Allgemeinen dem sogenannten städtischen Spielplatz. Der dritte Typ ist der Sportplatz, der von beträchtlicher Grösse sein muss, um Fussballspiele, Baseball usw. zu ermöglichen. Er befindet sich in der Regel in den Parks" (Curtis 1907: 285, eigene Übersetzung).

6.4.3 Öffentliches Leben & Parks – Die Wiederherstellung des Gemeinwesens im öffentlichen Raum

Das öffentliche Leben ist, so Perry, gerade in Stadtteilen oder Nachbarschaften, die durch öffentlichen Wohnungsbau *(public housing)* beeinflusst sind, durch Anonymität und eine fehlende Gemeinschaftskultur geprägt. In seinem Beitrag aus dem Jahr 1935, dessen Anfang wir bereits bezüglich des Themas Stadt referiert haben (siehe Abschn. 6.3), führt Perry weiter aus, wie dieses öffentliche Leben durch die gezielte Etablierung von Organisationen und durch spezifische Interventionen aufgebaut und gesteuert werden kann. Ein wichtiger Hebel ist dabei die Förderung von freiwilligen Assoziationen, also Clubs, Vereinen, Stiftungen etc. Hier sieht er die Aufgabe und Verantwortung bei den Fachkräften, die das Gemeinwesen organisieren sollen. Der Ansatzpunkt liege in den Interessen der Mitglieder der *community,* die der:die *community organizer* fördern könne, indem er:sie konkrete Orte beziehungsweise Räumlichkeiten anböte, in denen sich die Mitglieder der Nachbarschaft treffen könnten. Eine weitere Möglichkeit bestünde darin, ihnen den Zugang zu Einrichtungen zu erleichtern, in denen sie ihren Aktivitäten nachgehen könnten. Schliesslich dürften Anreize gesetzt werden, wie das Vergeben von Preisen, die dazu anregen würden, dass sich mehrere Mitglieder der Nachbarschaft zusammentäten.

Ein weiterer wichtiger Bestandteil der Infrastruktur in den *communities* von Grossstädten seien Gemeinschaftseinrichtungen, die jedoch bislang in den meisten Stadtvierteln fehlen würden. Perry nennt hier eine ganze Reihe von Einrichtungen, die gemeinsame Aktivitäten draussen und drinnen ermöglichen könnten: Dazu gehören Fussballfelder, Spielplätze, Sandkästen, Theaterbühnen, Sporthallen, Kindergärten, öffentliche Schulen, Gemeinschaftsräume in den Mietshäusern, öffentliche Bibliotheken u. v. m. Die Schule würde in der Errichtung einer solchen Infrastruktur ausserdem eine zentrale Rolle spielen (siehe auch Abschn. 6.2). Sie sollte im Zentrum des jeweiligen Stadtteils stehen.

Neben dieser baulichen Infrastruktur bedürfe es aber auch eines professionellen Managements der öffentlichen Einrichtungen *(„general administrative policy").*[15] Als zentrale Leitmaxime schlägt Perry vor, so wenig Bürokratie *(„red-tape")* und so viel Freiheit wie möglich zu gewährleisten. Dabei gehe es – ganz im Sinne von Hilfe zur Selbsthilfe – um die Unterstützung derjenigen, die Interessen und neue Ideen für Aktivitäten einbringen würden. Gleichzeitig beschreibt Perry detailliert,

---

[15] Unter *policy* kann hier sowohl das methodische Vorgehen als auch das Regelwerk verstanden werden, das die Nutzungsweisen vorgibt.

wie professionelle *community organizer* die korrekte Nutzung der Einrichtungen überwachen und fördern sollen, was bei der Erstellung einer Gebührenstruktur zu berücksichtigen sei, oder dass ein beratendes Komitee der Anwohner:innen implementiert werden soll usw.

Öffentlicher Raum

Was ist öffentlicher Raum? Wem gehört der öffentliche Raum? Und wie kann Öffentlichkeit verhindert bzw. gefördert werden?

Der Begriff des öffentlichen Raums ist in den letzten Jahren zu einem prominenten Schlagwort geworden, das in ordnungs-, sicherheits- und sozialpolitischen Debatten oft und gerne verwendet wird. Auf der einen Seite findet sich das Argument, kein Mensch dürfe aus dem öffentlichen Raum «vertrieben» werden, eben weil er öffentlich sei. Auf der anderen Seite wird wiederum argumentiert, konkrete Personen dürften sich in bestimmtem öffentlichen Raum nicht aufhalten, damit er öffentlich und für andere zugänglich bleibe (vgl. Fritsche und Reutlinger 2015). Heute wird also immer wieder darüber diskutiert, wem der öffentliche Raum gehöre – wer also in welcher Art und Weise öffentliche Räume für seine Interessen beanspruchen dürfe und wer aus welchen Gründen nicht. Diese Fragen sind aktueller denn je, besonders mit Blick auf die zunehmende Anzahl von Massnahmen im öffentlichen Raum, die sowohl von grösseren Städten als auch kleineren Gemeinden in den letzten Jahren gegen «Formen der Unordnung» ergriffen wurden. Hierzu zählen Aktionen wie Präventionskampagnen gegen Gewalt und Littering, Aufstockung der (Jugend)Polizei, Anpassung von Gesetzen und Platzordnungen sowie nicht zuletzt die Videoüberwachung bestimmter Orte.

Es gibt Gruppen, die auf den öffentlichen Raum angewiesen sind, da ihnen kaum andere Treffpunkte und Aufenthaltsorte zur Verfügung stehen. Entgegen weit verbreiteten Vorstellungen über die Funktionen des öffentlichen Raums, wie beispielsweise im Sinne einer «Visitenkarte» für die Stadt oder als Flaniermeile des «Sehens-und-Gesehen-Werdens», sind es traditionelle Ansätze der Sozialen Arbeit, das heisst der aufsuchenden Jugendarbeit und der Street Work, *die die Perspektive der an den Rand gedrängten Gruppen einnehmen: Der öffentliche Raum kann für eine obdachlose Person das «Wohnzimmer», für eine Strassenverkäuferin oder einen Sexarbeiter einen Arbeitsort, für Kinder einen Spielort oder für Jugendliche einen Treffpunkt sein. Sie nutzen deshalb die Offenheit exponierter Orte im öffentlichen Raum, indem sie eine Fussgängerpassage, eine Gruppe Parkbänke oder ein Häuschen einer Haltestelle für ihre Bedürfnisse und als Treffpunkt umfunktionieren.*

> *Durch die «Vertreibung» bestimmter Gruppen aus dem öffentlichen*
> *Raum, wird zwar das «öffentliche Ärgernis» über solche Störungen ein-*
> *gedämmt, die dahinterliegendenden Bedürfnisse und individuellen*
> *Problemlagen benachteiligter Gruppen werden jedoch nur verdeckt.*
> *Thematisiert werden müsste vielmehr die durch die offensichtlichen*
> *Problemlagen verhüllten sozialpolitischen Aufgaben, die nicht nur über den*
> *öffentlichen Raum gelöst werden können. Insofern ist öffentlicher Raum*
> *immer wieder ein Gradmesser für gesellschaftliche Themen, die jedoch auf*
> *einer anderen Ebene angegangen werden müssten.*

Schliesslich werden auch neue Organisationen benötigt, um das öffentliche
Leben zu befördern. Eine zentrale Organisation ist aus Perrys Sicht die
Bewohner:innen-Kooperative, in der alle Mitglieder der *community* involviert
sind. Diese sollte so viele Unterabteilungen haben, wie es Wohnhäuser gibt,
um möglichst alle über die Aktivitäten des Stadtteils zu informieren. Darüber
hinaus würden sich zahlreiche Möglichkeiten ergeben, weitere Organisationen zu
etablieren, in denen Freizeit-, Bildungs- und Sportaktivitäten ermöglicht würden.

Perry geht davon aus, dass das Zusammenspiel dieser verschiedenen Elemente
das erreichen könne, was bislang immer wieder gescheitert sei: nämlich das
Gefühl des Zusammenhalts wiederherzustellen, der unter den Bedingungen
der Slums zusammengebrochen sei: „Die für diese Aufgabe erforderlichen
Instrumente sind, wie bereits erwähnt, die Gemeinschaftseinrichtungen, und
die Methode ist die der Gemeinschaftsorganisation. Auf dem Spielplatz und im
Sozialraum, im Auditorium oder im Klassenzimmer treffen die Mieter:innen ihre
Nachbar:innen und lernen sie kennen. Der Bekanntheitsgrad einer Familie hängt
stark von der Anzahl und Vielfalt der Vereinigungen ab, denen die Familienmitglieder beitreten. Der blosse Akt, ein Wohnprojekt zu realisieren, ihm
einen besonderen Namen zu geben und es mit einer ausgewählten Gruppe von
Mieter:innen zu besiedeln, schafft bereits die Grundlage für ein Gemeinschafts-
bewusstsein. Ob sie es wünschen oder nicht, die Mieter:innen gehen alle eine
gemeinsame Bindung ein" (Perry 1935, S. 665, eigene Übersetzung). Diese Verbindungen wiederherzustellen und somit ein öffentliches Leben zu gestalten,
erscheint ihm als die zentrale Herausforderung einer Gemeinwesenarbeit zu sein.

Die relevanten Aufgaben, die der Stadtplaner Perry für die Gemeinwesenarbeit formuliert, machen nochmals die Verschränkung der damaligen Sicht
auf die Frage deutlich, wie Städte gestaltet werden sollen, damit sie für Kinder
lebbar sind, oder in der ein öffentliches Leben überhaupt entstehen kann. Zwar
benötigt man eine bewusste physische Gestaltung von Orten, von Spielplätzen,
Parks oder Treffpunkten, um überhaupt die Voraussetzungen dafür zu schaffen,

was dort in sozialer Hinsicht stattfinden kann: Wohnen, Spielen, Erholung, Interaktion, Austausch. Doch dies ist nicht hinreichend. Zusätzlich bedarf es einer konsequenten Verschränkung mit Akteur:innen, die Kinder bei diesem Spielen begleiten, Erwachsene beim Wohnen unterstützen, oder die dazu beitragen, dass unterschiedliche Personen zusammenkommen. Es geht also nicht nur um die professionell gerahmte Bespielung der physischen Welt, sondern vielmehr darum, das Soziale immer wieder in der Planung mitzudenken – von Anfang an und nicht erst, wenn eine Stadt schon fertig gebaut ist.

Originalliteratur:

- Verschiedene Autor:innen. (1902). Discussion on Neighborhood and Civic Improvements. In I. C. Barrows (Hrsg.), *Proceedings of the National Conference on Charities and Correction* (S. 473–486). Boston, Mass.: Geo. H. Ellis. Abgerufen von: https://quod.lib.umich.edu/n/ncosw/ACH8650.1902.001/496
- Riis, J. (1911). What Bad Housing Means to the Community. In A. Johnson (Hrsg.), *Proceedings of the National Conference on Charities and Correction* (S. 313–319). Fort Wayne: The Fort Wayne Printing Company. Abgerufen von: https://quod.lib.umich.edu/n/ncosw/ACH8650.1911.001/336
- Curtis, H. S. (1907). The Playground. In A. Johnson (Hrsg.), *Proceedings of the National Conference on Charities and Correction* (S. 278–286). Indianapolis Ind.: Press of WM. B. Burford. Abgerufen von: https://quod.lib.umich.edu/n/ncosw/ACH8650.1907.001/301

6.5   Soziale Ressourcen & soziale Reformen

Die Analyse von Schlüsseltexten der *National Conference of Charities and Correction (NCCC)* hat eine Reihe von Themenbereichen und Diskussionszusammenhängen aufgezeigt, die in den einschlägigen Rekonstruktionen der Gemeinwesenarbeit heutzutage kaum auftauchen (siehe oben). Wir haben diese Vielstimmigkeit und Vernetztheit in fünf sich überschneidende Themenzusammenhänge eingeteilt und dabei verdeutlichen können, dass zunächst einmal nicht nur die Protagonist:innen der Settlement-Bewegung zur Thematisierung von *community* und *neighborhood* beigetragen haben. Vielmehr finden wir in den *NCCC* ab 1902 zahlreiche *Sessions* und Vorträge, die dieses Themengebiet aus der Perspektive der Sozialen Arbeit in Familien verhandeln, besonders von den *Charity Organization Societies*. Hier zeigt sich eine stärkere Thematisierung weiterer sozialer und gesellschaftlicher Verbindungen, die bis dahin unbe-

rücksichtigt blieben. Wichtige Antriebsfeder war in diesem Kontext die verstärkte Problematisierung von Immigration in die USA, aber auch von *race*. Die
kulturelle Diversität der Grossstädte wird somit als eine Herausforderung für
die gezielte Gestaltung, Förderung, aber auch Kontrolle von *communities* und
neighborhoods betrachtet.

Des Weiteren zeigt unsere Analyse auch, dass *community* und *neighborhood*
keineswegs nur im Fokus einer sich etablierenden Profession der Sozialen Arbeit
liegen. Im Gegenteil, die *NCCC* signalisieren, dass insbesondere im Bereich der
sozialwissenschaftlichen Empirie *communities* und *neighborhoods* in den Vordergrund rücken und Forschungen diese Bereiche gesellschaftlichen Lebens stärker
ausleuchten. Die „Stadt" wird zu einem zentralen Brennpunkt sozialwissenschaftlicher Problemkonstruktionen und ebnet den Weg dafür, dass nicht nur
mehr Wissen über soziale Prozesse in Bezug auf *communities* und *neighborhoods*
generiert wird, sondern auch neue Organisations- und Ordnungsfragen gestellt
und Handlungsprogramme initiiert werden.

Die Frontstellung zwischen gemeinwesenorientierten Sozialreformer:innen,
den Settlement-Leuten, auf der einen Seite und Sozialarbeiter:innen, die sich auf
das Individuum konzentrieren und *Social Case Work* betreiben, auf der anderen
Seite, präsentiert sich beim Blick in die Diskussionen im Rahmen der *NCCC*
als eine vereinfachte Darstellung. Die hier im Folgenden ausgewählten vier
Texte zeigen, dass die Bedeutung des sozialen Kontextes und die Notwendigkeit
sozialer Reformen auch und gerade im Kontext der Einzelfallarbeit in den USA
weit verbreitet sind. Insbesondere rücken dabei die Ressourcen dieser sozialen
Zusammenhänge, also der Nachbarschaft oder der Stadtteile, stärker in das Sicht-
feld. Diese Fokusverschiebung hat dann zur Folge, dass auch die Organisationsformen und die Koordination der zahlreichen Einrichtungen stärker diskutiert
werden. Diese Verbindungslinie zwischen sozialen Ressourcen und sozialen
Reformen soll mit den ausgewählten Beiträgen von und über zwei herausragende
Akteurinnen der Sozialen Arbeit im ersten Drittel des 20. Jahrhunderts, Jane
Addams und Mary Richmond (siehe beide Biografien in Abschn. 8.1), herausgearbeitet werden. Um hier die Verbindungslinien zwischen diesen beiden
Positionen besser herausstellen zu können, wird unter beiden Überschriften
jeweils ein Text von Addams und Richmond vorgestellt.

6.5.1   Soziale Ressourcen – Die sozial-ökologische Einbettung der Menschen

Jane Addams gilt als die zentrale Protagonistin einer Form von Sozialer Arbeit,
die sich nicht länger am einzelnen Individuum orientiert, sondern den sozialen

Kontext, insbesondere *community* und *neighborhood,* in den Mittelpunkt der Sozialen Arbeit rückt (siehe Biografie von Addams in Abschn. 8.1.1). Sie leitete 1904 die *Session* zu „*Neighborhood Improvement"* mit einem kurzen, gleich-namigen Vortrag ein. Hier erzählt sie genau jene Geschichte über die Settlements, die seitdem in unterschiedlichen Varianten wiederholt wird: Die althergebrachte Fürsorge *(„old fashioned charity")* orientierte sich an dem Individuum, letztlich kümmerte sie sich sogar nur um Frauen und Kinder. Erst langsam – und darin sieht sie das Verdienst der *Charity Organization Societies* – wird die Bedeutung der Familien sichtbar. Sie zitiert hier eindrücklich Mary Richmond, die darauf hingewiesen hat, wie fatal es sei, wichtige Personen – hier: der Vater – in der Familie einfach zu negieren.[16] Doch Addams betont, dass die Perspektive noch stärker geweitet werden müsse: Sie weist auf den Umstand hin, dass auch die Familie eingebettet sei, nämlich in eine Nachbarschaft und in eine *community,* die die Entwicklung von jungen Menschen negativ beeinflussen könne.[17]

Diese Verschiebung des professionellen Blicks – vom Individuum auf die Familie und schliesslich hin zur Nachbarschaft – wird als quasi-natürliche Bewegung dar-gestellt. „So sind diejenigen, die sich um die soziale Besserstellung kümmern, zu dem Schluss gekommen, dass den Einrichtungen, die sich für die:den Einzelne:n und die Familie einsetzen, Einrichtungen an die Seite gestellt werden sollten, die die Bedingungen in den Nachbarschaften als Ganzes oder der Bezirke als solche untersuchen, um zu zeigen, was für einen Bezirk getan werden kann, um bestimmte Stigmata, bestimmte Versuchungen, bestimmte Reputationen zu entfernen" (Addams 1904, S. 457, eigene Übersetzung). Es ist dabei wichtig zu beachten, dass Addams keineswegs Einzelfall- und Familienhilfe gegen die Arbeit in der Nachbarschaft aus-spielt, sondern diese in einem Komplementärverhältnis sieht: Die verschiedenen Formen der Sozialen Arbeit gehören aus ihrer Sicht zusammen.

Besonders interessant ist hier darüber hinaus, dass sie wie selbstverständ-lich einen Bezug zur Sozialforschung herstellt. Es geht zunächst einmal darum, die sozialen Bedingungen innerhalb der Nachbarschaft zu analysieren. Erst auf der Basis dieser Analyse liesse sich dann einschätzen, was in den

---

[16] Eine Seitenbemerkung: Trotz aller Bemühungen der Sozialen Arbeit, eine gendertheoretisch reflektierte Arbeit in Familien zu gewährleisten, können solche Aus-blendungen auch heute noch festgestellt werden (vgl. bspw. Rettig, Schröder & Zeller 2017).

[17] Interessanterweise hätte sie an dieser Stelle auch Richmonds Aufsatz aus dem Jahr 1901 zitieren können.

jeweiligen Stadtteilen getan werden könne.[18] Schliesslich erwähnt sie hier auch typische Probleme, die in solchen Stadtteilen auftauchen können: Es geht um Stigmatisierungen *(„stigmas")*, um Verführungen *(„temptations")* und um den Ruf *(„reputations")* des Stadtteils. Im Kontrast zur heutigen Rhetorik, bei der bestimmte Stadtteile als „soziale Brennpunkte" kategorisiert werden und dadurch die Stigmatisierungen von Stadtteilen und deren Bewohner:innen sogar noch weiter verschärft werden, problematisiert sie genau dieses Narrativ. Ziel sei es, Stigmatisierungen zu verhindern, für die Jugendlichen Verführungen abzubauen und ein positives Image (wieder)herzustellen.

Eine zentrale Inspirationsquelle für diese neue Arbeit in und mit der Nachbarschaft stelle die Settlement-Arbeit dar, wie Addams weiter ausführt. Dabei thematisiert sie auch den eigentümlichen Namen, den sich diese Bewegung gegeben hat. „Settlements" hiessen diese frühen Formen von Gemeinwesenhäusern, weil sich bürgerliche Frauen und Männer in Stadtteilen niedergelassen *(to settle)* haben, die als nicht standesgemäss betrachtet wurden (vgl. das Thema Ruf und Stigma).[19] Diese ursprüngliche Erfahrung des Befremdet-Seins von dem Leben der Armen und der Arbeiter:innen habe sich aber, so Addams, gewandelt. Die ‚Anderen' und das ‚andere' Leben werden nicht mehr als minderwertig betrachtet, sondern durch das Mit-Leben in diesen Stadtteilen wurde erkannt, dass die Nachbarschaften Ressourcen mitbringen, die bislang in der bürgerlichen Optik übersehen wurden. Diese „Reservoirs der moralischen Macht und bürgerlichen Kompetenz" (Addams 1904, S. 457), die Jane Addams in diesen Stadtteilen erkennt, können aber nicht einfach genutzt, sondern müssen gehoben *(„aroused")* und aktiviert werden.

Ressourcenorientierung
Parallelen zum heutigen Diskurs sind hier unübersehbar: Gerade in manchen Spielarten der Sozialraumorientierung (Becker 2020; Fehren und Hinte 2013) und in Programmen wie „Soziale Stadt" (Krummacher et al.

---

[18] Auf diese Verbindungslinie gehen wir im Abschn. 6.3 näher ein.

[19] In der Tat wurden diese Settlement-Bewohner:innen zum Teil stark heroisiert, häufig in einem christlichen Sinne (Lindner 2004). So wurde zum Beispiel die Geschichte des Arnold Toynbee, der in den 1870er Jahren nach Whitechapel (London) zog, im Nachhinein stark überzeichnet und er dadurch zur mythischen Figur der Settlement-Bewegung stilisiert.

*2013) wird hervorgehoben, dass Ressourcen in den zu aktivierenden Stadt-
teilen zu finden sind, die durch die bisherigen Strategien der Einzelfallhilfe
verdeckt wurden. Auch der in den 1990er Jahren geführte breite Diskurs
zum Kommunitarismus und dem bürgerschaftlichen Engagement weist
hier Verbindungslinien auf (Sandermann 2009). Immer geht es darum,
versteckte „Kräfte", „Ressourcen", „Potenziale" zu wecken, die bislang
übersehen oder negiert wurden (Früchtel et al. 2013).*[20] *Es ist interessant
zu sehen, dass die Rhetorik verborgener Kräfte damals wie heute ver-
fängt. Sie wird auch kaum dadurch getrübt, dass empirische Studien zeigen
können, dass für die am stärksten benachteiligten Bevölkerungsgruppen
häufig solche Aktivierungsprogramme gerade keine Möglichkeiten eröffnen,
sondern diese Programme eher ein Publikum der Mittelschicht ansprechen
(Landhäusser und Ziegler 2011).*

Man könnte nun sich damit begnügen, die immer wiederkehrende Auseinandersetzung um die Bedeutung dieser vermeintlichen oder wirklichen Ressourcen
zu reproduzieren. Ein Blick in den eben diskutierten Originaltext (Addams
1904) verweist mit einer Anekdote jedoch auf einen Aspekt, der in dem ideologischen Überschuss dieser Diskussion häufig übersehen wird: Es geht nicht um
die theoretische Frage, ob Ressourcen gesehen werden oder nicht. Vielmehr ist
das aus Addams Perspektive eine empirisch zu klärende Frage. So verweist sie
darauf, dass die Voraussetzung für eine Gemeinwesenarbeit, die mehr sein will
als eine Intervention von aussen, die intime Kenntnis des Lebens in den Stadtteilen sei. Ohne dieses Vertraut-Sein mit den Kindern, Jugendlichen, Familien
etc. würden weder Sozialpädagog:innen noch Sozialplaner:innen zu deuten ver-
mögen, warum die Kinder nur mit grossen Sprüngen sich durch den Spielplatz
bewegen. Und ohne diese Kenntnis kann dann auch nicht gelingen, was Addams
anhand weiterer Beispiele (z. B. der Oberammergauer Festspiele) verdeutlichen
will, nämlich, dass die Gemeinschaft innerhalb eines Stadtteiles mehr zu leisten
im Stande ist/wäre, als dies im Vorhinein angenommen werden könnte.

---

[20] Selbstverständlich muss hier natürlich berücksichtigt werden, dass sich der sozial-
historische Kontext gewandelt hat. Anfang des 20. Jahrhunderts waren die wohlfahrtsstaat-
lichen Institutionen kaum ausgebaut. Armut, Arbeitslosigkeit, Krankheit etc. wurden kaum
abgefedert und trafen die Menschen unmittelbar.

Schliesslich geht sie darauf ein, dass in diesem Zusammenhang auch die Schule eine zentrale Rolle als zivilgesellschaftliches Zentrum spielt. Dazu verweist sie implizit auf die reformpädagogischen Diskussionen der damaligen Zeit, worin John Dewey eine zentrale Rolle spielte und mit dem Jane Addams damals in engem Kontakt stand (Deegan 1988) (siehe beide Biografien in Abschn. 8.1). Gerade diese Bedeutung der Schule als Zentrum eines Gemeinwesens[21] wird von Dewey zu der damaligen Zeit propagiert (siehe Abschn. 6.2.2). Diese Überlegungen münden dann auch in Aufsätzen von John Dewey (1902) bzw. John und Evelyn Dewey (1995 [1915]), in denen sie darüber spekulieren, dass die Schule ein soziales Zentrum oder ein Settlement werden müsste, wie das von Jane Addams und Ellen Gates Starr 1889 gegründete *Hull House*: „Überall sehen wir Anzeichen der wachsenden Anerkennung, dass die Gemeinschaft jedem ihrer Mitglieder die Chance zur Entwicklung schuldet. Überall beobachten wir die wachsende Erkenntnis, dass das Gemeinschaftsleben fehlerhaft und verzerrt ist, es sei denn, es pflegt damit alle seine Bestandteile. Dies wird nicht mehr als eine Frage der Wohlfahrt angesehen, sondern als eine Frage der Gerechtigkeit – nein, sogar als von etwas noch Höherem und Besserem als Gerechtigkeit – als eine notwendige Phase der Entwicklung und des Älterwerdens. Die Menschen werden noch lange über den materiellen Sozialismus streiten, über den Sozialismus, der sich mit der Verteilung der materiellen Ressourcen der Gemeinschaft auseinandersetzt; aber es gibt auch einen Sozialismus, über den es keinen solchen Streit geben kann: den Sozialismus der Intelligenz und des Geistes. Die Erweiterung von Umfang und Fülle der gemeinsam genutzten intellektuellen und geistigen Ressourcen der Gemeinschaft ist die eigentliche Bedeutung der Gemeinschaft. Da die ältere Bildungsform dieser Aufgabe unter veränderten Bedingungen nicht vollumfänglich gerecht wird, spüren wir ihre Defizite und die Forderung, dass die Schule zu einem sozialen Zentrum werden soll. Die Schule als soziales Zentrum meint die aktive und organisierte Förderung dieses Sozialismus der immateriellen Dinge der Kunst, Wissenschaft und anderer Formen der sozialen Interaktion" (Dewey 1902, S. 86, eigene Übersetzung; siehe auch Abschn. 6.2.2).

Die Bedeutung von Ressourcen für die Soziale Arbeit stellt ebenfalls Mary Richmond in einem Vortrag mit dem Titel *„Charitable Co-operation"* aus der *Session „Needy Families in Their Homes"* über die *Charity Organization*

---

[21] Dies ist eine Diskussion, die ja auch heute wieder im Kontext der Etablierung der Ganztagsschule geführt wird (Mack 2020).

Societies (COS) heraus (Richmond 1901). Darin erinnert sie zu Anfang an die Gründungszeit der *COS* in den USA um 1880. Hier ist anzumerken, dass aus unserer heutigen Position leicht übersehen wird, dass die damaligen Protagonist:innen ihre Arbeit ja keineswegs in einem Zustand einer tabula rasa, also ohne bereits etablierte Strukturen der Hilfe, begonnen hatten, sondern dass die soziale Wohlfahrt eine viel längere Tradition aufweist (vgl. auch Leiby, mi1984). Daher beschreibt Richmond dieses unübersichtliche Geflecht von Kirchen und innerstädtischen Missionen, Fürsorgevereinen, Heimen und Notunterkünften etwas präziser: Als Vertreterin der *COS* argumentiert sie dafür, dass diese Organisationen nicht nur die Aufgabe haben sollen, ein neues, professionelles Angebot zu kreieren, sondern auch Ordnung in diese Unübersichtlichkeit der Angebote zu bringen und eine moderne Form der Sozialen Arbeit zu entwickeln, die im Einklang mit der später von Richmond (1917) beschriebenen *Social Case Work* steht. Am Ende des 19. Jahrhunderts existieren also sehr viele unterschiedliche Organisationen und soziale Bewegungen im Bereich der Charity-Arbeit und die *COS* als Vertreter:innen einer professionalisierten Sozialen Arbeit gewinnen hier in kurzer Zeit viel Einfluss.

Systematisch beschreibt Richmond dann soziale Zusammenhänge, in denen die Familie sich eingestellt findet und die je eine eigene Dynamik entwickeln und untersucht werden müssen: Verwandte und Freunde, Nachbarschaft und Gemeinwesen, staatliche Einrichtungen, Wohlfahrtseinrichtungen, Armenhilfe. Sie spricht hier von Kräften *(„forces")*, die jeden „dieser Kreise" auszeichnen und für die die Sozialarbeiter:innen ein Verständnis entwickeln müssen.

Grundlage für die Arbeit der *Charity Organization Societies (COS)* stellt aus ihrer Sicht Kooperation dar: Kooperation ist hier nicht nur bezogen auf die Zusammenarbeit zwischen den mannigfaltigen sozialen Diensten (siehe oben), sondern auch und vor allem auf die Klient:innen der *COS*. Dabei geht es Richmond um die Frage, mit welcher Haltung die Sozialpädagog:innen ihren Adressat:innen gegenübertreten und wie sie über ihre Arbeit denken – oder mit Bourdieu (1970; Krais und Gebauer 2008) formuliert: Es kommt auf den professionellen Habitus an. Eine Voraussetzung für professionelles Handeln ist dabei eine intensive Analyse der familialen, personalen, nachbarschaftlichen und weiterer institutioneller Ressourcen (z. B. Schule, Gesundheits- und Wohlfahrtseinrichtungen etc.) (vgl. Grafik oben).

Diese Analyse soll zum Verständnis beitragen, wie es dazu kommen konnte, dass ‚eine Familie' sich nicht mehr selbst zu helfen wusste und warum die Ressourcen in der sozialen Umwelt nicht mehr ausreichten, diese Familie zu stabilisieren. Das Leid und die Probleme in einer Familie werden also nicht so sehr als Ergebnis des Versagens der Familienmitglieder, sondern als Versiegen der

Ressourcen in deren sozialen Umwelt erkannt. Und umgekehrt folgt daraus: Die professionelle Arbeit der *COS* besteht darin, diese Ressourcen in deren sozialen Umwelt so zu bündeln, dass die Familie wieder „funktioniert". Dabei warnt Richmond eindringlich davor, eine solch umfassende und mühevolle[22] Analyse zu früh abzuschliessen und vorzeitig zu intervenieren.

Im Weiteren erläutert sie dann ausführlich, wie die Ressourcen der Familien zu berücksichtigen seien: „Mit anderen Worten, was die Familie tun, was sie lernen, was sie geniessen, was sie fühlen kann, – das sind die wichtigen Dinge. In diesen finden wir die grösste Ressource der Wohlfahrt und den wichtigsten Bereich für die Kooperation. Der:die Sozialarbeiter:in mit kooperativem Geist denkt stets an das, was er:sie zusammen mit der Familie tun kann, und der:die Sozialarbeiter:in, dem:der dieser Geist fehlt, kann nur an Dinge denken, die er:sie für sie tun kann." Wüssten wir nicht, dass hier Mary Richmond spricht, so könnten wir dieses Zitat auch Hans Thiersch zuschreiben, der in seiner Theorie der Lebensweltorientierten Sozialen Arbeit davon ausgeht, dass zuallererst die Anstrengungen und die Handlungsmöglichkeiten der Familie im Mittelpunkt stehen sollten. Nicht Intervention, sondern Aushandlung mit Adressat:innen sei Grundlage für lebensweltorientiertes Handeln (Grunwald et al. 2012).

Im Feld der persönlichen Ressourcen sieht Richmond zwei grosse Mängel: Erstens erkennt sie einen Mangel an Wissen um das Leben der Armen sowie zweitens einen Mangel an persönlichem Interesse (Richmond 1901, S. 302). Während das erste Statement kaum überrascht, weil es ja das Kernanliegen einer sozialen Diagnose ist, dieses Wissen zu generieren, ist es doch spannend zu lesen, dass Richmond das mangelnde Interesse und das fehlende Involviert-Sein der Sozialarbeiter:innen beklagt. Sie positioniert sich hier also offenkundig gegen eine einseitige, auf Distanz setzende Professionalisierung der Sozialen Arbeit. Denn gerade eine solche unpersönliche Behandlung verletze die Adressat:innen. Demnach ist es nur folgerichtig, dass Richmond auf den Einsatz von Ehrenamtlichen setzt, die von einer professionellen Fachkraft begleitet werden (ebd.) und

---

[22] Dieser Begriff (im Original: *painstaking*) sehen wir in seiner Ambivalenz, die so von Richmond nicht intendiert war: Dass eine solche Analyse „mühevoll" vor allem für die Adressat:innen war, kann man sich gut vorstellen, denn sie kann oder muss auch als „Kolonialisierung" durch die professionellen Sozialarbeiter:innen verstanden werden. Wir vermuten aber, dass Richmond hier das Attribut mühevoll eher als Charakterisierung eines aufwändigen Prozesses der Erhebung dieser Daten betrachtet.

die eine grössere Nähe und intimere Kenntnis der spezifischen Lebenslagen der Adressat:innen entwickeln können.[23]

Einen unmittelbaren Bezug zur Bedeutung von Nachbarschaftsarbeit stellt sie dann im dritten Kreis her. Hier akzentuiert sie, dass die Settlement-Häuser ein hervorragendes Beispiel für eine Form der Nachbarschaftsarbeit seien, die auch durch die *Charity Organization Societies (COS)* anerkannt und mit denen kooperative Bezüge hergestellt werden sollten (Richmond 1901, S. 304). Sie erweitert dann systematisch die Kreise und verweist auf den jeweiligen Ebenen darauf, wie die dortigen Ressourcen genutzt werden können. Das übergreifende Ziel dieser Arbeit aber sei es, die Familie wieder in die Lage zu bringen, sich selbst zu helfen: „Die einzige Prüfung für die gemeinnützige Arbeit in Familien ist die Prüfung, die in dieser Analyse der Ressourcen der Wohlfahrt vor-geschlagen wird; nämlich die Anzahl der Familien, die aus dem Kreis E („Private Wohlfahrtsorganisationen, vgl. Abb. 6.2), herausgehoben und über die Hilfs-bedürftigkeit hinaus in ein normales Familienleben eingegliedert werden" (Richmond 1901, S. 307) – oder in anderen Worten: Es geht darum, Hilfe zur Selbsthilfe zu leisten, wie es in der Sprache der Lebensweltorientierten Sozialen Arbeit heisst (Thiersch et al. 2012).

Dieses Ziel wird allerdings verfehlt, wenn es nicht gelingt, die zahlreichen Hilforganisationen zu koordinieren und Kooperationen zu institutionalisieren. Richmond gesteht, dass dies eine triviale Forderung sei – damals wie heute. Jedoch zeigt sich eben auch gegenwärtig noch, wie schwierig es sich gestaltet, unterschiedliche Einrichtungen mit ihren voneinander abweichenden Programmen und verschiedenen Professionellen miteinander in Kontakt zu bringen, geschweige denn, dass sie sich aufeinander einlassen.

---

[23] Diese Diskussionen werden nach wie vor engagiert geführt. Auch wenn der Höhepunkt des Austausches über Ehrenamtlichkeit und bürgerschaftliches Engagement schon ein paar Jahre zurückliegt, gibt es nach wie vor Forschungsbedarf in diesem Feld (Nadai et al. 2005). Auch das Spannungsmoment von Nähe und Distanz ist nach wie vor höchst virulent (Dörr und Müller 2006). Insbesondere im Kontext der Heimerziehung und anderer familienähnlicher Betreuungsformen werden die Grenzen und Gefahren einer einseitigen Distanzbetonung deutlich.

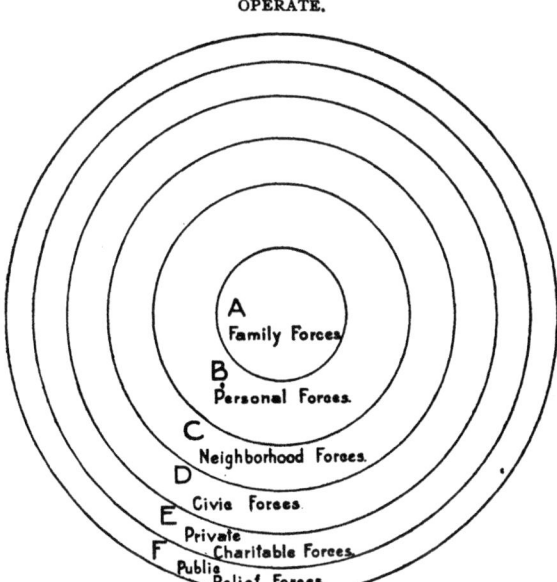

Abb. 6.2 Kräfte, mit denen Charity-Arbeiter:innen kooperieren, Abbildung aus Richmond (1901, S. 300)

Gebietsbezogene Kooperation
Wie aus den vorherigen Kapiteln bereits hervorgeht, wurde das Thema, welche Auswirkungen die soziale Umgebung auf eine Person hat, vielfach verhandelt und im Zuge dessen wurden zahlreiche theoretische Positionen entwickelt, die bis heute in der Sozialen Arbeit und anderen sozialwissenschaftlichen Konzepten eine zentrale Rolle spielen: Person-In-Environment (Pantuček 2012), Lebensweltorientierung (Thiersch et al. 2012), sozialökologische Konzepte (Harth 2022; Muri 2022) sowie Systemtheoretische Ansätze der Sozialen Arbeit (Kleve 2008) sind beispielsweise zentrale Theoriepositionen der Sozialen Arbeit in Deutschland oder in englischsprachigen Ländern. In allen diesen Ansätzen spielt Kooperation

eine wesentliche Rolle. Für die Kinder- und Jugendhilfe haben dies unter anderen Eric van Santen und Mike Seckinger untersucht (van Santen und Seckinger 2003), in der Sozialpsychiatrie wird auf die Notwendigkeit dieser kooperativen Zusammenhänge hingewiesen (Seikkula und Arnkil 2007) und im Feld der sogenannten frühen Hilfen für Familien (Rettig et al. 2017) zeigt sich auch heute wieder die Dringlichkeit der Intensivierung dieser Kooperationsformen.

Die Bedeutung von *community* ist hier unmittelbar einleuchtend, denn auf dieser Ebene sollen, so Richmond, diese Kooperationen implementiert werden. So gesehen sind damit Sozialplanung, Weiterentwicklung und Koordination der Einrichtungen sowie Hilfen für den Einzelfall komplementäre Bausteine.

6.5.2 Soziale Reformen – Die sozial-politische Verbesserung der Einbettung der Menschen

Mary Richmond plädiert in ihren Beiträgen schon früh dafür, die Gesamtzusammenhänge unter die Lupe zu nehmen. Vierzehn Jahre später, 1915, greift sie in *„The Social Case Worker in a Changing World"* im Kontext der *Session „The Family and the Community"* den Gedanken der verschränkten Betrachtungsweise von sozialen Verhältnissen und individuellen Problemlagen wieder auf. Die sich abzeichnende Gegenüberstellung von Sozialreformer:innen, die für die sozialen Zusammenhänge zuständig sind, und *Social Case Worker,* welche individuelle Problemlagen mit den Klient:innen bearbeiten, erachtet sie als Missverständnis und spricht sich für eine systematische Verschränkung beider Ebenen aus: „Gemeinsam ist es ihnen möglich, soziales Wohlbefinden zu erreichen; wenn sie separat voneinander und mehr oder weniger aneinander vorbei handeln, erreichen sie nur Teil- und Übergangsergebnisse. Die einzige Art von sozialer Arbeit, an die ich daher glaube, und die einzige Art, auf die ich mich heute beziehen werde, kann definiert werden als die *Kunst, verschiedene Dinge für und mit unterschiedlichen Menschen zu tun, indem man mit diesen kooperiert und so Verbesserungen für sie selbst sowie zugleich für die Gesellschaft erreicht* (Herv. im Original). Diese Art der Arbeit ist natürlich nicht auf eine bestimmte Gruppe von Einrichtungen begrenzt, noch ist sie notwendigerweise auf Einrichtungen beschränkt, die im technischeren Sinne als ‚sozial' gelten. Sie wird, wo immer wir sie finden, durch ihre Methode der differenzierten Behandlung und ihr Ziel der sozialen Verbesserung erkannt" (Richmond 1915, S. 43, eigene Übersetzung).

Damit hebt sie die Verschränkung von positiven sozialen Entwicklungen (*„mass betterment"*) und individuellen Entwicklungen (*„individual betterment"*) hervor, was zur Konsequenz hat, dass sozialreformerische Positionen notwendigerweise mit der Arbeit mit Individuen oder Familien verknüpft werden sollten. Sie entwickelt daraus ein Konzept, den *„Cycle of Social Reform"*, welches jüngst von Francisco Branco (2016) auf den Punkt gebracht wurde: Eine effektive soziale Reform beinhaltet eine doppelte zirkuläre Bewegung. Diese beginnt mit der Figur des „Einzelhandelns" bei der direkten Intervention auf der Mikroebene, welche verbunden ist durch die strukturelle Einbettung in Gesetzesgrundlagen und politische Massnahmen, und wirkt wieder zurück auf die Mikroebene. Dies, indem sie bildlich zwei Kurven formt, eine auf- sowie eine absteigende, die zusammen einen Kreis bilden (ebd., S. 10 f.): „Nach oben befördert durch unser Interesse an Aufgaben im Kleinen in Richtung eines grossformatigen Mittels gegen das Übel der gleichen Klasse werden wir, wenn dieses unser Mittel einmal gesichert ist, zurück in die Detailebene gezogen, um die dort begonnene Arbeit abzuschliessen. Eine gesunde und wohlgeformte Reformbewegung beginnt in der Regel im Kleinen und kehrt wieder dorthin zurück und bildet dabei aus den beiden Kurven der Aufwärts- und Abwärtsbewegung einen geschlossenen Kreis" (Richmond 1930, S. 216; zitiert nach Branco 2016, S. 10, eigene Übersetzung).

In den weiteren Ausführungen von 1911 nimmt Richmond die bisherige Praxis Sozialer Arbeit kritisch unter die Lupe und attestiert ihr eine Arbeit, die zu sehr auf die Symptom- und wenig auf die Ursachenbekämpfung zielt. Ihre Ausführungen kann man als eine klare Positionierung sozialer Arbeit in fachlicher und (sozial)politischer Hinsicht aufschliessen: „Wenn es keine Agitation vor Ort gegeben hat, die zur Verabschiedung eines recht guten Gesetzes führte, darf die Zeitspanne, in der eine öffentliche Meinung gebildet und aktive Kampagnen für die Gesetzgebung geführt werden, nicht den Sozialarbeiter:innen im Allgemeinen überlassen werden; sie müssen vielmehr nach einer geschulten Führung suchen und diese mit Daten und lokaler Einflussnahme unterstützen. […] Die Wohnungsbauexpert:innen dürfen die ohnehin schon schwer Belasteten nicht weiter überlasten; sie müssen es ihnen leicht machen, indem sie den Prozess bis ins Detail klar durchdenken, für uns Berichte über Verstösse an die richtigen Stellen übermitteln; sie müssen uns zeigen, wie wir Beobachtungen, die zu ihren Argumenten werden könnten, auf einfache Weise aufzeichnen können. Ausserhalb des Bereichs der normalen Beschwerde und erfassten Daten befinden wir uns oftmals in einer Position, in der wir den Einfluss, den wir durch die Erfüllung unserer anderen Aufgaben gewonnen haben, nutzen können, um die Bewohner:innen von den notwendigen Änderungen und Anpassungen zu überzeugen. Wir können helfen, die weniger begehrten Häuser und Wohnungen leer zu halten, indem wir die Bewohner:innen zum Umzug bewegen. In besseren Häusern können wir mit den Bewohner:innen kooperieren, um ein Problem zu lösen oder einen positiven Vorteil zu erlangen" (ebd.: S. 328, eigene Übersetzung). „Wir müssen mit den Bewohner:innen zusammen und nicht für sie arbeiten und ihre Kooperation gewinnen, falls möglich, auch wenn wir dafür langsamer vorankommen. Doch wir müssen vorankommen und dürfen uns niemals erlauben, nicht tolerierbare Bedingungen zu akzeptieren, während wir gleichzeitig die allgemeinen Pläne der Wohnungsbaureform unterstützen" (ebd.: S. 328 f., eigene Übersetzung).

Community und *neighborhood* liegen also im Schnittfeld einer Arbeit mit Individuen und einer sozialpolitischen Arbeit, die die Bedingungen für das Aufwachsen von Kindern, für das Familienleben, für produktive und reproduktive Arbeit bestimmen. Wie eng diese Aspekte miteinander verbunden sind, wird vielleicht nirgends so deutlich, wie in der Biographie von Jane Addams. Aus Anlass ihres Ablebens 1935 wurde auf der *National Conference of Social Work* (ehemals: *„of Charities and Correction"*) eine Gedenkveranstaltung (*„Jane Addams Memorial Service"*) organisiert, bei der verschiedene ihr eng verbundene Personen eine kurze Ansprache hielten (Lenroot et al. 1935). Wir wollen an dieser Stelle auf die ersten beiden Redebeiträge eingehen, weil diese die Spannweite des von uns hier thematisierten Zusammenhangs von Individuum, sozialen Ressourcen und Kooperation im Leben von Jane Addams eindrücklich verdeutlichen. Sie steht daher paradigmatisch für einen übergreifenden Handlungszusammenhang innerhalb der Sozialen Arbeit und der Gemeinwesenarbeit.

Die Gedenkveranstaltung beginnt nach einer kurzen Einführung durch die Präsidentin der Konferenz mit einer Ansprache von Edith Abbott, die zu einer der prägenden Figuren der Sozialen Arbeit in den 1920er und 1930er Jahren avancierte und eine der ersten universitären Studiengänge für Soziale Arbeit in den USA leitete. Nach einem kurzen Rückblick auf die Ausbildung von Jane Addams und Hinweisen zu ihren wichtigsten Mitstreiterinnen, Julia Lathrop und Florence Kelley (siehe alle Biografien in Abschn. 8.1), gibt sie einen Überblick über das Wirken von Jane Addams: Dieser konzentriert sich vor allem auf ihre sozialpolitischen Errungenschaften:

- Die Abschaffung des sogenannten *Sweating Systems*[24]
- Der Acht-Stunden-Arbeitstag für Frauen
- Die Schulpflicht für alle Kinder
- Die Entkriminalisierung von Kindern und Jugendlichen
- Die Reform des Gesetzes zu Mietshäusern[25]
- Das Frauenwahlrecht
- Das Recht auf Arbeit für alle Menschen (incl. Migrant:innen und Schwarze)

Diese beeindruckenden sozialpolitischen Erfolge beleuchten noch einmal das Engagement von Jane Addams; sie zeigen aber auch, dass ausgehend von der Arbeit in der Nachbarschaft und im Gemeinwesen Soziale Arbeit aus Sicht von Addams weit über die engen geographischen Grenzen hinausging. Wenn man so will, hat hier Addams die Kreise, wie sie von Mary Richmond 1901 gezeichnet wurden, noch einmal erweitert. Ihr Wirken steht daher auch für eine Gemeinwesen- und Sozialraumorientierung, die sich nicht an geographischen oder verwaltungstechnischen Grenzen orientierte, sondern weit darüber hinaus ging.

Einen anderen Aspekt akzentuiert hingegen Mary K. Simkhovitch, die ebenfalls mit Jane Addams im *Hull House* wohnte und arbeitete. Sie zitiert hier ausführlich Ellen Gates Starr,[26] die in ihrer Notiz hervorhebt, wie in Addams' Denken das Glück des:der Einzelnen mit dem Glück aller zusammenhängt. Addams steht mit ihrer Biografie und ihrem Habitus für diesen Zusammenhang, indem sie nicht zwischen privatem und öffentlichem Leben trennte, sondern als Gemeinwesenarbeiterin gewissermassen allen Menschen eine Freundin war: „Auf dieselbe Weise waren ihre Gedanken aus einem Guss, sei es öffentlich oder privat. Man konnte sie nie als komplett private Person oder komplett öffentliche Person betrachten, denn in all ihren privaten Beziehungen brachte sie das Beste hervor und uns damit voran, und in ihrem öffentlichen

---

[24] Im sogenannten *Sweating System* liess die damalige Textilindustrie ihre Produktion durch Subunternehmen durchführen. Dieses Verbot war entscheidend dafür, dass arbeitsschutzrechtliche Bedingungen nicht länger umgangen, das Kinderarbeitsverbot durchgesetzt und die gesundheitsschädliche Produktion in Hinter- und Wohnhäusern verhindert wurden (siehe den Kasten in Abschn. 6.2.3).

[25] Hier wurde neben wichtigen hygienischen Vorschriften vor allem das Problem angegangen, dass diese Mietshäuser häufig überfüllt waren (Pohlan und Yosifava 2020).

[26] Diese wurde überraschenderweise in Edith Abbotts Beitrag nicht erwähnt.

Leben betonte sie immer den Personalismus unseres Lebens, sodass sie weder rein akademisch noch technisch wurde. […] Was sie im Sinn hatte, war, aus dieser Welt eine Gemeinschaft von Freunden zu machen" (Lenroot et al. 1935, S. 6–7, eigene Übersetzung). Darin kommt auch die Vorstellung zum Ausdruck, über die Gemeinschaftsbildung eine andere Gesellschaft zu ermöglichen. Dafür stand Addams mit ihrer Arbeit im *Hull House,* wie dies dann auch eindrücklich durch einen jungen Mann beschrieben wurde, der das Wirken Jane Addams dort erfahren hatte. Diese Veranschaulichung ist insofern auch noch heute von Interesse, da hier der Typus von professionellen Sozialarbeitenden skizziert wird, wie er in solch offenen Formen der Sozialen Arbeit, wie zum Beispiel in der Jugendarbeit (Cloos et al. 2009), nach wie vor gefordert wird.

Letztlich zeigt sich die Bedeutung dieser Verbindungslinie zwischen sozialen Ressourcen und sozialen Reformen auch in einer Anekdote, die am Ende der Feierstunde von Frances Perkins (Lenroot et al. 1935) vorgetragen wurde: „Und nur zwei Wochen später sagte der Präsident der Vereinigten Staaten zu mir, bevor ich mit ihm über eine sehr wichtige Angelegenheit sprechen konnte: ‚Wissen Sie, heute Morgen kam Jane Addams zu mir und blieb eine halbe Stunde, und wirklich', sagte er, ‚sie verstand mehr von den wahren Problemen der Menschen in den Vereinigten Staaten als jede:r andere'" (ebd.: S. 15, eigene Übersetzung). Es ist diese intime und zugleich analytisch geschulte Kenntnis der Lebensverhältnisse und der gesellschaftlichen Situation, die Jane Addams in ihrem professionellen Habitus mit der Erarbeitung sozialer Reformen zusammenband und damit Generationen von Sozialarbeiter:innen nachhaltig prägt(e).

Originalliteratur:

- Richmond, M. E. (1901). Charitable Cooperation. In I. C. Barrows (Hrsg.), *Proceedings of the National Conference on Charities and Correction* (S. 298–313). Boston, Mass.: Geo. H. Ellis. Abgerufen von: https://quod.lib.umich. edu/n/ncosw/ACH8650.1901.001/321
- Richmond, M. E. (1915). The Social Case Worker in a Changing World. In *Proceedings of National Conference of Charities and Correction* (S. 43–49). Chicago, Ill.: The Hildmann Printing Company. Abgerufen von: https://quod. lib.umich.edu/n/ncosw/ACH8650.1915.001/64
- Addams, J. (1904). Neighborhood Improvement. In I. C. Barrows (Hrsg.), *Proceedings of the National Conference of Charities and Correction* (S. 456–458). Columbus, Ohio: Press of Fred J. Heer. Abgerufen von: https://quod.lib. umich.edu/n/ncosw/ACH8650.1904.001/481

- Lenroot, K. F., Cunningham, K. R., Gifford, W. A., & Duncan, C. (1935). Jane Addams Memorial Service. In *Proceedings of the National Conference of Social Work* (S. 1–22). Chicago, Ill.: The University of Chicago Press. Abgerufen von: https://quod.lib.umich.edu/n/ncosw/ACH8650.1935.001/22

Grenzobjekte und die Chancen von Gestaltungsfenstern – Ein Fazit

Der historische Rückblick kann uns nicht lehren, was wir heute tun sollen. Jede Situation – historisch wie gegenwärtig – ist genauso einzigartig, wie die *communities* und *neighborhoods,* mit denen wir es damals wie heute zu tun haben. Insofern ist der historische Rückblick zunächst einmal unpraktisch – und zwar im besten Sinne unpraktisch: Er lässt uns innehalten. Er ermöglicht es, uns an die verschiedenen Facetten der Sozialen Arbeit und der Gemeinwesenarbeit zu erinnern und regt uns an, darüber nachzudenken, mit welchen selbstverständlichen Ideen, Kategorien und Theorien wir über ebendiese nachdenken. Ausserdem hilft er uns, darüber zu reflektieren, wo es gilt, die schwierigen Seiten der Geschichte aufzuarbeiten und kritisch die gegenwärtige Situation der Sozialen Arbeit und Gemeinwesenarbeit zu betrachten. Geschichte unterstützt uns darin, uns mitsamt unseren eigenen Einstellungen zu dezentrieren, uns auf eine andere Welt einzulassen und nachzuvollziehen, wie sich diese fremde Welt in unsere heutige so vertraute Welt verwandelt hat.

Dies ist der Punkt, an dem bei näherer Betrachtung letztlich dann doch eine praktische Komponente der historischen Rückschau verborgen liegt. Wir haben uns mit diesem Buch über die Gemeinwesenarbeit einer besonderen *community* verstehend zugewandt: der *community* der Sozialreformer:innen, der Aktivist:innen, der frühen Sozialarbeiter:innen. Wir haben versucht, ihre Sichtweisen und ihr Handeln von innen heraus nachzuvollziehen. So, wie wir uns als Gemeinwesenarbeiter:innen solchen *communities* im Alltag widmen, nämlich möglichst unvoreingenommen, so haben wir dies auch bei dieser *community* getan: weder mit einer Deutung der *community* als Hero:innen oder Hilfsbedürftige, noch auf eine romantisierende oder kritisierende Art, dafür jedoch natürlich sympathisierend und vor allem kritisch verstehend. Wir lernen nicht von ihnen, aber wir nehmen sie als Partner:innen wahr, um mit mehr Nachdruck für eine bessere Gemeinwesenarbeit zu argumentieren und zu kämpfen.

Wenn wir uns auf diesem Weg der Vergangenheit der Gemeinwesenarbeit nähern, dann entdecken wir spannende Geschichten, die wir vielleicht in eigensinniger Weise in die Gegenwart und die Zukunft übersetzen können: Wir sehen beispielsweise, wie die damals zahlreichen Entwicklungen – angefangen bei den sozialen Reformen und sozialpolitischen Initiativen über praktische Tätigkeiten mit einzelnen Gruppen bis hin zu neuen Unterstützungsformen (von der Rechtsberatung bis zur Säuglingsfürsorge) – nur durch die Vernetzung sehr differenter Akteur:innen und durch soziale Bewegungen aus verschiedenen sozialen Welten hervorgebracht wurden. Wir stellen fest, dass diese Produktivität nicht durch die Abgrenzung bestimmter Handlungsfelder und das Reklamieren bestimmter *claims* entstanden ist, sondern dass sich um das Begriffsfeld von *community* und *neighborhood* ganz unterschiedliche und überraschende Koalitionär:innen zusammengefunden haben. Wir erkennen zudem, wie hier Verschiebungen und Abgrenzungen im Laufe der Zeit stattgefunden haben. Und wir verstehen schliesslich, wie sich diese Dynamik in eine institutionalisierte Struktur der Gemeinwesenarbeit transformiert hat, die damit zwar eine Vergewisserung der eigenen Identität mit sich brachte und auch ein tragendes Fundament für das neu entstandene Berufsfeld bot, die aber auch hinderlich war.

Wir entdecken des Weiteren eine Geschichte, in der die *communities* und *neighborhoods* immer stärker von bürgerlichen Sozialreformer:innen analysiert und überwacht worden sind. Dieses Eindringen und Verstehen der Welt der Slums hat – wie so häufig – einen Doppelcharakter: Er ist helfend, aber gleichzeitig kolonialisierend, Reformen hervorbringend, aber auch Kontrolle setzend. So zeigt der Blick in die Geschichte eben jene Ambivalenz, wie sie die Soziale Arbeit und die Gemeinwesenarbeit immer durchzieht: Mit der Idee, die Grenzen zwischen den gesellschaftlichen Klassen und den *communities* und *neighborhoods* zu überwinden, verbinden sich Vorstellungen von Bildungsprozessen bei den Bewohner:innen, die sich am bürgerlichen Ideal von mit *agency* ausgestatteten Bürger:innen orientiert. Damit wird letztlich auch durch die Soziale Arbeit und die Gemeinwesenarbeit die Idee eines integrierten und integrierenden nationalen Wohlfahrtsstaats befördert und umgesetzt. Die Gemeinwesenarbeit war in diesem Zusammenhang wahrscheinlich ein Teil der Sozialen Arbeit, der sich immer am kritischsten mit dieser Ambivalenz auseinandergesetzt hat. Ganz entziehen konnte er sich dieser aber auch nicht.

Trotz aller Ambivalenzen hat sich heute die Gemeinwesenarbeit als Handlungsfeld etabliert, wenngleich es kleiner und im Kontrast zu anderen Handlungsfeldern der sozialen Professionen häufig weniger gut ausgestattet und stabil ist. Es existieren eine etablierte Theoriebildung, disziplinäre Verortungen sowie differenzierte Organisationsstrukturen (vgl. zum Überblick Stövesand 2019a, b; Stövesand et al. 2013). Gleichzeitig hat Gemeinwesenarbeit aber auch zu kämpfen, beispielsweise um knappe Ressourcen, und sie hat Schwierigkeiten gegenüber den vielen Formen der Arbeit am Sozialen, die sich von den sozialen Rechten Einzelner ableiten. In diesem Kontext hat auch die „Rede vom Sozial-raum" (Kessl und Reutlinger 2022) die Sichtweise wieder geöffnet. Sie hat neue, nicht von allen goutierte Verbindungslinien zur Fallarbeit gezogen, hat Gemein-wesenarbeit abermals ins Gespräch gebracht und Perspektiven zugelassen, welche bei der Gestaltung des Sozialen mitwirken.

Offenheit und Mehrdeutigkeit als produktive Eigenschaften von Grenzobjekten
Eine Zusammenschau dieser Vielstimmigkeit der Gemeinwesenarbeit führt uns zu der Annahme, dass *community* und *neighborhood* beziehungsweise ihre Konjunktur am Ende des 19. Jahrhunderts bis zum Ende der 1930er/1940er Jahre gerade nicht darauf zurückgeführt werden kann, dass innerhalb der Sozialen Arbeit ein neuer Problem- und Arbeitszusammenhang entdeckt wurde und bestimmte Personen zu Protagonist:innen dieses Zugangs wurden. Viel-mehr konnten wir zeigen, dass gerade die Heterogenität der Akteur:innen, die an dieser Thematisierung von *community* und *neighborhood* beteiligt waren, dazu beigetragen hat, das Handlungsfeld der *community organization* schliess-lich 1935 als eigenständigen Strang der *National Conference of Social Work* zu etablieren. Mit anderen Worten: Die Verortung und Thematisierung des Phänomens *community* und *neighborhood* in sehr unterschiedlichen Diskursen und Disziplinen führten zu einer robusten Verankerung innerhalb der *National Conferences of Social Work* und der Sozialen Arbeit als ganze. Das Gemeinwesen als soziale Konstruktion erwies sich demnach als genauso anschlussfähig für die Stadtsoziologie wie für die *Charity Organizations* oder für Sozialreformer:innen aus den *social settlements*. In der historischen Analyse zeigt sich somit, dass die breite und auch diffuse Thematisierung von *community* und *neighborhood* einer der zentralen Faktoren ist, der zur Verbreitung des Diskurses beitrug. Oder anders formuliert: Der Boom der *community*-Orientierung endete, als diese sich etablieren und institutionalisieren konnte.

Das historische Arbeitsprinzip community und neighborhood
Um den Begriff von Boulet, Krauss und Oelschlägel (1980) aufzunehmen, können wir sagen, dass sich in den ersten drei Jahrzehnten des 20. Jahrhunderts das Arbeitsprinzip Gemeinwesenarbeit (GWA) in den sich etablierenden Berufs-feldern der Sozialen Arbeit durchgesetzt hat. Zu dieser Zeit war die GWA weder

ein spezifisches (Theorie-)Konzept noch eine unterscheidbare Methode (neben der Sozialen Einzelfallhilfe und der Sozialen Gruppenarbeit), sondern eine durchgängige Diskurslinie, die weite Bereiche der Sozialen Arbeit und der Sozialreform prägte. Diese Dominanz der Begriffe *community* und *neighborhood* und die ihnen durchgängig zugesprochene Relevanz hatte aber auch eine Kehrseite. Als Arbeitsprinzip bleibt die Gemeinwesenarbeit wichtig und allgegenwärtig, aber zugleich schwer greifbar. Ohne die Definition eines „Propriums" lässt sie sich nicht institutionalisieren, kann sie keine Grenzen definieren (was ist GWA und was nicht?), kann sie keine Zuständigkeiten und auch keine organisationale und finanzielle Selbständigkeit ausbilden. Kurz: Ihr Erfolg ist professionspolitisch gesehen prekär. Es mag diese prekäre Situation gewesen sein, die auch dazu führte, dass die GWA als *community organizing* sich letztlich doch auf den Weg der Institutionalisierung begeben hat. In der Nachkriegszeit wurde die Gemeinwesenarbeit aus den USA re-importiert und zu einem wesentlichen Teil der Sozialen Arbeit, deren professionspolitische Entwicklung in Deutschland freilich nicht mit der in Nordamerika mithalten konnte. Aber Gemeinwesenarbeit machte seit den späten 1960er Jahren wieder Furore, wurde als markante Stimme in einer durch die 1968er Bewegung beeinflussten gesellschaftlichen Lage wahrgenommen. In dieser Zeit konnte sich GWA tatsächlich wieder als eine Art Arbeitsprinzip für die Soziale Arbeit etablieren, wie es Boulet et al. dann 1980 auf den Punkt gebracht haben.

7.1   Diskursive Knotenpunkte und ihre historischen (Dis-)Kontinuitäten

Wir konnten mit unserer historischen Spurensuche zeigen, dass sich entlang bestimmter Begriffe diskursive Knotenpunkte identifizieren lassen, die auch heute noch im Feld der Sozialen Arbeit und der Gemeinwesenarbeit von höchster Relevanz und Aktualität sind. Dazu gehört die Bedeutung von Arbeit, Bildung, Forschung, Migration, Planung, Stadt. Neben diesen begrifflichen Knoten, die selbstverständlich heutzutage zum Teil auch andere Benennungen erfahren haben, gibt es solche Begriffe, wie Schule etwa, die sich ein bisschen weiter aus dem Diskursfeld der Gemeinwesenarbeit herausbewegt haben. Gleichwohl zeigen sich auch im schulpädagogischen Diskurs immer wieder Versuche, das Arbeitsprinzip Gemeinwesenarbeit stärker in den Blickpunkt zu rücken. Aber auch in anderen Handlungsfeldern, die nicht genuin der Sozialen Arbeit oder der Gemeinweisenarbeit zugeschrieben werden können, finden sich solche Thematisierungen von *community* und *neighborhood,* wie zum Beispiel in der Gesundheitsprävention, in der Psychiatrie, der Geriatrie und in der Stadtentwicklung. Nicht zuletzt gibt es Begriffe, die ihre Bedeutung im Kontext der Gemeinwesenarbeit verloren haben oder deren Bedeutung mit der Zeit verdeckt wurde, wie zum Beispiel Familie, Nation oder soziale Reform.

7.1.1 Aktualität der historischen diskursiven Knotenpunkte im Feld der GWA

Wir möchten im Folgenden kurz die im vorangehenden Kapitel erwähnten Bedeutungsverschiebungen von Begriffen und Konzepten aufgreifen und von da aus Bezüge zu aktuellen Diskussionen in der Gemeinwesenarbeit (GWA) herstellen. Dies dient dazu, die historischen Wurzeln der GWA mit den aktuellen Diskussionen besser verbinden und verstehen zu können. Schliesslich finden sich in der heutigen Debatte über die GWA Begriffe, die früher kaum verhandelt wurden.

Familie – Nation – Migration & Race
Es ist aus unserer heutigen Perspektive zunächst überraschend zu sehen, dass der Begriff *community* vor allem im Kontext der Diskussion über die Familie in den USA auftauchte. In der heutigen Gemeinwesenarbeit ist Familie hingegen eher ein Randthema, andere Gruppen im Gemeinwesen, wie z. B. Jugendliche, ältere Menschen, migrantische *communities,* oder auch Themen, wie z. B. Wohnen, Politik, Bildung, Gesundheit, sind wesentlich präsenter (vgl. z. B. Stövesand et al. 2013). Damals wurden Nachbarschaften und Stadtviertel als ein Zusammenhang von Familien und Haushalten betrachtet. Dies zeigt sich deutlich z. B. an der aufkommenden Sozialkartographie oder den *social surveys,* wie sie Ende der 1890er Jahre und Anfang der 1900er Jahre angewandt wurden (Bulmer et al. 1991). So wurden – wie oben gezeigt – auch im Rahmen des *Hull House* die verschiedenen Haushalte als Bestandteile der *neighborhood* aufgefasst und nach Kategorien wie Einkommensverhältnis und nationale Herkunft beschrieben. Die Einfärbung der Karten vermittelt den Eindruck eines Flickenteppichs, der sowohl die Heterogenität des Stadtteils als auch die drohende Fragmentierung desselben hervorhebt. Mit anderen Worten: Die Familie beziehungsweise der Haushalt wird als Kern von *community* und *neighborhood* betrachtet, aus seiner Privatheit herausgeholt und zur öffentlichen Diskussion gestellt. Es ist eine Art Doppelbewegung in Bezug auf die Familie, die sich hier Ende des 19. Jahrhunderts zeigt, und die sich in verschiedenen Spielarten bis heute nachvollziehen lässt: Mithilfe verschiedener Formen von Sozialer Arbeit und Gemeinwesenarbeit wird gegenwärtig ver-

sucht, Familien zu stärken, damit sie die für die Gesellschaft wesentlichen Funktionen, z. B. Reproduktion, Erziehung, Haushalten etc., zu erfüllen im Stande sind. Gleichzeitig werden sie immer stärkeren gesellschaftlichen Interventionen ausgesetzt, angefangen bei Sozialforschenden, die sich plötzlich für private Angelegenheiten, wie Einkünfte und persönliche Migrationsgeschichten interessieren, über *friendly visitors,* die nicht mehr nur finanzielle Unterstützung anbieten, sondern auch darüber befinden, ob die Familien sich korrekt verhalten, bis hin zu Schulinspektor:innen, die prüfen, ob die Kinder regelmässig zur Schule gehen etc. Die Grenzen der Familien werden durchlässiger; sie stehen im Schnittfeld zwischen öffentlich und privat, und je weniger sie in das bürgerlich dominierte Wahrnehmungsschema einer Normalfamilie passen, umso eher geraten sie in das Blickfeld von Sozialreformer:innen. Insofern ist die Thematisierung der *communities* und *neighborhoods* von Familien nicht nur eine Perspektivenerweiterung, es ist auch eine Ausweitung der Kontrolle des privaten Raums durch die Öffentlichkeit (Abb. 7.1).

Die gesellschaftliche Bedeutung der Familie wird in letzter Zeit im Rahmen verschiedener Spielarten der Diskussion über den Sozialraum erneut sichtbar. Indem sich die Einzelfall- und Familienhilfe, z. B. im Rahmen der Erziehungshilfen, sozialraumorientiert ausrichtet, geht es auch darum, besseren Zugriff auf Aspekte der *community* und *neighborhood* zu erlangen und deren Ressourcen zu erschliessen (Hinte und Tress 2006). Die Ambivalenz der Thematisierung von Familie wird damals wie heute deutlich. Unterstützung und Kontrolle gehen hier Hand in Hand. Die Thematisierung des sozialräumlichen Kontexts ist somit auch Bestandteil des *„war over the family",* den Michael Winkler (2007), das Bild von Brigitte und Peter L. Berger (1983) aufgreifend, diagnostiziert hat und der eine dieser langen historischen Linien darstellt, die sich von Ende des 19. Jahrhunderts bis heute nachzeichnen lässt (vgl. auch Donzelot 1979).

In der von uns untersuchten Phase der *National Conference of Charities and Correction* hat sich im Laufe der Zeit der Begriff *community* gegenüber *neighborhood* zunehmend durchgesetzt und letzteren in den Hintergrund gerückt. Möglicherweise liegt dies unter anderem daran, dass mit der Bezeichnung *community* die Verbindung zur Gesellschaft als Vergemeinschaftungszusammenhang besser hergestellt werden kann. Voraussetzung ist allerdings die Annahme, dass *community* nicht nur auf der lokalen Ebene des Stadtteils existiert, sondern auch in einem grösseren Sinne, nämlich als Nation. Seit der Bedeutungszunahme der Nation als Begründungsfigur für Staaten im 18. Jahrhundert wird sie auch im Hinblick auf ihren Zusammenhalt kritisch diskutiert. Paradox formuliert: Die Nation soll wieder das werden, was sie faktisch nie war und nie sein wird: eine *community.* Über den Begriff *community* lassen sich somit auch

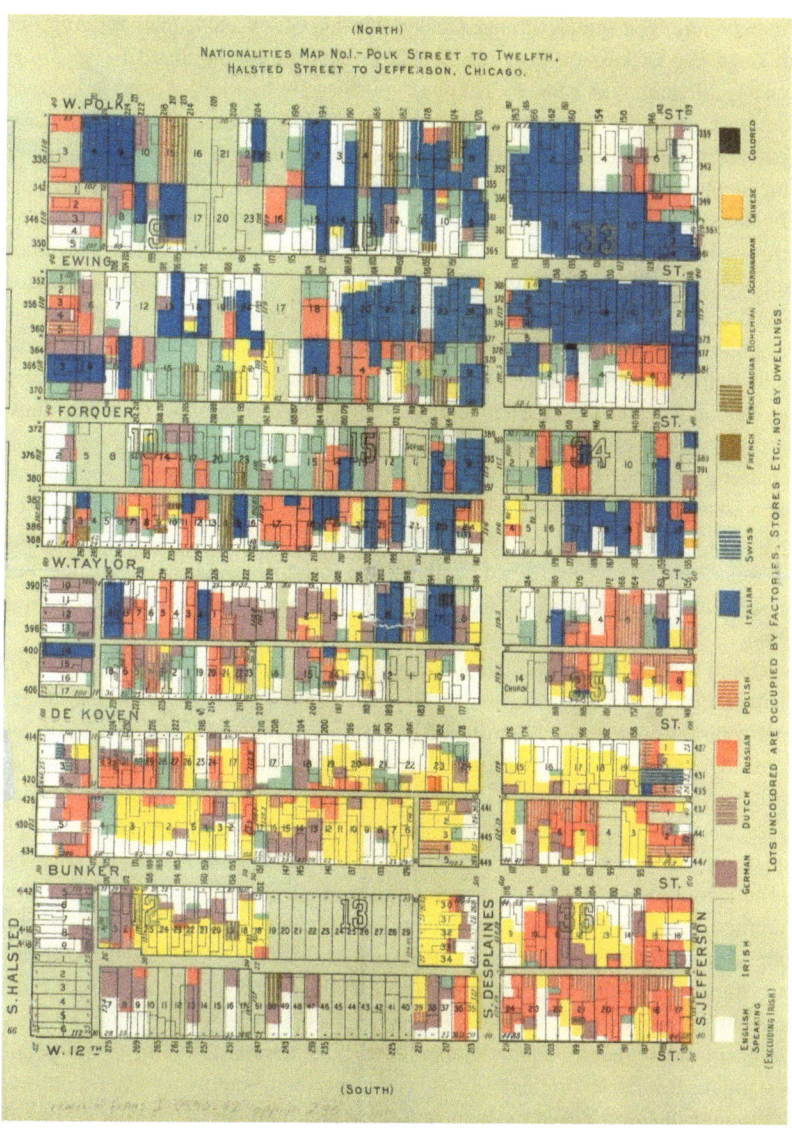

Abb. 7.1   Ausschnitt aus den Hull House Maps zu Migration. (Quelle: Cornell University – PJ Mode Collection of Persuasive Cartography)

Fragmentierungen und Spaltungen innerhalb der Gesellschaft thematisieren, die im Zuge der Diskussion über die Soziale Frage des 19. Jahrhunderts so dringlich erschienen. Wie kann es gelingen, die gesellschaftliche Spaltung in zwei Nationen, in reich und arm, zu überwinden? Wie können die revolutionären Tendenzen in Teilen der Bevölkerung kontrolliert werden? Welche staatlichen und ideologischen Gegenmassnahmen könnten hier sinnvoll sein? Die aus der Thematisierung und Problematisierung der *community* hervorgehenden sozialreformerischen Ansätze auf allen Ebenen, lokal bis national, stellen hier einen Antwortversuch darauf dar: Es bedarf sozialpolitischer Reformen, um die Nation zusammenzuhalten und den ökonomischen Mechanismen der Spaltung und Ausgrenzung etwas entgegenzusetzen. Dieses Grundanliegen kommt uns heute nicht fremd vor. Auch heute werden in politischen wie öffentlichen Diskursen die Spaltungen der Gesellschaft und der Ausschluss bestimmter Bevölkerungsgruppen verhandelt und es wird nach integrativen Massnahmen der Vergemeinschaftung gesucht. Und dennoch sind die Bruchstellen heutzutage vielfältiger: Sie verlaufen nicht mehr nur entlang von Klasse, sondern auch entlang von Gender (vgl. #MeToo), von sozialkulturellen Milieus (vgl. die Spaltung der US-amerikanischen Gesellschaft entlang von Bildungsniveaus), von Alter, von rassistischen Zuschreibungen (vgl. Black Lives Matter) sowie von Migration und Ethnie.

Damit sind wir beim dritten Knotenpunkt angelangt, der die damalige Diskussion mit der heutigen verbindet. Migration und rassistische Zuschreibungen sind zentrale Fragen, die über die Diskussion um *community* und *neighborhood* verhandelt werden. Die „migrantische Familie" gilt als Problem; sie wird als soziale Einheit betrachtet, die in die Mehrheitsgesellschaft integriert werden muss; sie sei es, die sich der Beobachtung und bestimmten Angeboten der Gesellschaft entziehe, um ihren eigenen kulturellen Praktiken nachzugehen. Die vermeintliche Fremdheit und Andersheit lassen sich auf migrierte Personen und Familien besonders gut projizieren und es können daraus verschiedene Handlungsanlässe und -notwendigkeiten abgeleitet werden. Vor allem wird die migrantische Familie als Gefahr für die Stabilität innerhalb einer Gesellschaft betrachtet, insbesondere wenn sich die verschiedenen (nicht-)migrantischen Gruppen untereinander nicht kennen und ihre Vorurteile somit pflegen und bestätigen. Bis heute (Putnam 2007) wird daher behauptet, dass Migration eine Bedrohung für den Zusammenhalt, das Vertrauen und die Solidarität innerhalb der Gesellschaft darstelle, selbst wenn die empirische Studienlage heutzutage ein deutlich differenzierteres Bild bietet (Marschall und Stolle 2004).

Demgegenüber setzte später im Laufe des 20. Jahrhunderts auch eine positive Hervorhebung dieser gesellschaftlichen Veränderung ein. Unter dem Begriff der Diversität oder kulturellen Vielfalt wurden Migration und Fremdheit plötzlich positiv bewertet. Es zeigt sich also in den damaligen Diskussionen, dass eine einseitige Konzentration auf den nationalen Kontext der Komplexität migrantischer Lebensläufe nicht gerecht werden kann, dass die Vernetzung von Familien und *communities* über nationalstaatliche Grenzen zu berücksichtigen sind, um die Lebenslagen dieser Menschen verstehen zu können und mit diesen zusammen ethisch vertretbare Entscheidungen zu treffen. Transnationale Familien und *communities* sind damals wie heute eine Realität, die aufgrund des gesetzten Fokus auf lokale Nachbarschaften und Gemeinwesen häufig übersehen wird. Diversität und Transnationalität tauchten zwar in den frühen Diskussionen bereits auf, werden aber heute sehr viel stärker betont. Dies gilt auch für die Thematisierung von rassistischen Zuschreibungen. Im Rahmen der frühen Gemeinwesenarbeit und auf den Aussagen einzelner Sozialreformer:innen beruhend lassen sich hierzu erste kritische Thematisierungsversuche in Diskussionen über *community* und *neighborhood* finden. Allerdings zeigt sich in der Rückschau ebenfalls, dass sich in der Arbeit mit *communities* solche rassistischen Zuschreibungen und Ausgrenzungen hartnäckig fortgeschrieben haben (Lasch-Quinn 1993). Heutzutage wird diese Diskussion wesentlich konfliktorientierter geführt, auch weil deutlich wird, wie schwer es ist, systemisch verankerte und ständig (t.w. unbewusst) reproduzierte Rassismen gegenüber sogenannten *visible minorities* erstens als solche anzuerkennen und zweitens zu überwinden.

Bildung – Schule – Arbeit & Ökonomie
Bildung stand in der Settlement-Bewegung für die Hoffnung auf eine neue Verständigung zwischen der Klasse der Arbeiter:innen und Armen einerseits und derjenigen der Bürgerlichen andererseits. Mit dem Begriff der Bildung wurde aber nicht nur Wissenserwerb verbunden, sondern ein tieferes Verständnis für die Gesellschaft der damaligen Zeit. Dementsprechend stand Bildung im Zeichen gesellschaftlicher Veränderungen und eines zu erneuernden Zusammenhalts. Ein solch tiefgreifendes Verständnis von Bildung schloss somit den ganzen Menschen und seine Entwicklung mit ein. Aus diesem Grund wurde auch das „Mit-Leben" in den durch die damaligen gesellschaftlichen Umbrüche am stärksten betroffenen Stadtteile als die Basis für einen Bildungsprozess verstanden, wie er in den Settlements angedacht war. Das Lokale, der Stadtteil also, wurde folglich als zentraler Ausgangspunkt für einen solchen individuellen und gesamtgesellschaftlichen Bildungsprozess verstanden. Jeder Stadtteil wies seine eigenen sozialen, kulturellen und ökonomischen Bedingungen auf, von denen aus dann entsprechende konkrete Reformen zu entwickeln waren. Gleichzeitig jedoch stand das Lokale *pars pro toto* hingegen für den quer dazu liegenden und überall

in den westlichen Agglomerationen der Welt vorzufindenden, tiefen gesellschaftlichen Graben zwischen Arm und Reich. Bildung war daher im Kontext der Settlementarbeit ein politisches Projekt zur Bearbeitung des Problems um die sich zuspitzende soziale Spaltung – auch wenn das nicht von allen Settlements der damaligen Zeit so unterschrieben worden wäre und ungeachtet der Tatsache, dass in England die *University Settlements* weniger reformorientiert waren als in manchen Städten der USA.

Die Diskussion um Bildung ist heute eine andere. Sie führt zwar noch immer die Frage nach der sozialen Gerechtigkeit mit sich. Vor allem wenn es darum geht, dass bestimmte soziale Gruppierungen in der Gesellschaft systematisch benachteiligt werden und dadurch die propagierte Chancengerechtigkeit erodiert, scheint die Frage der sozialen Spaltung wieder auf. Allerdings wird diese Frage nicht als Bildungsprojekt der Gesellschaft diskutiert, sondern als Problem eines Schulsystems, das es nicht schafft, allen Kindern und Jugendlichen gleichermassen die Chance zu geben, sich in der gegebenen Gesellschaft zu verwirklichen. Mit anderen Worten: Das Bildungsproblem wird auf das Individuum und das Schulsystem reduziert. Daran ändern auch Programme wie die sogenannten Bildungslandschaften wenig, die den Blick weiten und anerkennen, dass nicht nur Schule und Familie zentrale Bildungsakteur:innen sind. Denn letztlich geht es nach wie vor darum, dass die Bildungslandschaft sich so neu organisieren soll, dass das einzelne Kind oder der:die Jugendliche sich entsprechend bilden kann: „In einer Bildungslandschaft arbeiten alle Personen und Institutionen zusammen, die ein Kind bzw. Jugendlichen [sic!] erziehen, betreuen oder begleiten" (Bildungslandschaften21 2021). In einem relationalen Bildungsverständnis, wie es die Settlement-Bewegung auszeichnet und wie wir es auch bei Bildungstheoretiker:innen finden, wird jedoch die Bildung des Individuums mit der Bildung der Gemeinschaft ins Verhältnis gesetzt (Koller et al. 2007). Hierin bestünde also ein Auftrag für die Gemeinwesenarbeit, die aber aufgrund ihrer geringen Verbreitung in der Fläche eine kaum belastbare Infrastruktur bietet. Gerade in gesellschaftlichen Krisen, wie etwa in der jüngsten Situation der Pandemie, wird dies sichtbar: Die Einschränkungen des gesellschaftlichen Lebens haben zuallererst die Familien, deren Kinder und die Schule getroffen (in den einzelnen Ländern allerdings in unterschiedlichem Masse). Solidarische Strukturen im Gemeinwesen fehlten und mussten ad hoc aufgebaut werden. Zudem blieben sie der Initiative Einzelner überlassen, weil die staatlichen Hilfen während der Pandemie vornehmlich die wirtschaftlichen Krisen von Unternehmen oder von Einzelpersonen fokussierten.

So wie Bildung in der frühen Gemeinwesenarbeit sich nicht auf Schule reduzierte und als Aufgabe der gesamten Gesellschaften verstanden wurde, so wird auch Schule aus der damaligen reformorientierten Perspektive als gesellschaftliches Projekt verstanden. Schulen und ihre Lehrer:innen waren aufgefordert, Fragen nach den gesellschaftlichen Spaltungen, die beispielsweise entlang unterschiedlicher sozioökonomischer Verhältnisse (arm und reich), von Migrationsbewegungen (ansässig und mobil), von rassistischen Zuschreibungen (Diskriminierung von People of Color etc.) usw. entstehen, aufzugreifen. Es ging gemäss diesem Zugang nicht nur darum, allen Schüler:innen die gleichen Chancen zu bieten, eine erfolgreiche Schul- und Ausbildungskarriere zu durchlaufen und dadurch die Gesellschaft insgesamt sozial gerechter zu gestalten, sondern zugleich darum, den Schüler:innen – behutsam zwar, aber doch ehrlicher, wie es Dewey sagte (Dewey 1923, S. 453) – diese soziale Spaltung erfahrbar zu machen. Schule würde sich somit nicht mehr allein auf ihre Arbeit an der Zukunft der Schüler:innen verstehen und ihnen eine möglichst gute Bildung für zukünftige Aufgaben angedeihen lassen, sondern ebenso die Gegenwart der Schüler:innen als Akteur:innen in einer gespaltenen Gesellschaft in den Blick nehmen. Eine Schule, die nicht Teil des Gemeinwesens ist, wäre dementsprechend auch nicht im Sinne dieser frühen Protagonist:innen der Sozialreform und der Gemeinwesenarbeit. Im Gegenteil, Schule sollte ihrer Ansicht nach als Zentrum eines Gemeinwesens fungieren, aus dem heraus immer wieder neue Initiativen der Gestaltung von Gemeinschaft entwickelt werden.

Die Hoffnungen auf eine Schule bzw. ein Schulsystem, das über seine Funktion der „Herstellung von Subjektivität" (Fend 2011, S. 44) hinausgeht, haben sich bis heute nicht erfüllt. Schulen sind zwar nach wie vor wichtig für die zentralen Funktionen der Qualifikation (also der formalen Feststellung von Kompetenzen), der Enkulturation (also der Aneignung kultureller Kompetenzen) und der Allokation (also der sozialen Positionierung innerhalb einer sozial ungleichen Gesellschaft). Alles Funktionen, die sich auf die Subjektivierung der Schüler:innen beziehen. Es geht jedoch nicht darum, die sozialen Bedingungen dieser Subjektivierung selbst in der Schule zu bearbeiten, die Schule also als Organisation innerhalb eines Gemeinwesens zu verorten oder die Schule als Institution innerhalb der Gesellschaft zu reflektieren. Dies, obschon es solche Reformansätze von Schulen durchaus heute noch gibt: Zu denken wäre hier bspw. an die Überlegungen von Ivan Illich, der eine „Entschulung" der Gesellschaft forderte und dessen schon in den 1970er Jahren entwickelten Ideen nach wie vor auch an Schulen Resonanz finden (Illich 2003). Statt einer von Lehrplänen, Lehrer:innen und hierarchischen Strukturen geprägten Organisation geht es um ein Netzwerk von Personen und Organisationen, die voneinander lernen, ihr Wissen teilen und gesellschaftliche Herausforderungen problematisieren wollen. Dieses Netzwerk würde Erwachsene genauso wie Kinder, Jugendliche oder alte Menschen beinhalten. Es wäre eine radikalere Variante der Settlements als Bildungsorte, aber könnte durchaus an diese Tradition anknüpfen.

Mit *education* war in dem von uns dargestellten historischen Zusammenhang mehr gemeint als nur die formale Bildung einzelner Personen. Letztlich geht es um eine Bildung, welche die *community* als ganze betrifft. Damit rückt nicht nur das Bildungssystem, sondern auch der Teilbereich der Arbeit und der Ökonomie in den Blickpunkt. Erst wenn es gelingt, die Auswüchse des Industriekapitalismus aufzuklären, die Gesellschaft zerstörenden Prozesse zu verstehen und diese einzuhegen, dann entsteht so etwas wie eine gebildete *community*. Arbeit und Ökonomie werden hierbei nicht mehr getrennt betrachtet, sondern in ihrem gesellschaftlichen Gesamtzusammenhang. Die Gemeinwesenarbeit und die Soziale Arbeit spielen hier eine wichtige Rolle, da sie die konkreten, negativen Auswirkungen dieser Form der Ökonomie im Alltag der Menschen beobachten kann. Sie ist also gewissermassen Expertin und sollte, so die normative Forderung, stellvertretend für ihre Adressat:innen auch die Notwendigkeit von Veränderungen aufzeigen und durchsetzen.

Heutzutage hat sich an der grundlegenden Struktur der Aufgabe wenig verändert. Allerdings ist die Hoffnung darauf, dass die Expertise der Sozialen Arbeit eine bedeutsamere Position einnimmt und gesellschaftlich anerkannt wird, einer grösseren Nüchternheit oder Ernüchterung gewichen. Nach einem starken Ausbau sozial- und wohlfahrstaatlicher Systeme in den 1960er und 1970er Jahren, wurden im Namen neoliberaler Strategien die Eigenverantwortung von Individuen wieder hervorgehoben und sozialstaatliche Unterstützungssysteme zum Teil radikal um- und abgebaut. Die immer wiederkehrenden ökonomischen Krisen und die starke Dominanz wirtschaftlicher Interessen lassen wiederholt die sozialen Folgen des Wirtschaftens in den Hintergrund treten. Neben den mitunter dramatischen sozialen Krisen, die sich infolge dieser ungezähmten Ökonomie und Profitlogik zeigen, entwickel(te)n sich in den letzten Jahrzehnten auch zunehmend Krisen im globalen, ökologischen Massstab. Die bereits im 19. Jahrhundert vorherrschende Soziale Frage ist also im 21. Jahrhundert wesentlich komplexer geworden und hat nach wie vor reale Konsequenzen für die Gemeinwesenarbeit sowie die Soziale Arbeit (Brandstetter et al. 2021). Diese Komplexität macht es auch schwierig, im Sinne des Bildungsanspruchs Aufklärung über die Vorgänge in der Gesellschaft zu betreiben und darüber hinaus Transformationen in der Gesellschaft einzufordern. Die Soziale Arbeit hat hier dementsprechend auch eine (bildungs-)politische Funktion: Sie mischt sich mit ihrer Expertise in die erwähnten gesellschaftlichen Auseinandersetzungen ein und fordert Veränderungen stellvertretend für ihre Adressat:innen, oder tut dies mit ihnen zusammen. Dass Soziale Arbeit diesen politischen Auftrag hat, ist nicht unumstritten (Merten 2001). In den letzten

Jahren hat sich aber eine breite Diskussion darüber entfaltet, wie diese politische Praxis der Gemeinwesenarbeit (Schreier 2011) und der Sozialen Arbeit (Benz et al. 2013) entwickelt und gestaltet werden kann.

Wohnen – Spielen – Öffentliches Leben & Parks
Mit der Massenproduktion von Waren durch aufkommende Industriebetriebe formierten sich im 18. und 19. Jahrhundert in Europa und Nordamerika erste Städte und Siedlungen zu Logistik-, Dienstleitungs- und Industriestandorten. Verbunden damit war ein massiver Zustrom vieler Menschen (in Europa durch Binnenmigration von ländlichen Gegenden, in den USA durch eine erhöhte Einwanderung von Europa) ganz unterschiedlicher Herkünfte in diese Städte. Die Siedlungsräume wuchsen dabei rasant, vielfach unkontrolliert und oft chaotisch. Die Wohnbedingungen waren von einer hohen sozialen und baulichen Dichte der Bevölkerung und von schlechter Bausubstanz geprägt. Die Folge solcher miserablen Wohnbedingungen waren beträchtliche soziale und hygienische Probleme, schädliche Bedingungen für die dort lebenden Menschen. Am Beispiel der industriellen nordenglischen Zentren beschrieb Friedrich Engels die katastrophalen Bedingungen, unter denen die Arbeiter:innen hausten, als „Brutstätten der Seuchen, die infamsten Höhlen und Löcher", in die sie „Nacht für Nacht eingesperrt werden" (Engels 1964 [1872], S. 263). Damals wurde die sogenannte Wohnungsfrage (Reutlinger 2018) und deren Bearbeitung eng mit der „sozialen Frage" in Verbindung gebracht, d. h. „durch die Abschaffung der kapitalistischen Produktionsweise" (Engels 1964 [1872]), 243). Allgemein setzte sich in der Stadtplanung und Hygienebewegung die Erkenntnis durch, dass dieser Missstand im Wohnen durch die Bekämpfung von Seuchen (vor allem Cholera), die Hilfe sozialer Reformen bei der gleichzeitigen Verbesserung der Bausubstanz (Infrastruktur, Kanalisationssystem für Zu- und Abwässer, gepflasterte Strassen, Müllabfuhr etc.) und mittels Schaffung von qualitativ höherwertigem Wohnraum behoben werden kann. Zu den sozialen Reformen zählten die Hausbesuche, welche eben auch von den Settlement-Arbeiter:innen (und nicht nur den Vertreter:innen der *Charity Organization Societies (COS)*) durchgeführt wurden und zum Ziel hatten, die Gewohnheiten der Menschen in gesundheitlicher und sozialer Hinsicht zu verändern. In städtebaulicher Hinsicht spielten eine systematische Planung und das geordnete Zusammenspiel der unterschiedlichen menschlichen Grundbedürfnisse, sprich Wohnen, Arbeiten, Konsum, Freizeit und auch Bildung (vgl. bspw. Mackensen et al. 1959), eine grosse Rolle bei der Verbesserung dieser räumlich-baulichen Bedingungen der „Daseinsformen der Grossstadt" (ebd.). Nicht nur die beschriebenen Wohnverhältnisse wurden stetig verbessert, es konnten des Weiteren Ausgleichsmomente und natürlich inszenierte

Flächen geschaffen werden. Im Namen der Erwachsenen forderte bspw. eine stetig aktiver werdende Parkbewegung Grünanlagen, die die zugebaute Welt öffnen und auf speziell dafür ausgewiesenen Flächen das Wachstum von Fauna und Flora zulassen sollte. Gleichermassen wurden Kinder als besonders unter den beengten und gesundheitsschädlichen Bedingungen leidende Bevölkerungsgruppe identifiziert und es wurde auf die Risiken einer möglichen Fehlentwicklung hingewiesen. Die sogenannte Spielplatzbewegung forderte deshalb Spielplätze, damit Kinder nicht mehr den Gefahren der Strasse, des zunehmenden motorisierten Verkehrs, den stickigen, dunklen und feuchten Bedingungen von Wohnungen und Innenhöfen ausgesetzt sind. Sie sollten sich fortan auf Spielplätzen aufhalten, welche als Elemente der Parkanlagen, aber auch als zentraler Baustein in den Aussenanlagen von Settlement-Häusern gesehen wurden. Hier wurden die Kinder durch die Settlement-Arbeiter:innen betreut.

Indem nun vermehrt das Zusammenspiel aller gesellschaftlicher Teilbereiche und damit der Organisation und Planung der gesamten Stadt mit ihren unterschiedlichen funktionalen Fragmenten in den Blick genommen wurde, konnte das Verhältnis von Öffentlichkeit und Privatheit neu austariert werden. Staatliche Akteur:innen sahen sich fortan nicht mehr nur dafür zuständig, was sich im öffentlichen Leben abspielte, sondern durch den Versuch, die Verhältnisse und das Zusammenleben innerhalb des Wohnraums zu verändern, auch verstärkt für die Beeinflussung des privaten Lebens. Dadurch rückte auch die intensivierte Auseinandersetzung mit der Frage in den Mittelpunkt, wie das Familienleben zu sein hat (siehe oben). Doch kann die funktionale Ordnung der Stadt nach bestimmten bürgerlichen Idealen und Normalitätsvorstellung auch als Verbürgerlichungstendenz des öffentlichen Raums gelesen werden. Unter sozialen und gesundheitlich negativen Bedingungen sollten den aufwachsenden Kindern gesunde, förderliche und dadurch positive Gegenwelten oder explizit Orte für junge Menschen in der Stadt zur Verfügung gestellt werden, wo sie dem (meist kontrollierten) Kinderspiel nachgehen konnten. Das intendierte Ziel dahinter war ein Integrationsgedanke, zumal die Gefahr bestand, dass die proletarischen Kinder sich durch die negativen Einflüsse, die von der Strasse ausgingen (Kriminalität, Verwahrlosung, Randständigkeit etc.), immer weiter von der bürgerlichen Gesellschaft entfernen könnten. Die Stadt wurde so zu einer grossen Familienwohnung bzw. zu einem Familienhaus nach bürgerlichem Vorbild.

Der in der Überschrift genannte Zusammenhang von „Wohnen – Spielen – Öffentliches Leben & Parks" ist auch heute nach wie vor wichtig resp. rückt angesichts unterschiedlicher Tendenzen erneut in den Fokus von Bildungs- und Stadtentwicklungsdiskussionen (Coelen et al. 2015). Hervorgerufen durch internationale Vergleichsstudien der schulischen Lern- und Leistungsfähigkeit (PISA) geraten seit Anfang der 2000er Jahre zunehmend alle möglichen „Orte der Kinder" in den Fokus einer sich breit machenden Bildungsdebatte. Bildung findet nicht nur in der Schule statt, sondern gleichermassen „vor, neben und nach der Schule" (Rauschenbach 2007). Entsprechend werden die Orte der Familie, der Freizeit und der unterschiedlichen kindlichen und jugendlichen Betreuung anhand bildungsrelevanter Kriterien durchleuchtet und als bildungsrelevant bestimmt. Der öffentliche Raum ist dabei ein zentraler Lernort (Zinnecker 1979), die Nachbarschaften und Stadtteile, in denen Kinder und Jugendliche wohnen und aufwachsen, werden als Bildungslandschaften aufgeschlossen, die ganze Stadt wird als grosse Bildungsgelegenheit begriffen (Coelen et al. 2015). Gleichzeitig wird jedoch kritisiert, dass Kinder verstärkt überwacht und kontrolliert werden, sich kaum mehr selbständig von Ort zu Ort bewegen können, sondern auf den Transport durch erwachsene Bezugspersonen angewiesen sind. Dies führt zu einer verinselten, verhäuslichten, institutionalisierten und hoch mediatisierten Form der sozialräumlichen Bedingungen des Aufwachsens. Erneut rückt damit das Zusammenspiel zwischen öffentlichem Leben und dem Leben in den eigenen vier Wänden in den Fokus der sozial- und bildungspolitischen Auseinandersetzung.

Mit erhöhten Entgrenzungstendenzen der Lebensbereiche Wohnen und Arbeiten, geraten die Wohnräume in den Sog ganz unterschiedlicher strukturierender Logiken und widersprüchlicher Dynamiken. Privilegiertes Wohnen lässt ein relativ einfaches Grenzmanagement zwischen Arbeiten, Wohnen und Aufwachsen zu, denn es gibt genügend Fläche, Rückzugsgelegenheiten und Ressourcen. Prekäre Wohnverhältnisse verbunden mit belastenden familiären Konstellationen und wenig Ressourcen erschweren hingegen ein gelingendes Zusammenspiel der verschiedenen Logiken.

Überhaupt zeigen die Entwicklungen der vergangenen Jahre, dass sich Wohnen (wieder) für viele Menschen prekär darstellt (Meuth und Reutlinger 2023). Die Rede ist von der Wiederkehr der Wohnungsfrage (Beck und Reutlinger 2019). Das Recht auf Wohnen und die Frage, wie dieses für alle Bevölkerungsgruppen ermöglicht werden kann, werden in zukünftigen städtischen Entwicklungen ebenso entscheidend sein, wie die Frage danach, wie der öffentliche Raum für alle in der Stadt lebenden Menschen gestaltet werden kann (Schreier 2011).

Stadt – Forschung – Planung & Organisation
Grosse Siedlungen und Städte, wie sie sich im Zeitalter der Industrialisierung herausgebildet haben, waren nicht nur Orte der Wirtschaft und Standorte der Produktion, sondern auch Wohn- und Lebensorte einer immer heterogener werdenden Bevölkerung. Unterschiedlich und different waren die Menschen

nicht nur in sozialer Hinsicht oder bezogen auf ihre nationale Herkunft und ihre Ethnie. Sie unterschieden sich auch in den Beschäftigungsformen, Religionen und im gesellschaftlichen Ansehen. Dichte und Vielfalt als die zwei charakteristischen Grundmerkmale von Stadt – quer zu jeder disziplinären Betrachtungsweise und dem damit verbundenen speziellen thematischen Fokus – beginnen sich in dieser Zeit rasant zu erhöhen bzw. verstärken. Die mit der zunehmenden Dichte und Vielfalt verbundenen gesellschaftlichen Entwicklungen, Ausdifferenzierungen und den sich anomisch vollziehenden Prozessen, d. h. der Segregation und Abschottung bestimmter Gruppen, weckten das Interesse von Wissenschaftler:innen unterschiedlicher Provenienzen, etwa Stadtsoziolog:innen, Planer:innen, Gesundheits- und Sozialwissenschaftler:innen, Politikwissenschaftler:innen u. a. Mit einer *community*-Perspektive wurde die Stadt als Umwelt des sozialen Lebens und unter Bezugnahme von Analogien aus der Ökologie in den Blick genommen, wie bspw. in den soziologischen Arbeiten von Robert Ezra Park und Louis Wirth in Chicago. Die Stadt wurde als „Labor für die Gesellschaft" (Park 1984 [1925], S. 22), zur Untersuchung des kollektiven Verhaltens sowie des Zusammenspiels städtischer Subkulturen und ethnischer Minderheiten genutzt, wobei gesellschaftliche Fragen im städtischen Gefüge verhandelt resp. über deren Studium erklärbar wurden. Ein besonderer Fokus wurde auf das Studium des sogenannten Mosaiks aus räumlich klar verorteten Lebenswelten ethnischer Gruppen gelegt, die als „cities within cities" betrachtet wurden (Park 1915, S. 582). Auf diese Weise konnte dargelegt werden, wie durch Assimilation und Integration verschiedene Kulturen und Werte sich zu einer gemeinsamen integrierenden nationalen Kultur durchmengen. Um Stadt als soziales Phänomen zu verstehen, wurde diese nicht nur im Sinne einer Ansammlung von Menschen, einer bestimmten Infrastruktur (Strassen, Gebäude, elektrisches Licht, Strassenbahnen, Telefone usw.) oder Einrichtung (Gerichte, Krankenhäuser, Schulen, Polizei oder Feuerwehr) betrachtet, sondern vielmehr als „Geisteszustand" (*„a state of mind"*) aufgeschlossen. Die Stadt sei eingebunden „in die Lebensprozesse der Menschen, die sie bilden; sie ist ein Produkt der Natur und insbesondere der menschlichen Natur" (Park 1984 [1925], S. 1). Im Ergebnis bedeutet ein solches Verständnis jedoch auch, dass eine Stadt nichts Fixes und Stabiles, sondern vielmehr etwas hoch Dynamisches, Veränderliches und sich in Bewegung befindendes darstellt, was Park mit der Formulierung auf den Punkt brachte, dass sich die (grossstädtische) Gemeinschaft (*„the community"*) in einem chronischen Zustand der Krise befände (ebd., S. 31).

In der heutigen Betrachtung städtischer Phänomene werden die Erklärungsmuster oftmals in den Anfängen der stadtsoziologischen Erforschung von Stadt und insbesondere in den Arbeiten der Nordamerikanischen Stadtsoziologie in und um Chicago gesucht und gefunden. Viele der Begrifflichkeiten, Modelle und Konzepte, wie die Stadt, ihre Dynamiken und ihre Herausforderungen für die Menschen zu denken und zu beschreiben sind, lassen sich zurückführen auf die damals angestellten Studien „der einflussreichste[n] Schule der Stadtdeutung, die Chicago School" (Prell 2020, S. 17). Wenngleich die Angebote, die heute vorliegen, um die Stadt aus einer forscherischen Perspektive zu betrachten und zu verstehen, viel breiter aufgefächert sind und sich im Detail erheblich unterscheiden (vgl. ebd., S. 20), sind gewisse wissenschaftliche Blicke auf die Stadt noch immer gefärbt von den damaligen Vorstellungen: Dies manifestiert sich einerseits in der Idee von Stadt als „Laboratorium", „Spiegel" oder „Brennpunkt" der Gesellschaft (ebd., S. 50), da sich hier die sozialen Fragen bündeln würden. Andererseits kann die Stadt auch „als Gestaltungsraum" aufgefasst werden, der organisiert und geplant werden kann und muss, wie dies heute insbesondere in der Stadt- und Raumplanung oder Architektur der Fall ist (ebd., S. 25), obwohl in den planend-gestaltenden Disziplinen das Verständnis von Stadt viel seltener explizit formuliert wird. Diese Offenheit bezüglich des Gegenstandes hat sicher auch mit dem heutigen Planungsverständnis zu tun, welches darauf basiert, dass „Wissenschaft und Verwaltung in ihren Wertsetzungen und Normen viel stärker als angenommen durch subjektive, emotionale und individuelle Faktoren geprägt sind" (Frey und Koch 2011, S. 17). In der Konsequenz bedeutet dies, dass es eben nicht ausreicht, mit fachlichen Kompetenzen, objektiven wissenschaftlichen Methoden und Instrumenten einen „‚guten' Plan" (ebd.) zu entwickeln und umzusetzen, um den immer komplexer werdenden sozialen Dynamiken in der Stadt zu begegnen und diese in eine bestimmte (gewünschte) Richtung zu lenken. In diesem relationalen Planungsverständnis liegt ein grundlegender Unterschied zur Sichtweise während der industriekapitalistischen Zeit grossstädtischer Entwicklung, wie sie in Chicago und anderen Städten zu beobachten war. Dem (drohenden) Chaos unkontrollierbarer Stadtentwicklung galt es durch eine gezielte Strukturierung und Planung eine Ordnung entgegenzusetzen. Basis hierfür waren fachlich fundierte Studien, die den Aufbau und die Organisation von Stadt beschreiben konnten. Mit dem Studium der Stadt, dem Definieren und Beschreiben von kleinen Einheiten, werden die sich dort abspielenden sozialen Prozesse überschau- und voneinander abgrenzbar. Die *neighborhood* wurde in diesem Zusammenhang als Basiselement dieser Organisation von Stadt betrachtet, da Nähe und nachbarschaftlicher Kontakt als einfachste und elementarste Form der Vergemeinschaftung und damit als Basis der politischen Kontrolle angesehen wurden (Park 1915, S. 580). *Neighborhoods* existierten jedoch ohne formale Organisation (von aussen). Sollten sie in den grösseren sozialen bzw. städtischen Zusammenhang gebracht und eingebunden werden, sollte das Stadtleben (wieder) aufgebaut werden, benötigte es eine gezielte Einflussnahme, wie sie etwa durch die sozialen Settlements wahrgenommen wurde, so Park (ebd.). Die Settlement Häuser hätten bestimmte Methoden und Techniken, um *local communities* zu stimulieren und zu kontrollieren. „Wir sollten im Zusammenhang mit der Untersuchung dieser Organisationen (gemeint sind die Settlement-Häuser, d. A.) deren Methoden und Techniken studieren, da es gerade die Methode ist, durch die Gegenstände praktisch kontrolliert werden und ihre wesentliche Natur enthüllen, das heißt, ihren vorhersehbaren Charakter (Gesetzmässigkeit)" (ebd., S. 581).

An diese Vorstellung von objektivierbaren Gesetzmässigkeiten und rationalen Voraussagen knüpft das Bild der planenden Fachperson an, welche eine Stadt nach rationalen Planungsverständnissen organisieren und dominieren kann. Als Inbegriff eines solchen Planungsverständnisses (und des damaligen Zeitgeistes im Maschinenzeitalter) lässt sich die sogenannte *„Neighborhood Unit"* benennen (Perry 1929), wie sie der US-amerikanische Stadtplaner und Soziologe Clarence Arthur Perry in den frühen 1900er Jahre und ausführlich in seinem Buch *„Housing for the Machine Age"* (1939) vorschlug (siehe Biografie von Perry in Abschn. 8.1.8). In das Konzept der Nachbarschaftseinheit war das damalige Wissen von Architektur, Soziologie, Stadtplanung und Immobilienwirtschaft eingeflossen: Es sollte als Rahmen für Stadtplaner:innen dienen, um in den sich industrialisierenden Städten funktionierende, d. h. geschlossene und nach bestimmten Ideen wünschenswerte *neighborhoods* zu schaffen. Durch die passgenaue Abstimmung gesellschaftlicher Funktionen in einem bestimmten Gebiet, sollte Ordnung in einer Wohneinheit hergestellt und eine friedliche städtische Existenz garantiert werden. „Über eine Neu-Gliederung der Wohnbereiche in *neighborhood units* wollte Perry die Stadt (wieder) in übersichtliche Einheiten gliedern und die durch die Folgen der Industrialisierung verschlechterten Wohnbedingungen dadurch erheblich verbessern" (Reutlinger et al. 2015, S. 95).

Dieser Blick in die stadtsoziologischen und stadtplanerischen Diskussionen der frühen 1900er Jahre verdeutlicht, dass *community* und *neighborhood* als Diskurs betrachtet werden können, der sich gegen die Differenzierung und Komplexitätssteigerung des städtischen Lebens wendet. Demgegenüber wird die Ganzheitlichkeit, das Zusammenhängen und Zusammendenken der verschiedenen Elemente der grossen „Maschinen" Stadt und Gesellschaft betont. Mit einer gezielten Forschung und darauf aufbauender systematischer Planung soll, in bildlicher Form, das überkomplexe Gebilde Stadt gezähmt werden. Gemeinwesenarbeit wird somit der Auftrag zugewiesen, diese Zähmung vorzunehmen. Mit diesen unterschiedlichen Akteur:innen werden aber auch unterschiedliche Ideen und Ausprägungen von Organisation *(organization)* deutlich:

Die Stadtplaner:innen und Urbanist:innen versuchen, das städtische Chaos durch einen Plan mit aufeinander aufbauenden Elementen in den Griff zu kriegen, Ordnung herzustellen. Sprechen hingegen Aktivist:innen der Settlement-Bewegung von Organisieren, so beziehen sie sich in erster Linie auf die Bewohner:innen der Slums. Durch ihre Unterstützung und das Empowerment soll es gelingen, sie mit dem Ziel zu organisieren, dass sie sich in die politischen Prozesse wirkmächtig einbringen und ihre Interessen durchsetzen können (Alinsky 1973, 1974; Mohrlok et al. 1993; Penta 2007).

Der Fokus sogenannter integrierter Stadtentwicklung liegt seit dem ausgehenden 20. Jahrhundert auf bestimmten, als benachteiligt geltenden bzw. benachteiligenden städtischen Gebieten, wie dies verschiedene nationale und internationale Förderprogramme sozialer Stadtentwicklung illustrieren (wie bspw. *Soziale Stadt* in Deutschland, *Projet urbain* in der Schweiz, *Politique de la ville* in Frankreich). Mit einer Kombination von investiven, d. h. auf baulich-infrastrukturelle Aufwertung zielende Massnahmen, und sogenannten nicht-investiven, d. h. auf die Verbesserung des Zusammenlebens der Bevölkerung ausgerichtete Massnahmen, soll es gelingen, die Abwärtsspirale, in welcher sich ganz bestimmte Gebiete in einer Stadt befinden, zu stoppen und umzudrehen. Verbunden mit dieser Stadtteilfokussierung sind neuartige Kooperationen zwischen den verschiedenen Amtsstellen und städtischen Abteilungen. Hinzu kommt eine Bündelung der vorhandenen Mittel, um die Schlagkraft zu steigern resp. die Problemlagen der Bevölkerung und des Gebietes ganzheitlich anzugehen und zu verbessern. Das Zusammendenken von Themen und Hilfen geschieht nicht additiv, sondern strebt an, die Dinge miteinander zu verflechten. Im Zuge dessen entstehen neue Berufsfelder, wie das sogenannte Quartier(s)management, die sich als Verbindungselemente zwischen den Ämtern, aber auch zwischen unterschiedlichen in den Gebieten agierenden Professionellen und zu bzw. innerhalb der Bevölkerung verstehen. Sektoriale Betrachtungsweisen verlieren an Bedeutung und an ihre Stellen treten ganzheitliche Vorstellungen: Soziale Stadtentwicklung bedeutet gleichzeitig die Förderung von Arbeitsplätzen, mehr sozialen Wohnungsbau, aber auch ein umfassendes Bildungsprogramm oder Gesundheitsprävention und -förderung für alle Menschen in diesen Gebieten. Ein solch umfassendes Vorhaben benötigt eine wissenschaftlich fundierte Basis, eine ständige wissenschaftliche Begleitung der die Programme umsetzenden Personen und/oder Institutionen, und nicht zuletzt eine Evaluation der schon umgesetzten Massnahmen mit dem Ziel, die (zukünftige) Wirksamkeit zu erhöhen. Durch sogenannte Sozialraumanalysen, d. h. das systematische Studium bestimmter Gebiete mit Methoden der empirischen Sozialforschung, kann der Hilfebedarf abgeschätzt und für die kommunale Steuerung durch die

Politik und Verwaltung aufgezeigt werden. Die Zunahme des Studiums, was in einzelnen Gebieten geschieht (oder geschehen wird), und der damit einhergehende ständige Vergleich der Entwicklungen und des Bedarfs im städtischen Durchschnitt, führen in der Tendenz zu einer Steigerung der Überwachung und Kontrolle der in einem benachteiligten Gebiet lebenden Menschen – und als weitere mögliche Folge auch zur Verstärkung der benachteiligenden Faktoren selber, bspw. bei der Suche nach Arbeits- und Ausbildungsplätzen und dementsprechenden gesellschaftlichen Teilhabemöglichkeiten. Immer wieder wird deshalb davor gewarnt, dass das *surveying* in einem *surveilling* münden könnte. In diesem ambivalenten Kontext müssen sich professionelle Ansätze, welche in und mit *communities* und *neighborhoods* arbeiten, immer bewusst sein, gleichzeitig das die Probleme der Menschen bearbeitende Element sowie Teil des Problems zu sein. Diesem Dilemma kann nur mit einer ausgeprägten professionellen Reflexivität begegnet werden, wie sie bspw. Ansätze der sogenannten Sozialraumarbeit vorschlagen (Kessl und Reutlinger 2022). Zwar haben sich heute viele politische und fachliche Bereiche die Prinzipien der Gemeinwesenarbeit zu eigen gemacht – dies zeigen die neu entstandenen Berufsfelder im Rahmen sozialer Stadtentwicklungen eindrücklich –, doch bedeutet das Eingehen in den Mainstream noch nicht, dass dahinter ein gemeinsamer „Geist" liegen würde. Vielmehr ist es notwendig, die Nuancen und Unterschiede im fachlichen, begrifflichen und methodischen Verständnis genauer herauszuarbeiten, denn hinter der Idee von *community* und *neighborhood* liegen auch heute noch unterschiedliche Richtungen, Strömungen und Interessen.

Soziale Ressourcen – soziale Reformen
Wir haben im Abschn. 6.5 gesehen, dass sowohl bei den Settlement-Leuten wie auch in den *Charity Organization Societies (COS)* die Bedeutung sozialer Ressourcen und sozialer Reformen in den Mittelpunkt rückten. Insbesondere der Blick auf soziale Ressourcen stellt eine Kehrtwendung dar. Die Menschen in den *communities* und *neighborhoods* werden nicht mehr auf ihre scheinbaren „Defekte" und Defizite, die (moralischen) Verfehlungen oder das als problematisch betrachtete soziale Umfeld reduziert, sondern als Personen wahrgenommen und anerkannt, die versuchen, mit den ihnen zur Verfügung stehenden Ressourcen, den Alltag zu bewältigen. Dabei erhoffen sich die damaligen Sozial- und Gemeinwesenarbeiter:innen, dass sich auch durch ein gemeinsames Verständnis und durch die Zusammenarbeit unterschiedlicher Bevölkerungsgruppen neue soziale Ressourcen erkennen lassen, die bislang durch die Separierung der Stadtteile und durch die Entwertung der Erfahrungen der verarmenden und marginalisierten Bewohner:innen von Slums nicht sichtbar wurden.

Soziale Ressourcen und ressourcenorientiertes Arbeiten haben seitdem in der Sozialen Arbeit immer wieder Konjunkturen erfahren. Die letzte Hochzeit der Betonung von Ressourcen lässt sich in den 1980er Jahren verorten, einer Zeit, in der die Lebensweltorientierte Soziale Arbeit (Thiersch 2015) entwickelt wurde, in der das Empowerment (Herriger 2020) und die Gemeinwesenarbeit (Boulet et al. 1980) wichtige Impulse setzten. Heute kann man sagen, dass die Betonung der Ressourcen sich durchgesetzt hat und einen wichtigen Grundpfeiler, manche mögen es vielleicht auch als einen Gemeinplatz bezeichnen, für die Soziale Arbeit darstellt.

Soziale Ressourcen meint dabei, wie die historischen Texte und wie aktuelle avancierte Theorien der Sozialen Arbeit zeigen, nicht nur eine mythische Kraft, die in jedem Menschen oder in jeder Familie steckt. Mit der Rede von Ressourcen ist ausserdem nicht die allzu schlichte Umdeutung gemeint, dass in jeder Krise auch eine Chance steckt. Vielmehr steht dahinter die grundlegende Anerkennung der Leistung, welche die Menschen mit den ihnen zur Verfügung stehenden Ressourcen vollbringen, um ihre Situation, in der sie sich befinden, zu bewältigen bzw. Anpassungen oder Transformationen dieser Situation zu erreichen. Auch solches Verhalten, das von aussen betrachtet als abweichend verstanden wird, lässt sich daraufhin befragen, welche Bedeutung dieses für die Menschen hat und wie es ihnen hilft, in der Situation zurande zu kommen. Insofern können oder müssen auch bspw. der Konsum von Drogen oder die Delinquenz von Jugendlichen im Hinblick auf die Bewältigungssituation und -funktion genauer analysiert werden. Nicht jede soziale Ressource ist zwangsläufig positiv, sie kann auch eine Last oder Belastung sein. Ressourcen sind immer sehr abhängig von ihrem Kontext, in dem sie den Personen zur Verfügung stehen. Ein typisches Beispiel hierfür sind Kriegsheimkehrer:innen, deren im Krieg angeeignete Potenziale oder Fähigkeiten zuhause keine Wertschätzung und Anerkennung erfahren – im Gegenteil sogar zu Ausschluss und Marginalisierung führen können. Wir reden also von *sozialen* Ressourcen, weil sie in der jeweiligen sozialen Situation ihren Sinn haben und ihre Bedeutung erlangen.

Soziale Ressourcen sind darüber hinaus nicht nur auf die Person bezogen. Die historischen Texte haben verdeutlicht, dass sich zu Anfang des 20. Jahrhunderts der Fokus von den Personen und Familien auf das weitere soziale Umfeld verlagert hat. Soziale Ressourcen implizieren daher auch, dass in der sozialen Situation selbst Ressourcen vorhanden sind. Die soziale Situation hat sich dabei für viele marginalisierte Gruppen grundlegend geändert: Heute steht den meisten, wenn auch nicht allen gleichermassen (vgl. z. B. Geflüchteten, Sanspapiers), eine ausgebaute soziale Infrastruktur zur Verfügung, mit Sozialversicherungen, Sozialhilfe, Beratungsangeboten etc. Diese Institutionen stellen wichtige soziale

Ressourcen dar.[1] Neben diesen Institutionen, die Hilfe unter bestimmten Voraussetzungen leisten (z. B. bei Armut), gibt es zudem etliche Ressourcen, die allen Personen zur Verfügung stehen: der öffentliche Personennahverkehr, öffentliche Bibliotheken, Strassen, Parks oder Plätze etc. Und schliesslich verfügen ausserdem die Menschen über (mehr oder weniger) Ressourcen, die wir nach dem Soziologen Pierre Bourdieu in die drei Formen des ökonomischen, kulturellen und sozialen Kapitals einsortieren können (Bourdieu 1982). Dabei sind diese sozialen Ressourcen wiederum aber keineswegs gleich verteilt. Die gesellschaftliche Ungleichverteilung von sozialen Ressourcen hat sogar zugenommen und wir können feststellen, dass diversen Gruppen in der Bevölkerung ebensolche fehlen. Die Rede von sozialen Ressourcen darf uns also nicht dazu verleiten, nur im Kontext von *community* und *neighborhood* zu denken oder den realen Mangel an sozialen Ressourcen zu übersehen. So wie in den damaligen Texten deutlich wird, gilt es auch im Zweifelsfall, soziale Ressourcen für Personen, Gruppen oder grössere soziale Zusammenhänge zu akquirieren.

Die Diskussion um soziale Ressourcen verbindet sich heutzutage zudem mit neueren Ansätzen, die mit den Stichworten *agency* und Resilienz verbunden sind. Soziale Arbeit wird heute häufig mit der Idee verbunden, die *agency* ihrer Adressat:innen, also deren Handlungsmöglichkeiten, zu erweitern (Betz und Esser 2016). Dabei wird *agency* in der Sozialen Arbeit nicht auf das Individuum reduziert gedacht (Parsell et al. 2017). *Agency* weist also über die Handlungsfähigkeit einer einzelnen Person hinaus. Ein soziales Verständnis von *agency* verlangt, dass die Handlungsfähigkeit von Personen im Kontext und mit Bezug auf soziale Ressourcen verstanden wird. So wird beispielsweise in der Theorie des Historikers und Politikwissenschaftlers William H. Sewell (1992) *agency* aufgefasst als die Möglichkeit, Ressourcen zu nutzen, um die soziale Situation, in der sich Personen befinden, zu beeinflussen oder zu transformieren.[2] Soziale Ressourcen nehmen also auch in den Theorien der Sozialen Arbeit, die die *agency*

---

[1]Gleichzeitig wissen wir aber auch, dass die Nutzung dieser sozialen Infrastruktur nicht nur nicht allen offensteht, sondern dass viele, die ebenfalls Anspruch auf Nutzung hätten, diese nicht nutzen (Hümbelin 2016).

[2]Hier wird der Begriff der Schemata, den Sewell verwendet, mit dem Begriff der sozialen Situation ersetzt. Der Situationsbegriff ist sehr viel weiter gefasst (vgl. Clarke 2005), umschliesst das, was mit Schemata bei Sewell gemeint ist, geht aber darüber hinaus. Im Kontext dieses Studienbuchs und um die innere Konsistenz zu gewährleisten, wird hier vereinfachend von sozialer Situation gesprochen.

von Adressat:innen der Sozialen Arbeit in den Mittelpunkt stellen, eine zentrale Rolle ein.

In den letzten Jahren werden auch Resilienz-Theorien für die Soziale Arbeit essenziell. Gerade mit der zunehmenden Diskussion über Traumata und posttraumatische Belastungsstörungen wird die Resilienz der von Traumata betroffenen Personen häufig angesprochen, manchmal auch übertrieben beschworen. Über die verschiedenen wissenschaftlichen Zugänge hinweg lässt sich festhalten, dass unter Resilienz die Potenziale verstanden werden, „die es einer sozialen Einheit [z. B. einer Person, Anm. d. Autoren] ermöglichen können oder aber bereits ermöglicht haben, disruptive Veränderungen wie Krisen, Schocks, Katastrophen, Epidemien, Traumata etc. relativ gut zu begegnen und den eigenen Bestand zu sichern" (Endress und Maurer 2015, S. 7). In der Sozialen Arbeit geht es dann häufig darum, im Vorhinein oder nach einem traumatischen Ereignis die Resilienz von Personen zu stärken. Mit Zunahme der Forschung in diesem Feld wird deutlich, dass Resilienz ein komplexer Zusammenhang ist. Nicht nur die Eigenschaften von Personen, sondern – wieder – deren soziales Eingebunden-Sein und damit auch deren soziale Ressourcen sind wesentlich verantwortlich dafür, ob und in welcher Form sich Personen (oder andere soziale Einheiten, wie Familien, Gruppen, etc.) widerstandsfähig zeigen. Darüber hinaus geht es nicht nur darum, die aktuelle Belastungssituation zu bewältigen, sondern auch Anpassungen vorzunehmen oder gar die soziale Situation zu transformieren, wie soziologische Resilienzanalysen zeigen (Keck und Sakdapolrak 2013). Soziale Ressourcen erweisen sich als notwendige Bedingung dafür, solche disruptiven und krisenhaften Ereignisse nicht nur zu bewältigen, sondern eine „soziale und ökologische Transformation" anzustossen, „welche das individuelle Wohlergehen fördern und einer nachhaltigen gesellschaftlichen Stärkung im Umgang mit zukünftigen Krisen dienlich sind" (Keck und Sakdapolrak 2013, S. 5).

Es sollte durch das Vorherstehende deutlich geworden sein, dass damals wie heute die Gewichtung sozialer Ressourcen zentral für die Soziale Arbeit ist. Entgegen vereinfachender Tendenzen, einfach nicht mehr Defizite sondern Ressourcen bei den Adressat:innen zu suchen, gilt es, a) vermeintlich defizitäres Verhalten als Ressource zur Bewältigung von schwierigen sozialen Situation zu verstehen, b) die Bandbreite sozialer Ressourcen zu berücksichtigen, die von den sozialen Beziehungen zu Einzelnen bis hin zur Infrastruktur geht, c) die Ungleichverteilung und den Mangel an Ressourcen zu verstehen und d) die Bedeutung sozialer Ressourcen für die Handlungsmöglichkeiten (auch in Krisensituationen) zu berücksichtigen.

Gerade die letzten drei Aspekte haben gezeigt, dass sich das professionelle Handeln in der Sozialen Arbeit nicht nur auf den Umgang mit den Adressat:innen beschränken kann, gerade auch wenn ressourcenorientiert gearbeitet werden soll. Vielmehr bedarf es politischen Handelns, das soziale Reformen in die Wege leitet, damit eine verbesserte soziale Infrastruktur ermöglicht wird, um den Mangel an sozialen Ressourcen zu beseitigen und zu einer gleicheren Verteilung von sozialen Ressourcen zu gelangen. Schliesslich soll damit eine soziale und ökologische Transformation ermöglicht werden, die sowohl im Kontext von akuten Krisen als auch angesichts bevorstehender Krisen den Menschen Handlungsmöglichkeiten eröffnet.

Wie damals geht es also um das Zusammenspiel von sozialen Ressourcen und sozialen Reformen. Bereits weiter oben im Kapitel zu Bildung – Schule – Arbeit & Ökonomie wurde herausgearbeitet, dass professionelles Handeln in der Sozialen Arbeit auch politisches Handeln mit beinhaltet. Politisch denken und handeln ist notwendig, um soziale Reformen im Kleinen wie im Grossen durchsetzen zu können. Dazu braucht es letztlich Macht, die politisch organisiert werden muss. Die Texte von Addams und Richmond verweisen auf die unterschiedlichen Nuancierungen und Facetten politischen Handelns. Sicherlich würden aber beide der Aussage von Annegret Wigger und Peter Sommerfeld (2023) zustimmen: „Die Soziale Arbeit ist politisch. Punkt." Diese Dimension des professionellen Handelns, die sowohl für die Soziale Arbeit wie für die Gemeinwesenarbeit gilt, hat in den letzten Jahren verstärkte Aufmerksamkeit erfahren (u. a. Amann und Kindler 2021; Benz et al. 2013). Ob und inwieweit aber die Soziale Arbeit und die Gemeinwesenarbeit ein politisches Mandat haben, war und ist nicht unumstritten (Merten 2001).

Es ist möglicherweise unserem alltäglichen Denken geschuldet, dass wir mittlerweile für jeden gesellschaftlichen Teilbereich unterschiedliche Zuständigkeiten sehen und es als ungehörig empfinden, wenn wir uns in den Bereich der Expertise anderer einmischen. Ärzt:innen, Jurist:innen, Wissenschaftler:innen etc. reklamieren ihre Kompetenz und ihre Sachkenntnis gegenüber der Bevölkerung. Wieso sollten wir uns als Gemeinwesenarbeiter:innen oder Sozialarbeiter:innen in das Geschäft „der Politik" einmischen? Dafür gibt es mehrere Gründe: Erstens ist die Politik für die *polis* da, also für das Gemeinwesen, und wird durch diese getragen, nicht durch ein System, das wir „die Politik" nennen, also durch Personen und soziale Einheiten, die darin Expertise erlangt haben (oder gar beruflich hierin tätig sind). Zweitens betreffen viele Politikbereiche die Soziale Arbeit direkt. In der politischen Arena werden Entscheidungen getroffen, die unmittelbare Auswirkungen auf das Gemeinwesen oder die Soziale Arbeit haben. Dementsprechend ist es notwendig, dass auch die Expertise der

Gemeinwesenarbeiter:innen, der Sozialarbeiter:innen, vor allem aber derjenigen, die davon betroffen sind, sprich die Menschen im Gemeinwesen selbst, Gehör finden. Dazu erfordert es politisches Handeln. Letztlich bedarf es eben, das gilt damals wie heute, sozialer Reformen, um entsprechende Rahmenbedingung für ein gutes Leben mit fairen Verwirklichungschancen für die Mitglieder des Gemeinwesens oder für die Adressat:innen zu schaffen. Dementsprechend haben also Gemeinwesenarbeit und Soziale Arbeit einen politischen Handlungsauftrag. Im englischsprachigen Raum wird hierfür der Begriff der *„policy practice"* verwendet und folgendermassen definiert: *„Policy practice* bezieht sich auf Aktivitäten, die von Sozialarbeiter:innen als integraler Bestandteil ihrer beruflichen Tätigkeit durchgeführt werden und sich auf die Formulierung und Umsetzung neuer *policies* sowie auf bestehende *policies* und vorgeschlagene Änderungen darin konzentrieren" (Gal und Weiss-Gal 2013, S. 4, eigene Übersetzung). Neue oder veränderte *policies* sind Ergebnis sozialer Reformen, die in der Gemeinwesenarbeit und der Sozialen Arbeit erarbeitet werden und dort implementiert gehören.

Policy practice wird dementsprechend von Anfang an als Teil des professionellen Handelns in der Gemeinwesenarbeit und der Sozialen Arbeit betrachtet – sowie damals soziale Reformen. *Policy practice* bedeutet also, dass jedes professionelle Handeln immer auch eine politische Intervention darstellt, nicht nur eine politische Implikation mit sich führt. Dieser Ansatz liegt quer zu den ansonsten so vertrauten Unterscheidungen: *Policy practice* beginnt am Arbeitsplatz, schneidet durch die organisationalen Praktiken in Administrationen, Träger, Verbände, nimmt Einfluss auf die Institutionalisierung der Felder der Sozialen Arbeit und der Sozialpolitik, wirkt auf die Gesetzgebung der Landes- und Bundesebene ein und berücksichtigt auch inter- und transnationale Entwicklungen. *Policy practice* wird dementsprechend näher bestimmt als Handlungsformen, in denen *social advocacy, lobbying, community action,* aber zugleich auch bestimmte Formen des forschenden Handelns, – vor allem solche, welche die Öffentlichkeit auf bestimmte soziale Probleme aufmerksam machen –, des konfliktorientierten Agierens, der Kampagnenarbeit und dann aber auch der Konzeptionsentwicklung, der partizipationsorientierten Organisations- und Institutionenentwicklung und nicht zuletzt der Einflussnahme auf die Gesetzgebung stattfinden (vgl. den Überblick bei Jansson 2014).

7.1.2 Reichweite und Grenzen des Studienbuchs

Das vorliegende Studienbuch schlägt einen für die Soziale Arbeit – soweit wir dies überblicken – eigenwilligen Zugang zur Geschichte der Gemeinwesenarbeit und der Sozialen Arbeit vor: Wir gehen von dem Diskurszusammenhang in einem spezifischen Kontext (Nordamerika) zu einer bestimmten Zeit (1890–1935) aus und laden dazu ein, von hier aus die diskursiven Zusammenhänge zum Thema *community* und *neighborhood* nachzuvollziehen. Diese Entscheidung mag gewagt sein, weil sie sich in mehrerlei Hinsicht typischen historischen Darstellungen verweigert:

Wir erzählen erstens keine lineare und in Phasen untergliederte Geschichte. Vielmehr begrenzen wir uns auf eine Zeit, in der zwar viele Vorläufer der Gemeinwesenarbeit verortet werden, die Gemeinwesenarbeit als solche aber noch gar nicht richtig ausgebildet und institutionalisiert war (beim Stichwort Institutionalisierung von Gemeinwesenarbeit und Etablierung von unterschiedlichen Methoden der Sozialen Arbeit denken wir an die berühmte Trias *social case work, social group work* und *community organization* sowie als vierte Säule *social action,* oder die heute im englischsprachigen Raum gängige Unterscheidung von *micro, meso* und *macro social work*). Damit ignorieren wir bewusst die unterschiedlichen Entwicklungen, Ausprägungen und Diskussionen der Gemeinwesenarbeit in den vergangenen 70 Jahren – also einem wichtigen Kapitel in der ganzen Genese der Gemeinwesenarbeit. Der Grund für diese Entscheidung ist, dass wir denken, dass gerade in dieser volatilen Zeit, also einer Zeit, in der noch Vieles in Bewegung und noch nicht festgelegt war, sehr unterschiedliche Akteur:innen, soziale Bewegungen, Diskurszusammenhänge aufeinandertrafen und dadurch viele produktive und heute nicht mehr im Bewusstsein liegende thematische Verknüpfungen manifest waren.

Zweitens wählen wir einen sozialen bzw. geographischen Kontext aus, der für den deutschsprachigen Raum ungewöhnlich erscheint. Wir konzentrieren uns auf die nordamerikanischen Diskussionen im Rahmen der nationalen Konferenzen für Soziale Arbeit im Übergang vom 19. ins 20. Jahrhundert. Auch wenn diese Diskussionen damals durch den transatlantischen Austausch geprägt waren, liessen sich die Protagonist:innen dieser Konferenzreihe doch vorwiegend im nordamerikanischen Raum und damit auch in diesem sozialen Kontext verorten. Die Ideen und das Wissen jedoch, das hier in der Konferenzreihe zirkuliert, ist nicht nur geprägt von transatlantischen Austauschprozessen, sondern hat auch grosse Auswirkungen auf die weitere Entwicklung in der Gemeinwesenarbeit und in der Sozialen Arbeit diesseits und jenseits des Atlantiks gehabt. Beispielhaft sei hier nur der Beitrag von Abraham Flexner (1915) zu *„Is Social Work a Profession?"* erinnert.

Drittens konzentrieren wir uns auf die Ideen und das Wissen in Bezug auf *community* und *neighborhood*. Mit anderen Worten: Wir lassen den sozialhistorischen Kontext, in dem dieser Diskurs sich entfaltet hat, weitgehend unberücksichtigt. Wie weiter oben gezeigt, spielt dieser jedoch immer auch mit hinein: *Community* war nicht zufälligerweise ein zentraler Topos während des Ersten und Zweiten Weltkriegs. Dennoch erscheint es uns sinnvoll, uns vor allem auf die Bezüge zwischen den in diesem speziellen historischen Kontext entwickelten Ideen und aktuellen Diskurszusammenhängen zu konzentrieren. Dies ermöglicht es, Verbindungslinien zwischen Akteur:innen, Gruppierungen und sozialen Bewegungen zu entdecken, die häufig übersehen werden. Unser Argument ist hier, dass diese in der historischen Rückschau häufig übersehenen Verbindungslinien gerade die Stärke des damaligen Diskurses zu *community* und *neighborhood* ausmachten.

Indem wir uns also zu einem bestimmten Zeitpunkt und an einem bestimmten Ort diese historischen Verflechtungen eines Diskurszusammenhangs genauer anschauen und sie behandeln, ermöglichen wir – so hoffen wir zumindest – vielleicht unerwartete und inspirierende Bezugspunkte zu historischen wie aktuellen Diskussionen zu entdecken. Uns erscheint diese Vorgehensweise anregend und produktiv, weil sie nicht festlegt, wie die Geschichte damals aussah und wie sie sich entwickelt hat, sondern auffordert, Ideen- und Wissenszusammenhänge aufzuspüren, die damals im Diskurs vorzufinden waren. Insofern nimmt das Buch den Begriff Studienbuch ernst. Es lädt ein, selbst zu studieren, selbst die historischen Texte zu lesen und auch selbst Zusammenhänge damals und heute zu identifizieren, die bislang nicht oder kaum thematisiert sind.

Die Auswahl und der Zugang stellen damit keine Wertung oder gar Abwertung gegenüber anderen historischen Diskurszusammenhängen oder Weiterentwicklungen dar. Die Geschichte der Gemeinwesenarbeit in Deutschland mit ihren zahlreichen Vertreter:innen, Strömungen und Themen böte genauso wichtige historiografische Unternehmungen wie Studien zu Konfliktlinien oder zu historischen Systematisierungen unterschiedlicher Zugänge zur Gemeinwesenarbeit (siehe dazu Oelschlägel 1982, 2017; Stövesand et al. 2013).

Auch Studien zum Zusammenhang von Sozial- und Ideengeschichte in Hinblick auf die Gemeinwesenarbeit sind unseres Wissens ein Desiderat. Wie sich die ökonomische und politische Situation in den jeweiligen Zugängen der Gemeinwesenarbeit widerspiegelt, wie Gemeinwesenarbeit diese sozialgeschichtlichen Entwicklungen gedeutet und darauf reagiert hat, wären wichtige Elemente historischer Untersuchungen.

Ebenso stellt sich die Frage, zu welchem historischen Zeitpunkt eine Geschichte der Gemeinwesenarbeit überhaupt beginnt. Wie Michael May (2016) gezeigt hat, müsste eine historisch-systematische Rekonstruktion mit der Verhältnisbestimmung von *oikos* und *polis* beginnen und damit in der griechischen Antike ansetzen. Systematisch könnte jedoch auch argumentiert werden, dass mit dem Abschmelzen des solidarischen Potenzials im Zuge der industriekapitalistischen Entwicklung die Frage nach der Arbeit am Gemeinwesen eine so starke Transformation erfahren hat, dass sich historische Konstruktionen der Gemeinwesenarbeit im engeren Sinne auf die Zeit ab Mitte des 19. Jahrhunderts konzentrieren müssten (zur Sozialen Arbeit als solidarisches Projekt, vgl. Köngeter 2022). Die Konzentration auf eine bestimmte historische Phase in diesem Buch ist explizit keine Entscheidung bezüglich dieser Frage, sondern wird bestimmt durch die Vielstimmigkeit des damaligen Diskurszusammenhangs, der auch im 21. Jahrhundert nach wie vor spannend sein kann.

7.2   Ausblick

Wagt man vor diesem historischen Hintergrund einen Blick in die Gegenwart, so ergeben sich neue Perspektiven auf das eingangs skizzierte diskursive Feld um die Begriffstrias Sozialraum, Gemeinschaft und Gemeinwesen: Auf der konzeptionellen Ebene ebenso wie hinsichtlich des Gegenstandsbezugs, der Definition, der Abgrenzung und vielem anderem mehr charakterisiert sich die heutige *community*-Orientierung erst einmal durch eine konzeptionelle Unschärfe und Diffusität. Für viele Akteur:innen ist diese Tatsache jedoch nicht anstössig, denn im Reden über Sozialraum, Gemeinschaft und Gemeinwesen werden sie und ihr Arbeitsfeld anschlussfähig an einen Modernisierungs- und Reformdiskurs Sozialer Arbeit: Hilfen zur Erziehung und Arbeit mit Menschen mit Behinderung kommen so zusammen mit offener Kinder- und Jugendarbeit und nicht zuletzt mit tradierten *community*-bezogenen Ansätzen wie der Gemeinwesenarbeit oder Gemeindepsychiatrie. Dieses Phänomen lässt sich durch die *Theorie der Grenzobjekte* erklären, wie sie im Zusammenhang der Wissenschaftsforschung entwickelt wurde: Grenzobjekte verbinden verschiedene Diskurse und soziale Welten, indem sie Anknüpfungspunkte bieten, aber Diskurse nicht festlegen oder festzurren. Im Zentrum steht hier die Frage, wie die heterogene, durch viele verschiedene Akteur:innen geprägte wissenschaftliche Arbeit so gestaltet werden kann, dass die notwendige Kooperation gewährleistet ist, die Differenz zwischen diesen Akteur:innen aber dennoch erhalten bleibt: *„How can findings which incorporate radically different meanings become coherent?"* (Star und Griesemer 1989, S. 393). Die Antwort hierauf sind sogenannte Grenzobjekte: „Grenzobjekte sind Objekte, die sowohl plastisch genug sind, um sich lokalen Anforderungen und Einschränkungen von mehreren Parteien anzupassen und zugleich robust genug sind, um eine gemeinsame Identität über Ortswechsel hinweg aufrechtzuerhalten. Sie sind im gemeinsamen Gebrauch schwach strukturiert und werden beim ortsspezifischen Gebrauch stark strukturiert. Sie können abstrakt oder konkret sein. Sie haben in verschiedenen sozialen Welten unterschiedliche Bedeutungen, aber ihre Struktur ist übereinstimmend genug, um in mehr als einer Welt als Instrument für Übersetzungen erkennbar zu sein. Die Schaffung und Verwaltung von Grenzobjekten ist ein Schlüsselfaktor bei der Entwicklung und Aufrechterhaltung von Kohärenz in sich überschneidenden sozialen Welten." (ebd., erster Teil der Übersetzung übernommen aus Gießmann und Taha 2017, zweiter Teil eigene Übersetzung). Ein solches (sozial-)konstruktivistisches Verständnis von Begriffen kann Hinweise auf die Erklärung dieser Konjunktur der Begrifflichkeiten geben: Viele Akteur:innen und Diskussionen werden anschlussfähig an sich etablierende (diskursive) Felder.

Fasst man die im aktuellen *community*-Diskurs verhandelten Konzepte als Grenzobjekte auf, so entstehen für die unterschiedlichen Akteur:innen Sozialer Arbeit neue „Gestaltungsfenster", die es ermöglichen, den weiteren Diskurs mitzubestimmen und mitzugestalten. Über Jahre getrennte Entwicklungen und Diskurse kommen dadurch zusammen – gemeinsam könnte es darum gehen, Rolle und Position der Gemeinwesenarbeit und der Sozialen Arbeit neu zu verhandeln. Vieles deutet jedoch auch darauf hin, dass das Gestaltungspotenzial dieses Fensters, welches sich seit Mitte der 1990er Jahre geöffnet hat (Reutlinger 2007), nicht ausreichend genutzt wird. Dies hat mit verschiedenen Faktoren zu tun: Zuallererst wird von essentialistischen Vorstellungen ausgegangen, was Gemeinwesenarbeit oder Sozialraumorientierung *ist*. Dadurch fallen alle Bezüge, historisch und aktuell, sowie auch die unterschiedlichen Zugänge und Perspektiven weg. Verhandelbar ist lediglich noch das, was innerhalb des lokalen *Raumcontainers* gestaltbar ist. Verbunden mit dieser begrifflichen Verkürzung ist auch eine absolutistische Behälterraumvorstellung vom Gemeinwesen oder Sozialraum als (städtisches) (Problem)Gebiet, „ein Stadtteil, ein Quartier, eine Strasse, ein Dorf oder ein Bezirk", welches „unter einer pragmatischen Perspektive der Handhabbarkeit" festgelegt wird (Galuske 2013, S. 302). Alltägliche Herstellungsprozesse von Raum und unterschiedliche Handlungsmöglichkeiten der Menschen geraten damit ebenso aus dem Blick, wie die strukturellen und politischen Mechanismen, welche bspw. zu einer Massierung von Problemlagen in bestimmten Gebieten führen. Auch die Rolle Sozialer Arbeit in diesen Prozessen wird durch eine Behälterraumvorstellung, bei der Menschen *in* Räumen handeln, nicht thematisierbar. Auf die Agenda gerät nur noch eine sektorielle Perspektive des jeweiligen Arbeitsfeldes.

Dadurch wird an der bisherigen Geschichtsschreibung von *community*-orientierten Ansätzen angesetzt und diese fortgeschrieben. Die feste Etablierung im Kanon der Disziplin Sozialer Arbeit führte dazu, dass sich im Laufe der Zeit eine Enthistorisierung der Gemeinwesenarbeit durchsetzte. Sie wird nicht mehr in ihrer Fluidität und Vernetztheit betrachtet, sondern es werden aus der Perspektive einer vorausgesetzten Etablierung der Gemeinwesenarbeit solche historischen Wurzeln ausgeblendet, die aus heutiger Perspektive kaum noch Verbindungen aufweisen. Dies ist dann auch der Grund dafür, dass die Settlement-Bewegung in der Geschichtsschreibung der Gemeinwesenarbeit ihren festen Platz hat, die *Charity Organization Societies* jedoch als Gegenspielerin dargestellt werden; Soziale Arbeit wird als disziplinärer Ankerpunkt betrachtet, während Stadtsoziologie und Geographie als Nachbardisziplinen gezählt werden; Jane Addams und Saul Alinsky werden als Protagonist:nnen gefeiert, während Mary Richmond oder Ernest Burgess kaum Erwähnung finden (siehe alle Biografien in Abschn. 8.1).

Das Studienbuch vermag jedoch aufzuzeigen, dass *community* und *neighborhood* gerade in den ersten Jahrzehnten des 20. Jahrhunderts keineswegs eine etablierte soziale Einheit darstellten, auf die sich Soziale Arbeit bezieht, und die durch die Etablierung der *community organization* in den 1920er und 30er Jahren in den USA institutionalisiert wurde, wie es auch in den vier Säulen der *National Conferences of Social Work (social case work, social group work, community organization und social action)* zum Ausdruck kommt. Vielmehr zeigen die Beiträge dieser Konferenzreihe, dass es eine kontroverse Diskussion darüber gab, wie diese vier verschiedenen Säulen zusammenhängen. Insgesamt kann gezeigt werden, dass diese Epoche von einem Diskurs geprägt war, der vermehrt gesellschaftliche Probleme als Ausgangs- und Zielpunkt für sozial- und gemeinwesenarbeiterisches Handeln verstand. Doch darf dies wiederum nicht aus heutiger Perspektive als ein eindimensionaler Weg zu einer progressiveren Sozialen Arbeit betrachtet werden. Diese Entwicklung war verbunden mit einer verstärkten Thematisierung des nationalen Zusammenhalts (vor allem vor und während den Zeiten des Ersten und Zweiten Weltkriegs), der zuweilen diskriminierenden Problematisierung von *race* und Migration (Park und Kemp 2006), und der Aufrechterhaltung und Herstellung gesellschaftlicher Ordnungen und Hierarchien durch neue sozialwissenschaftlich abgesicherte Methoden.

Wird vor dem Hintergrund dieser Erkenntnisse der aktuelle *community*-Diskurs als Gestaltungsfenster aufgeschlossen, geraten neue Handlungsmöglichkeiten in den Blick. So gelangen beispielsweise andere Disziplinen erneut in den Fokus des Interesses. Statt das Eigene der Gemeinwesenarbeit oder der Sozialen Arbeit gegenüber anderen Professionen und Disziplinen zu betonen, könnten Verknüpfungen und Verwandtschaften mit diesen entdeckt werden. Statt innerhalb der Sozialen Arbeit die Differenzen zwischen Mikro-, Meso- und Makroperspektiven zu betonen, könnte die Verzahnung der Ansätze erkundet werden. Statt nur bei den anderen Positionen die ideologischen Verblendungen zu entdecken, könnten auch die eigenen Verstrickungen und Ambivalenzen identifiziert werden. Es wäre also Aufgabe, die unterschiedlichen konzeptionellen Zugänge, sozialen Professionen und wissenschaftlichen Disziplinen produktiv aufeinander zu beziehen und sie einzuladen, an der Gestaltung sozialer, räumlicher und politischer Zusammenhänge mitzuwirken.

Serviceteil: Diskursprägende Protagonist:innen und soziale Bewegungen

8

Dieser Serviceteil ist alphabetisch aufgebaut und rückt zunächst vor allem die Biografien derjenigen Autor:innen in den Fokus, auf deren Texte im Kap. 6 ausführlicher eingegangen wurde. Zum Grossteil sind dies Personen, die für die Gemeinwesenarbeit oder Soziale Arbeit wesentliche Beiträge geliefert haben und auch in der Geschichtsschreibung der Gemeinwesenarbeit oder Sozialen Arbeit regelmässig ihren Platz finden (Jane Addams, Julia C. Lathrop, Mary Richmond). Andere hingegen sind weniger bekannt, über die Bedeutung ihres Wirkens wird in der Historiografie der Gemeinwesenarbeit oder Sozialen Arbeit nur wenig berichtet (Sophonisba Breckinridge, Florence Kelley, Zilpha D. Smith, Robert A. Woods). Schliesslich finden sich Autoren (in diesem Fall nur männliche), die eher Nachbardisziplinen zugeordnet werden, gleichwohl aber für die Gemeinwesenarbeit oder Soziale Arbeit eine wichtige Bedeutung hatten (Ernest W. Burgess, Henry S. Curtis, John Dewey, Jacob Riis). Mit Roy S. Wallace taucht ein Autor auf, der nachhaltig praktisch tätig war, über den wir aber tatsächlich nur wenig wissen.

Ausserdem wird im Anschluss noch auf zentrale soziale Bewegungen eingegangen, die für die Gemeinwesenarbeit und die Soziale Arbeit von grosser Bedeutung waren. Neben den beiden in der Geschichtsschreibung häufig erwähnten grossen Antipoden, *Charity Organization Societies* und Settlement-Haus-Bewegung, haben wir uns hier noch entschlossen, die Social-Survey-Bewegung und die Playground-Bewegung zu benennen. Weitere soziale Bewegungen könnten ebenfalls ergänzt werden; sie spielten aber für unsere Analysen eine untergeordnete Rolle.

© Springer Fachmedien Wiesbaden GmbH, ein Teil von Springer Nature 2023 165
S. Köngeter und C. Reutlinger, *Studienbuch Geschichte der Gemeinwesenarbeit*, Sozialraumforschung und Sozialraumarbeit 17, https://doi.org/10.1007/978-3-658-15025-9_8

8.1 Biografien

8.1.1 Jane Addams

Jane Addams wurde 1860 in Cedarville, Ohio, als achtes von neun Kindern geboren. Als sie drei Jahre alt war, verstarb ihre Mutter. Auch deswegen war Addams stark durch ihren Vater, John Addams, geprägt, der sich vielfältig politisch und sozial interessierte und engagierte. Addams absolvierte das Rockford College als eine der Jahrgangsbesten, wo sie sich auch mit Ellen Gates Starr anfreundete. Im Herbst 1881 begann Addams zunächst ein Medizinstudium. Der unerwartete Tod ihres Vaters im gleichen Jahr war ein einschneidendes Erlebnis für sie. Sie war psychisch und auch körperlich zu dieser Zeit angeschlagen, musste aufgrund starker Rückenprobleme häufiger ins Krankenhaus. Ein längerer Aufenthalt zunächst in Europa und später in Maryland folgten, aber erst der Besuch der *Toynbee Hall* in London im Jahr 1888, zusammen mit Ellen Gates Starr, brachte sie auf den Weg, sich im Feld der sozialen Reform ihren Beruf zu suchen und ein Settlement zu gründen. 1889 gründeten Ellen Gates Starr und Jane Addams das soziale Settlement *Hull House* in Chicago.

Starr und Addams zogen als erste Bewohnerinnen ein, erarbeiteten Programme, überzeugten wohlhabende Frauen, gemeinnützige Arbeit zu leisten und sammelten Geld. Das *Hull House* beherbergte unter anderem eine Kunstgalerie, einen Kindergarten sowie einen Swimmingpool. Addams war eine entschiedene Feministin und Pazifistin, welche sich für das Frauenwahlrecht und gegen kriegerische Handlungen einsetzte. Als sie sich öffentlich gegen den Eintritt Amerikas in den Ersten Weltkrieg aussprach, wurde sie insbesondere in den Medien stark kritisiert. 1931 erhielt sie für ihr pazifistisches Engagement den Friedensnobelpreis, den sie aufgrund von Herzproblemen jedoch nicht selbst entgegennehmen konnte.

Addams war in zahlreichen Netzwerken, Bewegungen und Institutionen aktiv. So war sie 1908 rege an der Gründung der *Chicago School of Civics and Philantrophy* beteiligt und 1909 wurde sie die erste weibliche Präsidentin der *National Conference of Charities and Correction (NCCC)* (später: *National Conference of Social Work*). 1910 wurde sie als erste Frau mit dem *Honorary Degree* der Yale Universität ausgezeichnet. Das bedeutet, ihr wurde der *Master of Arts* verliehen, obwohl sie nicht an der Yale Universität studiert hatte. 1915 übernahm sie den Vorsitz der *Women's Peace Party* und bis 1929 präsidierte sie die *Women's International League for Peace and Freedom*.

Addams publizierte über zehn Bücher und zahlreiche Artikel vor allem zu ihren Schwerpunktthemen Frieden und Frauenrechte. Ihre praktischen Erfahrungen aus *Hull House* veröffentlichte sie ebenfalls schriftlich, zum Beispiel in dem viel zitierten Buch „*Twenty Years of Hull House*" (1910). An den „*Hull House Maps and Papers*" (1895), einer für die Sozialwissenschaften wegweisenden Studie zu den Lebensbedingungen der Menschen im Distrikt, in dem auch das *Hull House* lokalisiert war, war sie zusammen mit Florence Kelley massgeblich beteiligt.

Jane Addams starb am 21. Mai 1935 in Chicago an Krebs. Ihre Beerdigung fand im Innenhof von *Hull House* statt.

Zentrale Publikationen

* Addams, J. (1902). *Democracy and Social Ethics*.
* Addams, J. (1907). *Newer Ideas of Peace*.
* Addams, J. (1910). *Twenty Years at Hull-House*.

Biographische Quellen

* Braches-Chyrek, R. (2013). *Jane Addams, Mary Richmond und Alice Salomon. Professionalisierung und Disziplinbildung Sozialer Arbeit*. Opladen, Berlin, Toronto: Verlag Barbara Budrich.
* Eberhart, C. (2009). *Jane Addams (1860–1935). Sozialarbeit. Sozialpädagogik und Reformpolitik*. Bremen: Europäischer Hochschulverlag.
* Nobelprize. (2014). *Jane Addams – Biographical*. Abgerufen von: http://www. nobelprize.org/nobel_prizes/peace/laureates/1931/addams-bio.html [Letzter Zugriff am: 08.09.2022].

8.1.2 Sophonisba P. Breckinridge

Sophonisba Preston Breckinridge wurde am 1. April 1866 in Lexington, Kentucky, geboren. Ihre gesamte Familie war politisch aktiv, unter ihnen waren Kongressmitglieder der USA, ihr Cousin war sogar Vizepräsident. Breckinridge schloss 1888 das Wellesley College, eine Privathochschule für Frauen in Massachusetts, ab und wurde 1895 als erste Frau in Kentucky als Rechtsanwältin zugelassen. 1901 erhielt sie an der Universität von Chicago ihren Ph.D. in Politikwissenschaften und Ökonomie. Im Jahr 1904 schloss sie zudem die *Chicago Law School* ab.

Breckinridge lebte zwischen 1907 und 1921 immer wieder im *Hull House* und arbeitete eng mit Jane Addams zusammen. Nach Abschluss ihres Studiums wurde sie im Soziologischen Departement der Universität Chicago als Professorin eingestellt. Zusätzlich arbeitete sie an der *Chicago School of Civics and Philantrophy* als Assistentin von Julia Lathrop. 1908 übernahm Breckinridge als Direktorin die Leitung des Forschungsdepartements und 1909 wurde sie Dekanin der Schule. 1920 gelang es ihr, die *Chicago School of Civics and Philantrophy* mit der Universität von Chicago zu vereinen. Aus diesem Verbund entstand die erste Schule, an der akademische Grade in Sozialer Arbeit erlangt werden konnten. An dieser *School for Social Service Administration (SSA)* wurde ein besonderes Schwergewicht auf Forschung und wissenschaftliche Vorgehensweisen gelegt, was von Sozialarbeitenden aus der Praxis teilweise als zu akademisch kritisiert wurde.

Breckinridge war im Jahr 1919 Gründungsmitglied und von 1933 bis 1935 Präsidentin der *American Association of Schools of Social Work*. Im Jahr 1927 baute Breckinridge als Co-Gründerin das Journal *Social Service Review* auf. Sie arbeitete dort als Chefredakteurin. Als Autorin verfasste sie zudem zahlreiche Bücher, die zu Klassikern der Sozialen Arbeit wurden. Vielfach publizierte sie mit Edith Abbott, einer weiteren Bewohnerin von *Hull House,* mit der sie auch an der SSA zusammenarbeitete.

Sophonisba P. Breckinridge starb am 30. Juli 1948 in Chicago.

Zentrale Publikationen

- Breckinridge, S. P. (1921). *New Home for Old.*
- Breckinridge, S. P. (1933). *Women in the Twentieth Century: A Study of Their Political, Social and Economic Activities.*
- Breckinridge, S. P. (1939). *The Illinois Poor Law and Its Administration.*

Biographische Quellen

- Coghlan, C. L. (2005). „Please Don't Think of Me as a Sociologist": Sophonisba Preston Breckinridge and the Early Chicago School. *The American Sociologist, 36*(1), 3–22.
- Hansan, J. (2011). *Sophonisba Preston Breckinridge (1866–1948): Social Worker, Activist, Educator and Attorney.* Abgerufen von: http://www. socialwelfarehistory.com/people/breckinridge-sophonisba-preston   [Letzter Zugriff am: 07.09.2022].
- Muncy, R. (1990). Gender and Professionalization in the Origins of the U.S. Welfare State: The Careers of Sophonisba Breckinridge and Edith Abbott, 1890–1935. *Journal of Policy History, 2*(3), 290–315. https://doi.org/10.1017/S0898030600004760.

8.1.3 Ernest W. Burgess

Ernest Watson Burgess wurde am 16. Mai 1886 in Tilbury, Ontario, Kanada geboren. Sein Vater war Pastor in der Congregational Church, einer protestantischen Kirche, die in calvinistischer Tradition steht und der Autonomie der einzelnen Kirchgemeinden höchste Priorität einräumt. Burgess besuchte das Kingfisher College in Oklahoma und schloss dort im Jahr 1908 seinen Bachelor ab. Im folgenden Jahr begann er als Doktorand im Departement Soziologie an der Universität von Chicago zu studieren. Im Jahr 1913 erhielt er mit seiner Dissertation zum Thema „*The Function of Socialization in Social Evolution*" seinen Ph.D.

Nachdem Burgess einige Jahre Erfahrung als Lehrer an verschiedenen Schulen im mittleren Westen gesammelt und bei unterschiedlichen Sozialerhebungen mitgewirkt hatte, kehrte er an die Universität Chicago zurück. Dort erhielt er 1916 eine Assistenz-Professur. Im Jahr 1927 ernannte man ihn zum Professor und 1946 übernahm er den Vorsitz des Departements.

Burgess war in vielen Fach- und Berufsverbänden aktiv. Zu den führenden soziologischen Organisationen, in welchen er als Präsident gewählt wurde, zählen die *American Sociological Society* (1934), die *Sociological Research Association* (1942) und der *Social Science Research Council* (1945 bis 1946). 1938 war er Mitbegründer der *National Conference on Family Relations* und 1942 wurde er deren Präsident.

Burgess war unter anderem Chefredakteur der *American Sociological Society* von 1921 bis 1930 und Redakteur des *American Journal of Sociology* von 1936 bis 1940. Als Direktor des *Behavior Research Fund* hatte er die Möglichkeit, eine Vielzahl an wegweisenden Monografien zu unterschiedlichen soziologischen Bereichen herauszugeben.

Ernest W. Burgess starb am 27. Dezember 1966.

Zentrale Publikationen

- Burgess, E. W. (1960). *Aging in Western Societies.*
- Burgess, E. W., & Cotrell, Jr. (1939). *Predicting Success or Failure in Marriage.*
- Burgess, E. W., & Park, R. (1921). *Introduction to the Science of Sociology.*
- Burgess, E. W., Park, R. E., & Roderick, D.M. (1925). *The City.*

Biographische Quellen

* American Sociological Association. (o. J.). *Ernest Watson Burgess.* Abgerufen von: http://www.asanet.org/about/presidents/Ernest_Burgess.cfm [Letzter Zugriff am: 08.09.2022].
* University of Chicago Library. (2007). *Burgess, Ernest Watson. Papers. Addenda.* Abgerufen von: https://www.lib.uchicago.edu/e/scrc/findingaids/view.php?eadid=ICU.SPCL.BURGESSADDENDA#idp160428912 [Letzter Zugriff am: 08.09.2022].

8.1.4 Henry S. Curtis

Henry Stoddard Curtis wurde am 8. Januar 1870 in Olivet, Michigan, geboren. Er schloss die Yale Universität ab und promovierte 1898 in Kinderpsychologie an der Clark Universität in Worcester, Massachusetts. Im selben Jahr erhielt er eine Anstellung als *Director of Child Study* an den New Yorker Schulen. Im Jahr 1902 studierte er *recreational administration* in Deutschland und England.

Curtis arbeitete als *Director of the Playgrounds* an den Schulen New Yorks. Im Jahr 1906 wechselte er nach Washington, wo er als *Supervisor of the Playgrounds* eingestellt wurde. Er unterrichtete an der *Harvard Summer School* sowie an den Universitäten Colorado, Columbia und Cornell zum Thema Spiel. In den 1920er-Jahren war er beim Erziehungsdepartement des Staates Missouri als Direktor für Gesundheit und *Physical Education* tätig. Mit eigenem fortschreitendem Alter interessierte er sich zunehmend für die Soziale Arbeit für ältere Menschen und beschrieb multi-generationale Methoden. Zum Beispiel setzte er sich für das Engagement von pensionierten Personen als sogenannte *playground leaders* ein. Nach seiner eigenen Pensionierung blieb Curtis weiterhin in der Lehre und Beratung zum Thema *recreation* tätig.

Am 12. April 1906 wurde unter Federführung von Curtis die *Playground Association of America (PAA)* in Washington gegründet. Curtis wurde zum Sekretär und Kassier, Jane Addams zur Vizepräsidentin gewählt. Als eine der ersten Aktivitäten der PAA erarbeitete die Vereinigung ein *playground system* für Washington. Der Kongress bewilligte auf dessen Basis 75.000 Dollar, so dass Washington zu einem Beispiel für ein stadtweit geplantes Erholungsnetz wurde.

Curtis schrieb zahlreiche wissenschaftliche Artikel über Spiel und Erholung, unter anderem für das *Playground Magazine,* das Journal der PAA. Er publizierte fünf Bücher und verfasste Informations- und Beratungsbroschüren für Erziehungsdirektionen und staatliche Departemente.

Henry S. Curtis starb am 8. Januar 1954.

Zentrale Publikationen
- Curtis, H. S. (1915). *Education Through Play.*
- Curtis, H. S. (1917). *The Play Movement and Its Significance.*
- Curtis, H. S. (1918). *Recreation for Teachers.*

Biographische Quellen
- National Recreation and Park Association. (o. J.). *Henry S. Curtis.* Abgerufen von: https://aapra-goldmedal.secure-platform.com/a/page/HallofFame/Inductees/Henry_Curtis [Letzter Zugriff am: 08.09.2022].
- Play and Playground Encyclopedia. (o. J.). *Henry S. Curtis.* Abgerufen von: https://www.pgpedia.com/c/henry-s-curtis [Letzter Zugriff am: 08.09.2022].

8.1.5 John Dewey

John Dewey wurde am 20. Oktober 1859 in Burlington, Vermont, geboren und ist auch in dieser ländlichen Umgebung aufgewachsen. 1875 begann er an der Universität Vermont in seiner Heimatstadt sein Studium in Griechisch, Latein, Englischer Literatur, Mathematik, Rhetorik und Philosophie, welches er schliesslich mit dem Bachelor of Arts abschloss. Von 1879 bis 1881 war er als Mittelschullehrer an der High School in Oil City, Pennsylvania, tätig, bevor er ans Lake View Seminar in Charlotte, Vermont, wechselte. Im Jahr 1884 erhielt Dewey an der Johns Hopkins Universität in Baltimore, Maryland, mit seiner Studie über die Psychologie Kants den Ph.D.

Im selben Jahr wechselte Dewey an die University of Michigan in Ann Arbor, Michigan. Dort arbeitete er während zehn Jahren zunächst als Dozent, dann als Professor für Philosophie. 1894 übernahm Dewey eine Professur für Philosophie und die Leitung der Abteilung für Philosophie, Psychologie und Pädagogik an der Universität Chicago. Während dieser Zeit pflegte er enge Kontakte zum *Hull House.* Immer öfter verliess er den Hörsaal, um sich im praktischen Leben für wichtige soziale Anliegen einzusetzen. Er nahm an Veranstaltungen und Demonstrationen teil, wie zum Beispiel zur Durchsetzung des Frauenwahlrechts, und bezog auch in seinen Artikeln Stellung zu aktuellen politischen und gesellschaftlichen Themen. Im schulischen Kontext war Dewey der Überzeugung, dass gelingendes Lernen für Schüler:innen auf Erfahrung aufbauen müsse. Er setzte sich deshalb mit Überzeugung für einen projektbasierten Unterricht ein und gründete in diesem Zusammenhang die *Laboratory School,* eine der Universität angegliederte Versuchsschule. Die Lehrer:innen fungierten als Mitarbeitende der Schüler:innen. Nach Konflikten mit der Universitätsleitung zog Dewey 1904 nach

New York, wo er eine Professur an der Columbia University annahm. Zwischen 1919 und 1928 unternahm er ausgedehnte Studienreisen nach Japan, China, in die Türkei und die Sowjetunion, welche er zum Teil mit Gastprofessuren oder politischen Einladungen verbinden konnte. Dewey wurde 1930 emeritiert.

John Dewey war von 1889 bis 1900 Präsident der *American Psychological Association*. Im Jahr 1905 und 1906 präsidierte er die *American Philosophical Society* und 1929 wurde er zum Präsidenten der *League for Independent Political Action* gewählt.

Dewey forschte und schrieb intensiv zu verschiedenen Themen. Sein Lebenswerk umfasst in der amerikanischen Gesamtausgabe 37 Bände. Er publizierte eine Vielzahl an Artikeln und Büchern, verfasste aber auch Zeitungskommentare zu politischen Aktualitäten und Essays zu philosophischen, pädagogischen oder psychologischen Themen.

John Dewey starb am 1. Juni 1952 in New York.

Zentrale Publikationen
- Dewey, J. (1916). *Democracy and Education: An Introduction to the Philosophy of Education.*
- Dewey, J. (1925). *Experience and Nature.*
- Dewey, J. (1934). *Art as Experience.*

Biographische Quellen
- Dykhuizen, G. (1973). *The Life and Mind of John Dewey.* Carbondale, Edwardsville: Southern Illinois University Press.
- Field, R. (o. J.). John Dewey (1859–1952). In *Internet Encyclopedia of Philosophy.* Abgerufen von: https://iep.utm.edu/john-dewey/ [Letzter Zugriff am: 08.09.2022].
- The Center for Dewey Studies at Southern Illinois University Carbondale. (o. J.). *Dewey Biography.* Abgerufen von: https://deweycenter.siu.edu/_common/documents/dewey-bio.pdf [Letzter Zugriff am: 08.09.2022].

8.1.6 Florence Kelley

Florence Kelley wurde am 12. September 1859 in Philadelphia, Pennsylvania, geboren. Sie war die Tochter eines Abgeordneten des US-Kongresses, der sich für die Abschaffung der Sklaverei einsetzte und der Kelley schon früh auf die Problematik der Kinderarbeit aufmerksam machte. Diese ersten Eindrücke hatten

Einfluss auf ihr vehementes Eintreten gegen Kinderarbeit und die Durchsetzung gesetzlicher Vorschriften, die Kinderarbeit verhindern sollten.

Kelley hatte sich mit 16 Jahren an der Cornell University eingeschrieben, die sie dann 1892 erfolgreich verliess. 1893 brach sie nach Europa auf, wo sie an der Universität Zürich ihr Studium fortsetzte. Zürich war damals eine zentrale Destination für osteuropäische Kommunist:innen und jüdische Personen, die vor Verfolgung fliehen mussten. So kam sie in Kontakt mit sozialistischen Akteur:innen, u. a. mit Friedrich Engels, dessen wegweisendes Werk „Die Lage der arbeitenden Klasse in England" (1962 [1845]) sie ins Englische übersetzte. Sie heiratete 1884 den russischen Medizinstudenten Lazare Wischnewetzky, mit dem sie drei Kinder bekam. Zurück in New York trennte sie sich 1889 von ihrem Mann, nahm ihre drei Kinder mit sich und ging in das Chicagoer *Hull House*. In *Hull House* engagierte sich Kelley in der kritischen Überwachung der Fabrikarbeit und ihren Bedingungen. In ihrem Bericht zeigte sie auf, dass Kinder in sogenannten *sweatshops* – kleinen, engen, unhygienischen Arbeitsräumen vor allem im Bereich der Textilindustrie – arbeiteten. Sie wurde später zur ersten weiblichen Fabrikinspektorin des Staates Illinois berufen. Im Rahmen dieser Arbeit erwarb sie einen zusätzlichen Abschluss in Recht. Ausserdem hatte sie in ihrer Zeit im *Hull House* auch die wesentlichen Untersuchungen durchgeführt, die zu den berühmten *Hull House Maps and Papers* führten.

1899 zog Kelley in das *Henry Street Settlement* nach New York und wurde Generalsekretärin der *National Consumer League (NCL)*. Ziel der von Jane Addams und Josephine Shaw Lowell gegründeten NCL war es, dass nur noch solche Produkte gekauft und verkauft werden sollten, die unter Mindestanforderungen an Arbeitsbedingungen, wie sie die NCL festlegte, hergestellt wurden.

Kelley war in zahlreichen Reformorganisationen beteiligt, so war sie zum Beispiel Mitgründerin des *National Child Labor Committee* im Jahr 1904, der *Intercollegiate Socialist Society* im Jahr 1905 und der *National Association for the Advancement of Colored People (NAACP)* im Jahr 1909.

Florence Kelley starb am 17. Februar 1932 in Philadelphia.

Zentrale Publikationen

- Kelley, F. (1908). *The Responsibility of the Consumer.*
- Kelley, F. (1914). *Modern Industry: In Relation to the Family, Health, Education, Morality.*
- Kelley, F. (1986). *Notes of Sixty Years: The Autobiography of Florence Kelley.*

Biografische Quellen

- Bienen, L. (2012). *Florence Kelley.* Abgerufen von: https://florencekelley. northwestern.edu.
- Blumberg, D. R. (1966). *Florence Kelley: The Making of a Social Pioneer.* New York: Augustus M. Kelley.
- Sklar, K. K. (1995). *Florence Kelley and the Nation's Work: The Rise of Women's Political Culture, 1830–1900.* New Haven: Yale University Press.

8.1.7 Julia C. Lathrop

Julia Clifford Lathrop wurde am 29. Juni 1858 in Rockford, Illinois, geboren. Ihr Vater vertrat die republikanische Partei im US-Repräsentantenhaus. Sie besuchte zunächst das Rockford College, ehe sie in das Vassar College wechselte und dort 1880 ihren Abschluss erwarb. Zuerst arbeitete sie bei ihrem Vater als Rechtsassistentin und begann sich für soziale Reformen, Frauenrechte und die Arbeit mit Menschen mit geistiger Behinderung zu interessieren. Als Ellen Gates Starr und Jane Addams ihre Pläne, ein *social settlement* in Chicago zu gründen, am Rockford College vorstellten, beschloss sie eine der Bewohner:innen von *Hull House* zu werden. Sie engagierte sich in den *Cook County Charities,* einer Charity Organisation (vgl. *Charity Organization Societies*), die im Cook County angesiedelt war, welches wesentlich durch die Grossstadt Chicago geprägt war. Ihre Erkenntnisse flossen in ein Kapitel der *Hull House Maps and Papers* (siehe Jane Addams und Florence Kelley) ein. In der Folge wurde sie Mitglied der *Illinois Board of Charities.*

Im Jahr 1912 war sie die erste Leiterin des neu gegründeten *Children's Bureau,* einer föderal-staatlichen Behörde, die sich dem Wohlergehen von Kindern widmete. In ihrer Funktion setzte sie sich vor allem für die Durchsetzung der Gesetze gegen Kinderarbeit und ein eigenes Jugendstrafrecht ein. 10 Jahre später setzte sie sich u.a. aufgrund gesundheitlicher Probleme zur Ruhe und kehrte nach Rockford zurück.

Lathrop war von 1918–1919 Präsidentin der *National Conference for Social Work.* Sie war in den 1920er Jahren mehrmals in Europa, half bei der Etablierung eines *Children's Bureau* in der Tschechoslowakei und engagierte sich beim Aufbau des *Child Welfare Committee* der *League of Nations* (dt.: Völkerbund), einer Vorgängerinstitution der heutigen UN.

Julia C. Lathrop starb am 15. April 1932 in Rockford, Illinois.

Zentrale Publikationen

- Lathrop, J. C. (1912). The Children's Bureau. *American Journal of Sociology, 18*, 318–330.
- Lathrop, J. C. (1915). Provision for the Care of the Families and Dependents of Soldiers and Sailors. *Proceedings of the Academy of Political Science in the City of New York, 7*(4), 140–151.
- Lathrop, J. C. (1926). International Child Welfare Problems. *Proceedings of the Academy of Political Science in the City of New York, 12*, 418–423.

Biografische Quellen

- Library Of Congress & John W. Kluge Center, S. B. (2007). *Justice, Not Pity: Julia Lathrop, First Chief of the U.S. Children's Bureau.* Washington, D.C.: Library of Congress. [Video] Abgerufen von: https://www.loc.gov/item/2021687867/ [Letzter Zugriff am: 08.09.2022].
- Social Welfare History Project. (2011). *Julia Clifford Lathrop (1858–1932): First Chief of the Children's Bureau and Advocate for Enactment of the Sheppard-Towner Maternity and Infancy Act of 1921.* Social Welfare History Project. Abgerufen von: https://socialwelfare.library.vcu.edu/federal/lathrop-julia-clifford/ [Letzter Zugriff am: 08.09.2022].
- Stebner, E. J. (1997). *The Women of Hull House: A Study in Spirituality, Vocation, and Friendship.* Albany, N.Y.: State University of New York Press.
- van Develder, J. (2017). *Julia Lathrop, VC 1880. Children's Champion.* Abgerufen von: https://www.vassar.edu/stories/2017/170301-julia-lathrop.html [Letzter Zugriff am: 08.09.2022].

8.1.8 Clarence A. Perry

Clarence Arthur Perry wurde am 4. März 1872 in Trexton, New York, als Einzelkind geboren und wuchs in armen Verhältnissen auf. Seine Collegezeit begann er an der Stanford Universität in Kalifornien und schloss sie 1899 an der Cornell Universität, New York, mit einem Bachelor ab. 1901 heiratete er und hatte eine Tochter.

Während zweier Jahre unterrichtete Perry auf den Philippinen und arbeitete danach von 1904 bis 1905 als Rektor der Ponce High School in Puerto Rico. Ab 1908 war er als *special agent* für die US-amerikanische Immigrationskommission tätig, bevor er 1909 von der *Russel Sage Foundation* angestellt wurde. Diese Stiftung betreibt bis heute Sozialforschung und wurde 1907 gegründet mit dem Ziel der Verbesserung der Wohn- und Lebensbedingungen in den USA. Dort untersuchte Perry unter anderem die soziale Bedeutung von Spielplätzen und Schule(n) für Stadtquartiere und deren Bewohner:innen. 1913 wurde er in dieser Stiftung zum stellvertretenden Direktor in der Forschung zu *recreation* ernannt. Er wirkte – mit kurzer Unterbrechung während des Ersten Weltkrieges – bis zu seiner Pensionierung im Jahr 1937 bei der *Russel Sage Foundation*.

Bereits 1907 stellte Perry fest, dass es in vielen Stadtteilen Schulgebäude gab, die nur während gewissen Zeiten benutzt wurden und ansonsten leer standen. Er unterstützte deshalb bürgerliche Initiativen, welche die Schulen für ausserschulische, soziale Projekte benutzten, zum Beispiel für öffentliche Lesungen, Abendveranstaltungen oder Theateraufführungen. Im Jahr 1912 zog Perry mit seiner Familie als einer der ersten Bewohner:innen in den Mittelschichtvorort „*Forest Hills Gardens*" auf Long Island, New York. In dieser Gartenstadt initiierte Perry gemeinschaftliche Aktivitäten und Veranstaltungen sowie den Bau eines Stadtteilzentrums. 1915 spielte Perry eine wichtige Rolle bei der Entstehung der *New York Training School for Community Workers*. Vor dem Hintergrund seiner Erfahrungen aus *Forest Hills Gardens* entwickelte Perry (1929) seine Ideen zur *Neighborhood Unit*, welche ein neuartiges Instrument für die Städteplanung darstellte. Perry lehrte an den Universitäten New York und Harvard zu *Planning Theories*.

1911 nahm Perry an der ersten *National Conference on Civic and Neighborhood Center Development* in Madison, Wisconsin, teil. 1916 war er Mitbegründer der *National Community Center Association* und wurde zu deren Sekretär gewählt. Zugleich war Perry Mitglied der *Regional Planning Association of America* und im *New York Center Committee*.

Perry verfasste zahlreiche Artikel, Broschüren und Monographien. Sein bekanntestes Werk stellt „*The Neighborhood Unit*" dar, welches 1929 veröffentlicht wurde.

Clarence A. Perry starb am 6. September 1944 in New Rochelle, New York.

Zentrale Publikationen

- Perry, C. A. (1910). *Wider Use of the School Plant.*
- Perry, C. A. (1929). *The Neighborhood Unit, a Scheme of Arrangement for the Family-Life Community.*
- Perry, C. A. (1931). *New York School Centers and Their Community Policy.*
- Perry, C. A. (1939). *Housing for the Machine Age.*

Biographische Quellen

- Gibson, W. (1986). Perry, Clarence A. In P. Mooney-Melvin (Hrsg.), *American Community Organizations. A Historical Dictionary*. New York: Greenwood Press.
- Silver, C. (2005). Perry, Clarence Arthur. In R. W. Caves (Hrsg.), *Encyclopedia of the City* (S. 513–514). London: Routledge.

8.1.9 Mary E. Richmond

Mary Ellen Richmond wurde am 5. August 1861 in Belleville, Illinois, geboren. Kurz nach ihrer Geburt zog die Familie nach Baltimore, wo sie bereits früher gelebt hatte. Richmond hatte drei Geschwister, die jedoch alle als Kinder verstorben waren. Ihr Vater war Kutschenschmied, ihre Mutter starb an Tuberkulose als Richmond drei Jahre alt war. Sie wuchs ab dann bei ihrer Grossmutter mütterlicherseits und zwei Tanten auf, die sich auch um die schulische Erziehung kümmerten. Ihre Grossmutter verdiente ihren kargen Lebensunterhalt durch die Vermietung von Zimmern. Die Lektüre der Romane von Charles Dickens und anderer klassischer Literatur sollen prägend gewesen sein und positiv auf sie gewirkt haben.

Erst mit 11 Jahren ging sie zum ersten Mal zur Schule, zwei Jahre später besuchte sie eine *high school* in Baltimore, die sie mit 16 Jahren abschloss und nach New York zu einer Tante zog. Ihre Tante und sie arbeiteten dort für ein Verlagshaus. Nachdem ihre Tante wegen einer Krankheit nach Baltimore hatte zurückkehren müssen, blieb sie allein in New York. Damit begann gemäss ihrer Erinnerung die schwierigste Zeit in ihrem Leben. 1880 musste sie schliesslich doch nach Baltimore zurückkehren, um sich von einer Malaria-Erkrankung zu erholen. Dort arbeitete sie über sieben Jahre als Buchhalterin in einer Buchhandlung.

In dieser Zeit war Richmond kirchlich und kulturell aktiv. Sie wurde Mitglied der *Unitarian Church,* einer liberalen religiösen Bewegung, die in den USA ihren Ausgangspunkt nahm. Sie sah sich weiter nach anderen Betätigungsfeldern um und bewarb sich schliesslich 1889 auf eine Stelle als Assistentin der Finanzabteilung der *Baltimore Charity Organization Society (BCOS)*, die sie dann auch erhielt. Zur Vorbereitung auf die Stelle ging sie mit der finanziellen Unterstützung von Freund:innen für eine Woche zu den *Associated Charities* in Boston, wo sie auf Zilpha Smith (siehe die Biografie von Smith in Abschn. 8.1) traf. Die beiden befreundeten sich und Smith führte sie in ihre Ideen zur Gestaltung der *Charity Organizations* ein und empfahl ihr einführende Lektüre zur bevorstehenden Arbeit. Neben ihrer hauptamtlichen Tätigkeit des Fundraisings und der Öffentlichkeitsarbeit war sie auch ehrenamtlich als *friendly visitor* tätig und besuchte die Familien, die von den BCOS Unterstützung bedurften. Aufgrund ihrer beeindruckenden Leistungen wurde sie bereits 1891 General-sekretärin der BCOS und etablierte kurze Zeit später auch erste Kurse für die frei-willigen Helfer:innen dort. Sie kam in dieser Zeit zu der Überzeugung, dass eine systematische und theoretisch fundierte Ausbildung notwendig sei, um die Arbeit in den *Charity Organizations* gut machen zu können. 1898 schliesslich wurden vonseiten der *New York Charity Organization Society* eine Sommerschule in *Applied Philanthropy* angeboten, in der es um die Ausbildung der *friendly visitors* ging. Richmond lehrte in dieser Sommerschule und schrieb zugleich einen zentralen Ausbildungstext, der 1899 unter dem Titel „*Friendly Visiting Among the Poor*" veröffentlicht wurde.

Im Jahr 1900 wurde sie dann Leiterin der *Philadelphia's Charity Organization Society* und engagierte sich zugleich im Bereich der Reformpolitik. Hier machte sie sich für ein Gesetz gegen Kinderarbeit stark und unterstützte ein Gesetz zur Verbesserung der Situation von Frauen, die durch ihre Männer verlassen wurden und keine Unterstützung mehr erhielten. Sie erweiterte in dieser Zeit auch ihre Lehrtätigkeit (z. B. an der University of Pennsylvania) und gab eine erste Fach-zeitschrift heraus, in der Informationen und Weiterentwicklungen der *Charity Organizations* publiziert wurden. Ihr zweites Buch „The Good Neighbor in the Modern City" erschien im Jahr 1907. Richmond verfolgte diesen Weg der Weg-bereiterin einer neuen sozialen Profession weiter und wechselte in die *Russell Sage Foundation,* die es ihr ermöglichte, ihre Lehr-, Forschungs-, und Publikations-tätigkeiten auszuweiten. Sie begann Fallakten aus den *Charity Organizations* zu sammeln und publizierte auf deren Basis das Buch „*Social Diagnosis*", das 1917 veröffentlicht wurde und nicht nur die Soziale Arbeit als Profession in den USA, sondern auch darüber hinaus massgeblich prägte (vgl. z. B. das Buch „Soziale Diagnose" von Alice Salomon, das in Deutschland erschien und dessen Aufbau und Inhalt massgeblich durch Richmonds Publikation beeinflusst ist). Sie war 1920 Gründungsmitglied der *American Association of Social Workers* und bekam vom Smith College 1921 ehrenhalber einen Masterabschluss.

Richmond propagierte während ihrer gesamten Karriere die zentrale Bedeutung der professionellen Tätigkeit zwischen Fallarbeiter:in und Klient:in. Dies hob sie auch in den 1920er Jahren noch einmal in der Publikation „*What Is Social Case Work*" hervor; gleichzeitig engagierte sie sich in dieser Zeit, in der sie immer stärker aufgrund gesundheitlicher Probleme eingeschränkt war, für eine legislative Veränderung der Ehegesetze, die sie als Ursache für viele soziale Probleme, denen sich Frauen gegenübersahen, erkannt hatte.

Mary E. Richmond starb am 12. September 1928 an einer kurz zuvor identifizierten inoperablen Krebserkrankung in New York.

Zentrale Publikationen
- Richmond, M. E. (1908). *The Good Neighbor in the Modern City.* Philadelphia: J.B. Lippincott.
- Richmond, M. E. (1913). *A Study of Nine Hundred and Eighty-Five Widows Known to Certain Charity Organization Societies in 1910.* New York City: Charity Organization, Russell Sage Foundation.
- Richmond, M. E. (1917). *Social Diagnosis.* New York: Russell Sage Foundation.

Biografische Quellen
- Agnew, E. N. (2004). *From Charity to Social Work: Mary E. Richmond and the Creation of an American Profession.* Urbana: University of Illinois Press.
- Matt, S. J. (2001). Richmond, Mary E. In A. Commire, & D. Klezmer (Hrsg.), *Women in World History – A Biographical Encyclopedia,* Bd. 13 (S. 286–289). Detroit: Yorkin Publications.
- Pumphrey, M. (1971). Richmond, Mary Ellen. In E. T. James, J. W. James, & P. S. Boyer (Hrsg.), *Notable American Women, 1607–1950; A Biographical Dictionary* (S. 152–154). Cambridge, Mass.: Belknap Press of Harvard University Press.
- Social Welfare History Project. (2011). *Mary Ellen Richmond (1861–1928) – Social Work Pioneer, Administrator, Researcher and Author.* Social Welfare History Project. Abgerufen von: https://socialwelfare.library.vcu.edu/social-work/richmond-mary/.

8.1.10 Jacob Riis

Jacob Riis wurde am 3. Mai 1849 in Ribe, Dänemark, geboren. Riis war schon von Kindheit an beeinflusst durch bekannte Autoren, wie beispielsweise Charles Dickens, der in seinen Romanen immer wieder die Armut in dem hochindustrialisierten London beschrieb. Er zog im Alter von 16 Jahren zunächst nach Kopenhagen und später mit 21 siedelte er in die USA über. In dieser Zeit war die USA geprägt von den Nachwehen des Bürgerkriegs (1861–1865) und der nachfolgenden Migration in die urbanen Zentren der USA. Jacob Riis lebte mittellos zumeist in den Armenhäusern von New York City. Diese Erfahrungen veranlassten ihn später auch dazu, sich für deren Schliessung einzusetzen. Seine berufliche Karriere begann er als Polizeireporter bei der *New York Evening Sun*. Über verschiedene Stationen landete er bei der *New York Tribune,* bei der er als Polizeireporter tätig war und über aktuelle Geschehnisse in den Slums der Stadt berichtete.

Einen Namen machte sich Riis mit der Fotografie. Als einer der ersten in den USA benutzte er dazu Blitzlicht, um bei Nacht das Leben der Armen zu dokumentieren. 1889 veröffentlichte er im *Scribner's Magazine* fotografische Essays über das Leben der Slumbewohner:innen. Diese wurden später im Buch „*How the Other Half Lives*" veröffentlicht. Die Publikation hatte nachhaltigen Eindruck bei der Bevölkerung New Yorks und darüber hinaus, nicht zuletzt bei Politiker:innen, unter anderem Theodore Roosevelt, damals Polizeichef in New York und später Präsident der USA, hinterlassen. Er war einer der ersten, die mit dem englischen Begriff *muckraker journalist,* Skandalreporter, damals noch im positiven Sinne gemeint, bezeichnet wurde. Nach seinem Abschied aus dem aktiven Journalismus 1901 war er vor allem als öffentlicher Redner tätig. Dabei nutzte er die *Laterna-Magica*-Technik, um seine Botschaften in der Öffentlichkeit zu lancieren.

Riis stand in enger Verbindung mit der Settlement-Haus-Bewegung. Einer seiner ersten Artikel inspirierte eines der ersten Settlement-Häuser in New York, das *King's Daughter,* das später seinen Namen trug. Er war eng verbunden mit den Settlement-Leuten, wie zum Beispiel Lillian Wald, die das Henry Street Settlement in New York leitete, oder auch mit Jane Addams. Er setzte sich vehement für soziale Reformen ein und nutzte dazu seine Bekanntheit als Skandalreporter und auch seine dadurch entstandenen guten Verbindungen zu Politiker:innen. Er war zwar für eine Verteilung des Reichtums von dem reichen Teil der Bevölkerung zu dem armen. Allerdings waren seine Beschreibungen und Darstellungen von gewissen Slum-Bewohner:innen durchzogen mit vorurteilsbehafteten oder rassistischen Zuschreibungen. Dies brachte seinem Werk, vor allem nach seinem Tod, viel Kritik ein.

Jacob Riis starb am 26. Mai 1914 in Barrie, Massachusetts.

Zentrale Publikationen
- Riis, J. (1890). *How The Other Half Lives*. W.W. Norton & Co.
- Riis, J. A. (1892). *The Children of the Poor*. New York: Arno Press.
- Riis, J. A. (1902). *The Battle With the Slum*. New York: Macmillan & Co.

Biographische Quellen
- Deriu, D. (2005). Riis, Jacob A. In R. W. Caves (Hrsg.), *Encyclopedia of the City* (S. 514, 570–571). London: Routledge.

- Lane, J. B. (1974). *Jacob A. Riis and the American City.* Port Washington, NY: Kennikat Press.
- New World Encyclopedia. (2022). *Jacob Riis.* Abgerufen von: https://www. newworldencyclopedia.org/entry/Jacob_Riis [Letzter Zugriff am 09.09.2022].

8.1.11 Zilpha D. Smith

Zilpha Drew Smith wurde am 25. Januar 1851 (oder 1852) in Pembroke, Massachusetts, geboren. Ihre Familie gehörte zu den Mayflower Siedlern, einer Gruppe von Calvinist:innen, die im 17. Jahrhundert in die USA ausgewandert waren. Ihre Familie war sozial sehr engagiert und setzte sich für die Abschaffung der Sklaverei, das Frauenwahlrecht, die Alkoholabstinenz etc. ein. Noch in jungen Jahren zog die Familie nach Boston. Dort besuchte Smith die Schule und absolvierte eine Ausbildung als Telegrafistin. 1879 wechselte sie zu den *Associated Charities of Boston,* einer der ältesten und einflussreichsten US-amerikanischen Charity-Organisationen. Sie war dort zunächst Leiterin des Empfangs und später Generalsekretärin. Sie entwickelte hier das Konzept, dass Freiwillige als *friendly visitors* in den *Associated Charities* eingesetzt wurden. In diesem Zusammenhang konzipierte sie auch 1888 eine der ersten Unterlagen zur Schulung im Bereich der Sozialen Arbeit. 1903 zog sie sich dann aus den *Associated Charities* zurück und wechselte in die neu gegründete *Boston School of Social Work.* 1918 ging sie schliesslich in den Ruhestand.

Smith war sehr einflussreich in der Bewegung der *Charity Organization Society*. Mit ihrem Modell, das sie in Boston eingeführt hatte, beeinflusste sie zahlreiche andere Städte und Protagonist:innen in den COS, unter anderem Mary Richmond, mit der sie eng befreundet war.

Im Rahmen ihrer Tätigkeiten bei den *Associated Charities* verfasste sie eine Studie über Frauen, die von ihren Ehemännern verlassen worden waren – eine der ersten umfassenden empirischen Studien zu diesem Thema.

Zilpha D. Smith starb am 12. Oktober 1926 in Boston, Massachusetts.

Zentrale Publikationen

- Smith, Z. D. (1901). The Education of the Friendly Visitor. In I. C. Barrows (Hrsg.), *Proceedings of the National Conference of Charities and Correction* (S. 445–449). Boston: Press of Geo. H. Ellis.
- Smith, Z. D. (1901). *Deserted Wives and Deserting Husbands: A Study of 234 Families Based on the Experience of the District Committees and Agents of*

the Associated Charities of Boston. Boston: George H. Ellis. Abgerufen von: https://nrs.lib.harvard.edu/urn-3:fhcl:753624.
- Smith, Z. D. (1915). Field Work. In *Proceedings of the National Conference of Charities and Correction* (S. 622–626). Chicago, Ill.: The Hildmann Printing Co.

Biografische Quellen
- Britannica, The Editors of Encyclopaedia. (2021). *Zilpha Drew Smith.* Abgerufen von: https://www.britannica.com/biography/Zilpha-Drew-Smith [Letzter Zugriff am: 08.09.2022].
- Hansan, J. E. (2013). *Zilpha Drew Smith (1852–1926): Pioneer in the Charity Organization Movement and Early Social Work Educator.* Abgerufen von: https://socialwelfare.library.vcu.edu/?p=9175 [Letzter Zugriff am: 08.09.2022].
- Simmons University Library. (o. J.). *Guide to the Zilpha Drew Smith Papers, 1892–1945.* Abgerufen von: https://beatleyweb.simmons.edu/collectionguides/ManuscriptsCollection/MS009.html [Letzter Zugriff am: 08.09.2022].

8.1.12 Roy S. Wallace

Über das Leben von Roy Smith Wallace ist wenig bekannt. Er wurde 1881 geboren und erreichte seinen Bachelorabschluss an der Harvard University im Jahr 1904, wo er Klassenkamerad des späteren US-Präsidenten Franklin D. Roosevelt war. Er engagierte sich in der Sozialen Arbeit, zunächst in Cambridge, Massachusetts, und später in Buffalo, New York. 1915 wurde er Generalsekretär der *Adam and Maria Sarah Seybert Institution for Poor Boys and Girls* in Philadelphia. Ab 1920 lebte er in New Rochelle, Westchester County, New York. Später arbeitete er bis zu seinem frühen Ableben für die *National Recreation Association.* Er starb am 5. September 1935. Von Roy S. Wallace sind ausser dem in diesem Buch zitierten Beitrag nur wenige, kleinere Publikationen zu finden.

Biografische Quelle

- Lloyd, M. F. (2008). 100 Years: A Centennial History of the School of Social Policy & Practice. *100 Years of Social Work Education, 1.* Abgerufen von: http://repository.upenn.edu/centennial/1 [Letzter Zugriff am: 08.09.2022].

8.1.13 Robert A. Woods

Robert Archey Woods wurde am 9. Dezember 1865 in Pittsburgh, Pennsylvania, geboren, als viertes von fünf Kindern einer schottisch-irischen Immigrant:innenfamilie. Woods wuchs in seiner Geburtsstadt auf, absolvierte das *Amherst College* in Amherst, Massachusetts, und schloss 1890 das Theologische Seminar in Andover, Massachusetts, erfolgreich ab. Nach seinem Studium arbeitete er kurz als Kaplan in einem Erziehungsheim, bevor er während sechs Monaten in der *Toynbee Hall* in London lebte. 1891 eröffnete er ein eigenes Settlement, das *Andover House*. Dort wurden Aktivitäten für Kinder und Erwachsene angeboten. Es gab einen Literaturclub, eine Bibliothek, einen Laden für Briefmarkensammlungen sowie ein Restaurant, das günstige Mahlzeiten anbot. Später wurde *Andover House,* das erste Settlement in Boston, in *South End House* umbenannt. Robert Woods war als Pionier der Settlement-Haus-Bewegung, als Sozialreformer, Autor und Pädagoge tätig. Seine wegweisenden Untersuchungen von lokalen Gemeinschaften und Bevölkerungsgruppen waren grundlegend für die Methodenentwicklung von späteren Settlement-Haus-Studien und für die Gründung von ersten professionellen Organisationen der Sozialen Arbeit.

Robert A. Woods starb am 18. Februar 1925 unerwartet nach einer kurzen Krankheit in Boston.

Zentrale Publikationen

- Woods, R. A. (1891). *English Social Movements.*
- Woods, R.A., & Kennedy, A. J. (1916). *The Settlement Horizon. A National Estimate.*
- Woods, R. A. et al. (1895). *The Poor in Great Cities: Their Problems and What Is Doing to Solve Them.*

Biographische Quellen

- Shapiro, E. S. (1978). Robert A. Woods and the Settlement House Impulse. *Social Service Review, 52*(2), 215–226.
- Socialwelfarehistory. (o. J.). *Woods, Robert Archey.* Abgerufen von: http://www.socialwelfarehistory.com/people/woods-robert-archey/ [Letzter Zugriff am: 20.01.2016].

8.2   Soziale Bewegungen

Soziale Bewegungen entstehen im Kontext der Kritik an gesellschaftlichen Zuständen: Sie sind eine Form, in der dem Leiden an den gesellschaftlichen Zuständen eine Stimme gegeben und Gehör verschafft wird. Soziale Bewegungen bringen einerseits diese Kritik zum Ausdruck und andererseits, durch die Vernetzung von Personen und kollektiven Akteur:innen (wie z. B. Organisationen), gesellschaftliche Veränderungen hervor. Sie fordern dabei bestehende Strukturen heraus, oder kritisieren bestimmte dominante Deutungs- und Handlungsmuster. In dieser konflikthaften Frontstellung entstehen eine eigene Identität und das Gefühl eines kollektiven Zusammenhangs (Snow et al. 2019).

In der Geschichte der Sozialen Arbeit spielen solche sozialen Bewegungen eine zentrale Rolle. So entstanden ab der Mitte des 19. Jahrhunderts wichtige soziale Bewegungen, wie z. B. die Arbeiter:innen-Bewegung, die Gewerkschaftsbewegung, die sozialistischen Bewegungen, die Frauenbewegung etc., die die zunehmende soziale Spaltung der Gesellschaft kritisierten und Massnahmen forderten. Die soziale Spaltung wurde besonders sichtbar in den grossen Städten der damaligen Zeit: Viele Menschen lebten unterhalb des Existenzminimums, ohne Obdach oder in überfüllten Wohnungen, in Vierteln mit sehr schlechten hygienischen Bedingungen, oder wurden durch die gefährlichen Arbeitsbedingungen invalide. Demgegenüber gab es eine bürgerliche Schicht, die in anderen Stadtvierteln unter ungleich besseren Bedingungen lebte. Unter dem Stichwort „Soziale Frage" wurde von vielen Anhägner:innen dieser sozialen Bewegungen thematisiert, welche gesellschaftlichen Veränderungen es bedürfte um diese Soziale Frage zu beantworten (Fontanellaz et al. 2018).

Diese sozialen Bewegungen konnten massgeblich dazu beigetragen, dass verschiedene Berufe im neu entstehenden sozialen Sektor etabliert wurden. Gemeinwesenarbeit und Soziale Arbeit sind Berufe, die im Rahmen dieser Entwicklungen entstanden sind, wobei Gemeinwesenarbeit in Nordamerika als Teil der Sozialen Arbeit verstanden wurde und häufig nach wie vor hier dazugezählt wird. Zuvor wurden die sozialen Aktivitäten zumeist ehrenamtlich durchgeführt, hatten unterschiedliche Namen und noch keinen gemeinsamen beruflichen Status. Unter den neuen sozialen Bewegungen gab es auch solche, die sich spezifisch auf diesen sozialen Sektor bezogen, wie z. B. die Settlement-Bewegung oder die Bewegung der *Charity Organization Society*. Diese und andere soziale Initiativen haben wesentlich dazu beigetragen, dass in allen Nationalstaaten Gemeinwesenarbeit und Soziale Arbeit in der einen oder anderen Form und unter zum Teil unterschiedlichen Namen entstanden sind (Lau 2019; Wendt 2017).

Soziale Bewegungen haben die Geschichte der Gemeinwesenarbeit und der Sozialen Arbeit weit über diese Gründungsphase hinaus geprägt und prägen diese weiterhin. Besonders deutlich wird der Einfluss sozialer Bewegungen in Zeiten gesellschaftlicher Umbrüche, die auch auf die Gemeinwesenarbeit und die Soziale Arbeit einwirken. Ein Beispiel hierfür sind die Gemeinwesenarbeit und die Soziale Arbeit in den 1970er und 1980er Jahren, die – unter dem Einfluss der Student:innen-Bewegung, der zweiten Frauenbewegung, der Bürgerrechtsbewegung etc. – hinsichtlich ihrer patriarchialen, autoritäts- und integrationsorientierten Arbeitsformen kritisiert wurden, infolgedessen die Bedeutung von Demokratie und Teilhabe an der Gesellschaft, von Alltag und Lebenswelt, von Menschen- und Kinderrechten, etc. hervorgehoben werden konnte (Maurer 2019).

Verwendete und weiterführende Literatur
- Fontanellaz, B., Reutlinger, C., & Stiehler, S. (Hrsg.). (2018). *Soziale Arbeit und die Soziale Frage. Spurensuchen, Aktualitätsbezüge, Entwicklungspotenziale.* Zürich: Seismo.
- Lau, D. (2019). *Soziale Bewegungen, Professionalisierung und Disziplinbildung in der frühen Sozialen Arbeit.* Trier: Universität Trier.
- Maurer, S. (2019). Soziale Bewegungen. In F. Kessl, & C. Reutlinger (Hrsg.), *Handbuch Sozialraum: Grundlagen für den Bildungs- und Sozialbereich* (2. Aufl., S. 359–390). Wiesbaden: Springer VS.
- Snow, D. A., Soule, S. A., Kriesi, H., & McCammon, H. J. (Hrsg.). (2019). *The Wiley Blackwell Companion to Social Movements* (2. Aufl.). Hoboken, NJ: John Wiley & Sons Inc.

8.2.1 Charity Organization Societies-Bewegung

Die *Charity-Organization-Society*-Bewegung hat – wie alle anderen hier aufgeführten sozialen Bewegungen – ihren Ursprung in der Kritik an den gesellschaftlichen Zuständen der industrialisierten Welt im 19. Jahrhundert. Die immer wieder auftretenden wirtschaftlichen Krisen führten dazu, dass insbesondere in den urbanen Zentren der westlichen Welt massenhaft Menschen sich nicht mehr selbst versorgen konnten. Die zahlreichen Hilfsorganisationen waren durch diese Situation häufig überfordert und agierten unkoordiniert. Die Entwicklung der *Charity Organization Societies (COS)* hatte daher zum Ziel, die herkömmlichen und unzureichenden Bemühungen der privaten Wohltätigkeitsorganisationen zu koordinieren und auf eine wissenschaftliche Basis zu stellen. Das bedeutete, dass alle Informationen über diese bestehenden Organisationen in den COS gesammelt, zentrale Registrierungsstellen für bedürftige Menschen eingerichtet, systematisch Informationen über diese Personen erhoben und diese wiederum an Hilfsorganisationen vermittelt wurden. Die COS ebneten damit auch den Weg für die sogenannte soziale Einzelfallhilfe, wie sie von Mary Richmond konzeptioniert wurde und weite Verbreitung fand (Wendt 2017, S. 59–103).

Die erste *Charity Organization Society* entstand im Jahr 1869 in London, England. Von dort aus verbreitete sich die Idee einer organisierten Wohltätigkeit im Vereinigten Königreich und in Nordamerika rapide. 1877 wurde die erste COS in den USA in Buffalo, New York, eingerichtet. Anfang des 20. Jahrhunderts gab es bereits über 100 COS in den USA. Die COS existierten bis in die 1920er Jahre. Ab dann wurden sie nach und nach in den angelsächsischen Ländern abgelöst von staatlichen Strukturen, durch die verschiedene Formen (finanzieller) sozialer Unterstützung gewährt wurden. In kontinentaleuropäischen Ländern setzten sich wohlfahrtsstaatliche Strukturen bereits früher durch. Daher spielten die COS keine Rolle als Organisationsform. Allerdings wurde die Vorgehensweise – die soziale Einzelfallhilfe – vielfach in der Sozialen Arbeit auch in Kontinentaleuropa adaptiert und in die dortigen Verhältnisse übersetzt (Hansen 2013).

Bedeutende Vertreter:innen waren u. a. Josephine S. Lowell, Mary E. Richmond und Zilpha D. Smith.

Verwendete und weiterführende Literatur
- Hansen, J. E. (2013). Charity Organization Societies: 1877–1893. *Social Welfare History Project.* Abgerufen von: https://socialwelfare.library.vcu. edu/eras/civil-war-reconstruction/charity-organization-societies-1877-1893/ [Letzter Zugriff am: 06.01.2013]
- Leiby, J. (1984). Charity Organization Reconsidered. *Social Service Review, 58*(4), 523–538.
- Wendt, W. R. (2017). *Geschichte der Sozialen Arbeit. Bd. 2 . Die Profession im Wandel ihrer Verhältnisse* (2., überarb. und erweit. Aufl.). Wiesbaden: Springer VS.

8.2.2 Playground-Bewegung

In der Playground-Bewegung wurde vor allem die zunehmende Urbanisierung der westlichen Gesellschaften mit ihrer damit einhergehenden Begrenzung des kindlichen Bewegungsraums in den Grossstädten kritisiert. Der zunehmende und insbesondere für Kinder gefährlicher werdende Verkehr, die Strassen der Grossstadt, die häufig als Ort von unmoralischen Bevölkerungsgruppen (Bettler:innen, Halbkriminellen, Prostituierten etc.) betrachtet wurde, die fehlende Aufsicht über spielende Kinder sowie die mangelnden Möglichkeiten der sportlichen Betätigung führten zu der Idee, separate Räume für Kinder zu schaffen, in denen sie sich sportlich und spielerisch betätigen konnten. Spielplätze galten daher als Antwort auf den schlechten Einfluss der gesellschaftlichen Entwicklung im 19. und 20. Jahrhundert auf Kinder und Jugendliche (Wassong 2008).

Erste, vereinzelte Spielplätze entstanden in den Städten der westlichen Welt im Laufe des 19. Jahrhunderts. Ab den 1880er Jahren wurden auf Druck der *Playground*-Bewegung in den USA schliesslich vermehrt öffentlich zugängliche Spielplätze gebaut. 1885 konnte der erste Spielplatz in Boston eröffnet werden, der noch nicht mehr war als ein grosser Sandhaufen. Die Idee dazu brachte Dr. Marie Zakrzewska aus Berlin mit, wo sie beobachtet hatte, wie Kinder in Sandgärten spielten (Hansen 2013). In Deutschland trieb dann vor allem der 1891 gegründete „Zentralausschuss zur Förderung der Jugend- und Volksspiele" die deutsche Spielbewegung voran und sorgte damit für die allgemeine Erbauung von Spielplätzen. Auch in den Settlement-Häusern, zum Beispiel im *Hull House,* wurde die Idee der Gründung von Spielplätzen gefördert und umgesetzt. Im Jahr 1911 fand die *Playground Association of America* ihren Ursprung. Beteiligt an dieser Organisation waren neben Henry S. Curtis und Clarence A. Perry als einer der bedeutendsten Vertreter auch Jacob Riis, Jane Addams und Theodore Roosevelt, der ehemalige Präsident der USA.

Verwendete und weiterführende Literatur

- Hansen, J. E. (2013). The Beginning of the Recreation Movement in the United States. *Social Welfare History Project*. Abgerufen von: https://socialwelfare.library.vcu.edu/youth/recreation-movement-in-the-united-states/ [Letzter Zugriff am: 06.01.2023]
- Wassong, S. (2008). The German Influence on the Development of the US Playground Movement. *Sport in History, 28*(2), 313–328. https://doi.org/10.1080/17460260802090842

8.2.3 Settlement-Haus-Bewegung

Die Settlement-Haus-Bewegung war eine Reaktion auf die Soziale Frage des 19. Jahrhunderts. Die Idee bestand darin, die Spaltung in Arm und Reich, in Bürgerliche und Proletarier:innen auf diese Weise zu überwinden, indem es diesen sozialen Gruppierungen gelänge, ihre jeweilige Lage besser verstehen und gemeinsam gesellschaftlichen Wandel hervorbringen zu können. Dazu wurden grössere Wohnhäuser in den armen Vierteln (Slums) errichtet oder übernommen. In diese zogen bürgerliche Student:innen, Frauen oder Männer ein und lebten dort entweder für eine kürzere Zeit oder liessen sich dort langfristig nieder. Der Begriff „Settlement" hat daher seinen Namen: Settlement-Häuser waren Niederlassungen bürgerlicher Personen in den Slums der urbanen Zentren (Picht 1913).

In den ersten Settlements, die einen engen Bezug zu den Universitäten aufwiesen, lag der Fokus auf der moralischen Bildung ihrer bürgerlichen Bewohner:innen. Sie sollten das Leben der Armen und Arbeiter:innen kennenlernen und teilen. Ausserdem ging es darum, die Teilhabe an der bürgerlichen Kultur (z. B. durch die Errichtung von Bibliotheken, die Etablierung von Clubs für Kinder, Frauen und Männer, durch Theater-, Kunst- oder andere kulturelle Veranstaltungen) für die Bewohner:innen der Slums zu ermöglichen. In anderen Settlements lag der Fokus stärker auf der Entwicklung sozialer Reformen in einem weiten Sinne. Beispielsweise forderten sie das Wahlrecht für Frauen, förderten die rechtliche Gleichstellung, propagierten die Durchsetzung des Kinderarbeitsverbots und setzten sich für kürzere Arbeitszeiten ein. Neben den kulturellen Bildungsangeboten verstanden sie sich als Zentren für soziale Reformen. Schliesslich waren Settlement-Häuser auch in die ersten sozialwissenschaftlichen Studien involviert, in denen das Leben in den Slums näher erforscht wurde (Köngeter 2020).

Walter I. Trattner (1989) hat vor diesem Hintergrund drei zentrale Kennzeichen für die Settlement-Häuser ausgemacht: *residence, reform* und *research*. Mit der Ansiedlung *(residence)* von Bürgerlichen in Slums und der Erforschung *(research)* dieser Stadtteile sollten soziale Reformen *(reforms)* angeregt und durchgesetzt werden.

Die Settlement-Haus-Bewegung nahm ihren Ausgangspunkt 1883/84 in London-Whitechapel, in der sogenannten *Toynbee Hall*. Es wurde nach Arnold Toynbee, einem Ökonomen, benannt, der sich für die Verbesserung der Lebensbedingung der Menschen in Whitechapel einsetzte und zeitweise auch dort wohnte. In diesem Settlement-Haus lebten vornehmlich Studenten aus Oxford und Cambridge. Das Settlement-Haus wurde in kürzester Zeit berühmt und zog viele Besucher:innen aus der ganzen Welt an. Die Settlement-Idee verbreitete sich rasch im Vereinigten Königreich und in den USA. Im Handbuch der Settlement-Häuser in den USA wurden im Jahr 1900 103 Settlements, 1905 bereits 204 und 1911 schliesslich 431 Settlements gelistet (Woods und Kennedy 1911). Auch in Kontinentaleuropa gab es verschiedene Varianten von Settlement-Häusern (Gal et al. 2020).

Bedeutende Vertreter:innen waren Jane Addams, Florence Kelley, Julia Lathrop und Robert Woods. Sophonisba Breckenridge, John Dewey und Jacob Riis sind ebenfalls mit der Settlement-Haus-Bewegung verbunden.

Verwendete und weiterführende Literatur
- Gal, J., Köngeter, S., & Vicary, S. (Hrsg.). (2020). *The Settlement House Movement Revisited: A Transnational History*. Bristol: Policy Press.
- Köngeter, S. (2020). A Brief Transnational History of the Settlement House Movement. In J. Gal, S. Köngeter, & S. Vicary (Hrsg.), *The Settlement House Movement Revisited: A Transnational History* (S. 13–34). Bristol: Policy Press.
- Picht, W. (1913). *Toynbee Hall und die englische Settlement-Bewegung: Ein Beitrag zur Geschichte der sozialen Bewegung in England*. Tübingen: Mohr.
- Trattner, W. I. (1989). *From Poor Law to Welfare State: A History of Social Welfare in America* (4. Aufl.). New York u. a.: Free Press u. a.
- Wendt, W. R. (2017). *Geschichte der Sozialen Arbeit. Bd. 2 . Die Profession im Wandel ihrer Verhältnisse* (2., überarb. und erweit. Aufl.). Wiesbaden: Springer VS.
- Woods, R. A., & Kennedy, A. J. (1911). *Handbook of Settlements*. New York: Charities Publication Committee.

8.2.4 Social-Survey-Bewegung

Die *Social-Survey*-Bewegung entstand mit dem Ziel, mittels neuer sozialwissenschaftlicher Methoden die sich verändernde Gesellschaft zu erforschen und zugleich Hinweise darüber zu gewinnen, welche Reformen notwendig wären, um die gesellschaftlichen Missstände zu beheben. *Social surveys* waren Vorformen gross angelegter Bevölkerungsumfragen. Sie erhoben Daten zur ökonomischen, sozialen und kulturellen Situation von bestimmten Gruppen in einer Gesellschaft. Methodisch waren diese breit angelegt. Auch wenn ein Schwerpunkt auf statistischen Daten lag, wurden ebenfalls ethnographische Beobachtungen und Interviews durchgeführt. Die *Social-Survey*-Bewegung steht damit für eine zunehmende Verwissenschaftlichung des Sozialen (Raphael 1996), die sich seit dem 19. Jahrhunderts durchgesetzt hat.

Social surveys waren mehr als die heute üblichen Sammlungen von Daten, denn sie wurden getragen von Sozialreformer:innen, die ihre politische Argumentation mit empirischen Beschreibungen und Analysen unterstützen wollten. Erste Erhebungen, vor allem um die Armenhilfe besser steuern zu können, gab es in vielen westlichen Ländern ab den 1830er Jahren (vgl. bspw. die Sozialenqueten in der Schweiz, Busset 2011). Systematische Bevölkerungsumfragen wurden dann ab den 1880er Jahren entwickelt. Der Industrielle Charles Booth begann in London ab 1886 systematisch die Bevölkerung zu befragen, zunächst mit Fokus auf deren ökonomische Situation, später sollten insgesamt 17 Bände über „*Life and Labour of the People in London*" veröffentlicht werden. In dem gross angelegten Unterfangen waren Settlement-Haus-Bewohner:innen aus der *Toynbee Hall* involviert. Einige Jahre später wurde in Chicago in kleinerem Massstab ein *Social Survey* durch die Settlement-Bewohnerinnen des *Hull-House*-Settlements durchgeführt. Die sogenannten „*Hull House Maps and Papers*" orientierten sich dabei teilweise an Booth' Studien in London. Ab den Nullerjahren des 20. Jahrhunderts wurden dann zahlreiche *social surveys* in nordamerikanischen Städten durchgeführt und haben das Wissen über das Leben in den wachsenden Städten der USA und Kanada wesentlich bereichert (Bulmer et al. 1991).

Neben Charles Booth in England war W.E.B Du Bois ein bedeutender US-amerikanischer Vertreter der *Social-Survey*-Bewegung. In seiner Studie „*The Philadelphian Negro*" untersuchte er die soziale Situation der Schwarzen in Philadelphia. Seine Forschungen weisen enge Verbindungen zu den *Hull House Maps and Papers* in Chicago und Booth' Studien in London auf, da er auch enge Verbindungen mit dem *Hull-House*-Settlement und deren Vertreter:innen hatte. Clarence A. Perry war im Rahmen seiner Tätigkeit bei der Russell Sage Foundation, die wegweisende *surveys* finanzierte, ebenfalls an solchen Studien beteiligt. Schliesslich hatte auch Ernest W. Burgess in seinen frühen Jahren mehrere *social surveys* durchgeführt.

Verwendete und weiterführende Literatur
- Bulmer, M., Bales, K., & Sklar, K. K. (1991). *The Social Survey in Historical Perspective, 1880–1940*. Cambridge: Cambridge University Press.
- Busset, T. (2011). Sozialenqueten. *Historisches Lexikon der Schweiz (HLS)*. Abgerufen von: https://hls-dhs-dss.ch/de/articles/016605/2011-03-02/
- Raphael, L. (1996). Die Verwissenschaftlichung des Sozialen als methodische und konzeptionelle Herausforderung. *Geschichte und Gesellschaft, 22,* 165–193.

Literatur

Addams, J. (1899). A Function of the Social Settlement. *The Annals of the American Academy of Political and Social Science, 13*(3), 33–55.

Addams, J. (1904). Neighborhood Improvement. In I. C. Barrows (Hrsg.), *Proceedings of the National Conference of Charities and Correction* (S. 456–458). Columbus, Ohio: Press of Fred J. Heer. Abgerufen von: https://quod.lib.umich.edu/n/ncosw/ACH8650.1904.001/481 am 29.06.2023.

Albrecht, P.-G. (2008). *Professionalisierung durch Milieuaktivierung und Sozialraumorientierung? Caritas-Sozialarbeit in der Entwicklung.* Wiesbaden: VS Verlag für Sozialwissenschaften.

Alinsky, S. (1973). *Leidenschaft für den Nächsten.* Gelnhausen: Burckhardthaus-Verlag.

Alinsky, S. (1974). *Die Stunde der Radikalen. Ein praktischer Leitfaden für realistische Radikale.* Gelnhausen: Burckhardthaus-Verlag.

Altrock. U. (2019). Erfahrungen mit der Sozialen Stadt. Auf dem Weg zu einem Leitprogramm der Städtebauförderung? In U. Altrock, D. Kurth, R. Kunze, & H. Schmid (Hrsg.), *Programmatik der Stadterneuerung. Jahrbuch Stadterneuerung 2019* (S. 131–151). Wiesbaden: Springer Verlag.

Amann, K., & Kindler, T. (Hrsg.). (2020). *Sozialarbeitende in der Politik. Biografien, Projekte und Strategien parteipolitisch engagierter Fachpersonen der Sozialen Arbeit.* Berlin: Frank & Timme.

Barnett, S. A. (1915). Settlements of University Men in Great Towns. In S. A. Barnett, & H. Barnett (Hrsg.), *Practicable Socialism. New Series* (3. Aufl., S. 96–107). London: Longmans.

Beck, S., & Reutlinger, C. (Hrsg.). (2019). *Die Wiederkehr der Wohnungsfrage. Historische Bezüge und aktuelle Herausforderungen für die Soziale Arbeit.* Zürich: Seismo.

Becker, M. (Hrsg.). (2020). *Handbuch Sozialraumorientierung.* Stuttgart: W. Kohlhammer.

Bellmann, J., & Ehrenspeck, Y. (2002). Historisch/systematisch – Anmerkungen zur Methodendiskussion in der pädagogischen Historiographie. *Zeitschrift für Pädagogik, 52*(2), 245–264.

Benz, B., Rieger, G., Schönig, W., & Többe-Schukalla, M. (Hrsg.). (2013). *Politik Sozialer Arbeit.* Band 1 und 2. Weinheim: Beltz Juventa.

© Springer Fachmedien Wiesbaden GmbH, ein Teil von Springer Nature 2023   191
S. Köngeter und C. Reutlinger, *Studienbuch Geschichte der Gemeinwesenarbeit,* Sozialraumforschung und Sozialraumarbeit 17, https://doi.org/10.1007/978-3-658-15025-9

Berger, B., & Berger, P. L. (1983). *The War Over the Family. Capturing the Middle Ground*. Garden City, N.Y.: Anchor Press.

Bestmann, S. (2013). *Finden ohne zu suchen: Einzelfallunspezifische Arbeit in der sozial-räumlichen Kinder-und Jugendhilfe*. Wiesbaden: Springer VS.

Betz, T., & Eßer, F. (2016). Kinder als Akteure. Forschungsbezogene Implikationen des erfolgreichen Agency-Konzepts. *Diskurs Kindheits- und Jugendforschung, 11*(3), 301–314.

Bienen, L. (2012). *Homicide in Chicago 1870–1930*. Abgerufen am 6.1.2023 von: https://homicide.northwestern.edu/pubs/hullhouse/maps/.

Biesel, K. (2007). *Sozialräumliche Soziale Arbeit: Historische, theoretische und pragmatische Fundierungen*. Wiesbaden: Deutscher Universitäts-Verlag.

Bildungslandschaften21. (2021). *Bildungslandschaften21*. Abgerufen am 6.1.2023 von: https://www.education21.ch/de/bildungslandschaften21.

Bingel, G. (2011). *Sozialraumorientierung revisited. Geschichte, Funktion und Theorie sozialraumbezogener sozialer Arbeit*. Wiesbaden: VS Verlag für Sozialwissenschaften.

Bitzan, M., & Klöck, T. (1993). *„Wer streitet denn mit Aschenputtel?" Konfliktorientierung und Geschlechterdifferenz, eine Chance zur Politisierung sozialer Arbeit?* München: AG-SPAK-Publikationen.

Blandow, R., Knabe, J., & Ottersbach, M. (2012). Gemeinwesenarbeit: Renaissance oder Verabschiedung eines Arbeitsprinzips der Sozialen Arbeit? In dies. (Hrsg.), *Die Zukunft der Gemeinwesenarbeit. Von der Revolte zur Steuerung und zurück?* (S. 7–14). Wiesbaden: Springer VS.

Blinkert, B. (2017). Kind sein in der Stadt. In F. Fischer, & P. Rahn (Hrsg.), *Kind sein in der Stadt. Bildung und ein gutes Leben* (S. 27–49). Opladen u. a.: Verlag Barbar Budrich.

BMJFFG (Bundesministerium für Jugend, Familie, Frauen und Gesundheit). (1990). *Achter Jugendbericht: Bericht über Bestrebungen und Leistungen der Jugendhilfe*. Bonn: Bundesministerium für Jugend, Familie, Frauen und Gesundheit.

BMFSFJ (Bundesministerium für Familie, Senioren, Frauen und Jugend). (1994). *Neunter Jugendbericht: Bericht über die Situation der Kinder und Jugendlichen und die Entwicklung der Jugendhilfe in den neuen Bundesländern*. Bonn: Bundesministerium für Familie, Senioren, Frauen und Jugend.

Böhnisch, L., & Schröer, W. (2011). *Blindflüge: Versuch über die Zukunft der Sozialen Arbeit*. Weinheim: Juventa.

Boulet, J., Krauß, E., & Oelschlägel, D. (1980). *Gemeinwesenarbeit als Arbeitsprinzip. Eine Grundlegung*. Bielefeld: AJZ-Druck und Verlag.

Bourdieu, P. (1970). *Zur Soziologie der symbolischen Formen* (1. Aufl.). Frankfurt a. M.: Suhrkamp.

Bourdieu, P. (Hrsg.). (1982). *Die feinen Unterschiede. Kritik der gesellschaftlichen Urteilskraft*. Frankfurt a. M.: Suhrkamp.

Branco, F. J. N. (2016). The Circle of Social Reform: The Relationship Social Work—Social Policy in Addams and Richmond. *European Journal of Social Work, 19*(3-4), 405–419. https://doi.org/10.1080/13691457.2015.1084272.

Branco, F. J. N. (2020). The French Maisons Sociales, Chicago's Hull-House Scheme and Their Influence in Portugal. In J. Gal, S. Köngeter, & S. Vicary (Hrsg.), *The Settlement House Movement Revisited: A Transnational History*. Bristol: Policy Press.

Brandstetter, J., Bronner, K., Köngeter, S., Laib, A., Pohl, A., & Stiehler, S. (Hrsg.). (2021). *Soziale Frage(n) der Zukunft*. Berlin: Frank & Timme.

Braucher, H. S. (1910). The Social Worker and the Playground Association of America. In A. Johnson (Hrsg.), *Proceedings of the National Conference of Charities and Correction* (S. 219–222). Fort Wayne: Press of the Archer Printing Co.

Braun, K.-H., Felinger, M., & Wetzel, K. (2009). *Sozialreportage. Einführung in eine Handlungs- und Forschungsmethode der Sozialen Arbeit*. Wiesbaden: VS Verlag für Sozialwissenschaften.

Breckinridge, S. P. (1914). The Family in the Community, but Not Yet of the Community. In *Proceedings National Conferences of Charities and Correction*, (S. 69–75). Chicago, Ill.: Fort Wayne Printing Company. Abgerufen von: https://quod.lib.umich.edu/n/ncosw/ACH8650.1914.001/90 am 29.06.2023.

Brewer, W. M. (1954). William Pickens. *The Journal of Negro History, 39*(3), 242–244.

Brückweh, K., Schumann, D., Wetzell, R. W., & Ziemann, B. (Hrsg.). (2012). *Engineering Society: The Role of the Human and Social Sciences in Modern Societies, 1880–1980*. Basingstoke: Palgrave Macmillan.

Brunner, B. (2009). *Nach Amerika. Die Geschichte der deutschen Auswanderung*. München: Beck.

Bulmer, M., Bales, K., & Sklar, K. K. (1991). *The Social Survey in Historical Perspective, 1880–1940*. Cambridge: Cambridge University Press.

Burgess, E. W. (1924). Diagnosis of Community Problems. Can Neighborhood Work Have a Scientific Basis? In *Proceedings of the National Conference on Charities and Correction (S. 406–411)*. Chicago, Ill.: The University of Chicago Press. Abgerufen von: https://quod.lib.umich.edu/n/ncosw/ach8650.1924.001/420 am 29.06.2023.

Bussiek, B. (2002). Hertha Kraus – Quäkergeist und Kompetenz. Impulse für die Soziale Arbeit in Deutschland und den USA. In S. Hering, & B. Waaldijk (Hrsg.), *Die Geschichte der Sozialen Arbeit in Europa (1900–1960). Wichtige Pionierinnen und ihr Einfluss auf die Entwicklung internationaler Organisationen* (S. 51–60). Opladen: Leske und Budrich.

Carson, M. J. (1990). *Settlement Folk: Social Thought and the American Settlement Movement, 1885–1930*. Chicago, Ill.: University of Chicago Press.

Clarke, A. (2005). *Situational Analysis: Grounded Theory After the Postmodern Turn*. Thousand Oaks: Sage.

Cloos, P., Köngeter, S., Müller, W., & Thole, W. (2009). *Die Pädagogik der Kinder- und Jugendarbeit* (2. aktual. Aufl.). Wiesbaden: VS Verlag für Sozialwissenschaften.

Clopper, E. T. (1910). Child Labor in Street Trades. *The Annals of the American Academy of Political and Social Science 35*(March), 137–144.

Coelen, T., Heinrich, A.J., & Million A. (Hrsg.). (2015). *Stadtbaustein Bildung*. Wiesbaden: Springer VS.

Crath, R. (2020). Animating Objectivity: A Chicago Settlement's Use of Numeric and Aesthetic Knowledges to Render Its Immigrant Neighbours and Neigbourhood Knowable. In J. Gal, S. Köngeter, & S. Vicary (Hrsg.), *The Settlement House Movement Revisited: A Transnational History*. Bristol: Policy Press.

Curtis, H.S. (1907). The Playground. In A. Johnson (Hrsg.), *Proceedings of the National Conference on Charities and Correction* (S. 278–286). Indianapolis Ind.:

Press of WM. B. Burford. Abgerufen von: https://quod.lib.umich.edu/n/ncosw/ACH8650.1907.001/301 am 29.06.2023.

Czarniawska, B. (2008). *A Theory of Organizing*. Cheltenham, UK: Edward Elgar.

Dangschat, J. (1997). Sag' mir, wo Du wohnst, und ich sag' Dir, wer Du bist! Zum aktuellen Stand der deutschen Segregationsforschung. *PROKLA. Zeitschrift für Kritische Sozialwissenschaft, 27*(109), 619–647.

Dangschat, J. (2013). Von der Integration der Zugewanderten zur „offenen Stadt der Vielfalt". *Informationen Raumentwicklung 5*(1), 453–461.

Dangschat, J., & Frey, O. (2005). Stadt- und Regionalsoziologie. In F. Kessl, C. Reutlinger, S. Maurer, & O. Frey (Hrsg.), *Handbuch Sozialraum* (S. 143–164). Wiesbaden: Springer VS.

Davis, A. F. (1967). *Spearheads for Reform: The Social Settlements and the Progressive Movement, 1890–1914*. New York: Oxford University Press.

Deegan, M. J. (1988). *Jane Addams and the men of the Chicago school, 1892-1918*. London: Routledge.

Degen, B. (2012). Soziale Frage. *Historisches Lexikon der Schweiz (HLS)*, Version vom 04.01.2012. Abgerufen von: https://hls-dhs-dss.ch/de/articles/016092/2012-01-04/ am 18.01.2023.

Deinet, U. (Hrsg.). (2013). *Innovative Offene Jugendarbeit. Bausteine und Perspektiven einer sozialräumlichen Offenen Kinder- und Jugendarbeit*. Opladen u. a.: Verlag Barbara Budrich.

Deleuze, G. (1979). Foreword: The Rise of the Social. In J. Donzelot (Hrsg.), *The policing of families* (S ix–xvii). New York: Pantheon Books.

Demirović, A., & Maihofer, A. (2013). Vielfachkrise und die Krise der Geschlechterverhältnisse. In H. H. Nickel, & A. Heilmann (Hrsg.), *Krisen, Kritik, Allianzen. Arbeits- und geschlechtersoziologische Perspektiven* (S. 30–48). Weinheim: Beltz Juventa.

Dewey, J. (1902). The School as Social Center. *The Elementary School Teacher, 3*(2), 73–86.

Dewey, J. (1923). Future Trends in the Development of Social Programs through the Schools. In *Proceedings of the National Conference on Charities and Correction (S. 449–453)*. Chicago, Ill.: The University of Chicago Press. Abgerufen von: https://quod.lib.umich.edu/n/ncosw/ACH8650.1923.001/462 am 29.06.2023.

Dewey, J., & Dewey, E. (1995 [1915]). The School as a Social Settlement. *Child and Youth Care Forum, 24*(1), 55–65.

Dickens, C. (2004 [1852]). *Bleakhaus*. Frankfurt a. M.: Waltrop Manuscriptum.

Dirks, S. (2022): Gemeinwesen. In F. Kessl, & C. Reutlinger (Hrsg.), *Sozialraum. Eine elementare Einführung* (S. 277–287). Wiesbaden: Springer VS.

Diwersy, B., & Köngeter, S. (Hrsg.). (2022). *Internationale und Transnationale Soziale Arbeit*. Baltmannsweiler: Schneider Verlag Hohengehren.

Dollinger, B. (2010). „Gemeinschaft" oder „Gesellschaft"? Repräsentationen des Sozialen als Gegenstand sozialpädagogischer Historiographie. In C. Müller (Hrsg.), *Historisch-kritische Zugänge zur Professionalität der Sozialpädagogik und Sozialarbeit* (S. 59–76). Essen: Verlag „Die Blaue Eule".

Donzelot, J. (1979). *The Policing of Families*. New York: Pantheon Books.

Dörr, M., & Müller, B. (Hrsg.). (2006). *Nähe und Distanz: ein Spannungsfeld pädagogischer Professionalität*. Weinheim: Juventa-Verlag.

Düring, D. (2011). *Kooperation als gelebte Praxis. Steuerungshandeln in Sozialraumteams der Kinder- und Jugendhilfe.* Wiesbaden: Springer VS.

Eckardt, F. (2012). Stadtsoziologie als transdisziplinäres Projekt. In ders. (Hrsg.), *Handbuch Stadtsoziologie* (S. 9–29). Wiesbaden: Springer VS.

Elsen, S. (1998). *Gemeinwesenökonomie – eine Antwort auf Arbeitslosigkeit, Armut und soziale Ausgrenzung? Soziale Arbeit, Gemeinwesenarbeit und Gemeinwesenökonomie im Zeitalter der Globalisierung.* Neuwied: Luchterhand.

Endreß, M., & Maurer, A. (2015). Einleitung. In M. Endreß, & A. Maurer (Hrsg.), *Resilienz im Sozialen. Theoretische und empirische Analysen* (S. 7–11). Wiesbaden: Springer VS.

Engel, N., & Köngeter, S. (2019). Übersetzung in pädagogischer Sicht. Eine Einleitung in diesen Band. In N. Engel, & S. Köngeter (Hrsg.), *Übersetzung. Über die Möglichkeit, Pädagogik anders zu denken* (S. 1–18). Wiesbaden: Springer VS.

Engels, F. (1962 [1845]). Die Lage der arbeitenden Klasse in England. Nach eigner Anschauung und authentischen Quellen. In Institut für Marxismus-Leninismus (Hrsg.), *Karl Marx – Friedrich Engels – Werke.* Berlin: Dietz Verlag (2), 225–506.

Engels, F. (1964 [1872]): Zur Wohnungsfrage. In Institut für Marxismus-Leninismus (Hrsg.), *Karl Marx – Friedrich Engels – Werke.* Berlin: Dietz Verlag (18), 209–287.

Epple, R. (2013). *Das erste Settlement der Schweiz.* Friedenszeitung (6), 8–9.

Epple, R., & Schär, E. (2015). *Spuren einer anderen Sozialen Arbeit. Kritische und politische Sozialarbeit in der Schweiz 1900–2000.* Zürich: Seismo.

Fehren, O. (2008). *Wer organisiert das Gemeinwesen? Zivilgesellschaftliche Perspektiven Sozialer Arbeit als intermediärer Instanz.* Berlin: Edition Sigma.

Fehren, O., & Hinte W. (2013). *Sozialraumorientierung – Fachkonzept oder Sparprogramm. Deutscher Verein für öffentlichen und private Führsorge e. V.* Freiburg i. Brsg.: Lambertus.

Fend, H. (2011). Die sozialen und individuellen Funktionen von Bildungssystemen: Enkulturation, Qualifikation, Allokation und Integration. In S. Hellekamps, W. Plöger, & W. Wittenbruch (Hrsg.), *Schule. Handbuch der Erziehungswissenschaft, Bd. 3* (S. 41–54). Paderborn: Ferdinand Schöningh.

Fikentscher. R. (Hrsg.). (2013). *Integrationskulturen in Europa.* Halle (Saale): Mitteldeutscher Verlag.

Flexner, A. (1915). Is Social Work a Profession? *School and Society* (1), 901–911.

Fontanellaz, B., Reutlinger, C., & Stiehler, S. (Hrsg.). (2018). *Soziale Arbeit und die Soziale Frage. Spurensuchen, Aktualitätsbezüge, Entwicklungspotenziale.* Zürich: Seismo.

Frey, O., & Koch, F. (2011). Einführung: Die Zukunft der europäischen Stadt. In dies. (Hrsg.), *Die Zukunft der Europäischen Stadt. Stadtpolitik, Stadtplanung und Stadtgesellschaft im Wandel* (S. 11–20). Wiesbaden: Springer VS.

Friedlander, W. A., & Pfaffenberger, H. (1969). *Grundbegriffe und Methoden der Sozialarbeit* (2., durchges. Aufl.). Neuwied: Luchterhand.

Fritsche, C., & Reutlinger, C. (2015). Der öffentliche Raum ist (k)ein Problem. In R. Kemper, & C., Reutlinger (Hrsg.), *Umkämpfter öffentlicher Raum. Herausforderungen für Planung und Jugendarbeit* (S. 193–206).Wiesbaden: Springer VS.

Früchtel, F., Cyprian, G., & Budde, W. (2013). *Sozialer Raum und Soziale Arbeit. Textbook: Theoretische Grundlagen.* Wiesbaden: Springer VS.

Gal, J., & Avnir, Y. (2020). Settlement Houses and the Emergence of Social Work in Mandatory Palestine. In J. Gal, S. Köngeter, & S. Vicary (Hrsg.), *The Settlement House Movement Revisited: EA Transnational History*. Bristol: Policy Press.

Gal, J., & Weiss-Gal, I. (2013). Policy Practice in Social Work: An Introduction. In J. Gal, & I. Weiss-Gal (Hrsg.), *Social Workers Affecting Social Policy. An International Perspective on Policy Practice* (S. 1–16). Bristol: Policy.

Galuske, M. (2013). *Methoden der Sozialen Arbeit: Eine Einführung* (10. Aufl.). Weinheim: Juventa.

Galuske, M., & Müller, C. W. (2012). Handlungsformen in der Sozialen Arbeit. In W. Thole (Hrsg.), *Grundriss Soziale Arbeit. Ein einführendes Handbuch* (S. 587–611). Opladen: Leske & Budrich.

Gießmann, S., & Taha, N. (2017). „Study the Unstudied" – Zur medienwissenschaftlichen Aktualität von Susan Leigh Star. In S. Gießmann, & N. Taha (Hrsg.), *Susan Leigh Star – Grenzobjekte und Medienforschung* (S. 13–79). Bielefeld: transcript Verlag.

Gilchrist, R., & Jeffs, T. (Hrsg.). (2001). *Settlements, Social Change and Community Action: Good Neighbours*. London: Jessica Kingsley Publishers.

Goffman, E. (1973). *Asyle. Über die soziale Situation psychiatrischer Patienten und anderer Insassen*. Frankfurt a. M.: Suhrkamp.

Gräser, M. (2009). *Wohlfahrtsgesellschaft und Wohlfahrtsstaat: bürgerliche Sozialreform und Welfare State Building in den USA und in Deutschland, 1880–1940*. Göttingen: Vandenhoeck & Ruprecht.

Grunwald, K., & Thiersch, H. (Hrsg.). (2016). *Praxishandbuch lebensweltorientierte soziale Arbeit. Handlungszusammenhänge und Methoden in unterschiedlichen Arbeitsfeldern* (3., vollst. überarb. Aufl.). Weinheim, Basel: Beltz Juventa.

Grunwald, K., Thiersch, H., & Köngeter, S. (2012). Lebensweltorientierte Soziale Arbeit. In W. Thole (Hrsg.), *Grundriss Soziale Arbeit. Ein einführendes Handbuch* (3. Aufl., S. 175–196). Wiesbaden: VS Verlag für Sozialwissenschaften.

Güntner, S. (2007). *Soziale Stadtpolitik: Institutionen, Netzwerke und Diskurse in der Politikgestaltung. (Urban Studies)*. Bielefeld: transcript Verlag.

Hammerschmidt, P. (2012). Geschichte der Rechtsgrundlagen der Sozialen Arbeit bis zum 20. Jahrhundert. In W. Thole (Hrsg.), *Grundriss Soziale Arbeit. Ein einführendes Handbuch* (S. 851–861). Wiesbaden: Springer VS.

Hammerschmidt, P., & Tennstedt, F. (2012). Der Weg zur Sozialarbeit. Von der Armenpflege bis zur Konstituierung des Wohlfahrtsstaates in der Weimarer Republik. In W. Thole (Hrsg.), *Grundriss Soziale Arbeit. Ein einführendes Handbuch* (4. überarb. und erweit. Aufl., S. 73–86). Wiesbaden: VS Verlag für Sozialwissenschaften.

Harth, A. (2022). Nachhaltigkeit. In F. Kessl, & C. Reutlinger (Hrsg.), *Sozialraum. Eine elementare Einführung* (S. 693–704). Wiesbaden: Springer VS.

Häußermann. H. (1991). Stadtplanung: Machtkampf, Kunst oder Fachdisziplin? *Leviathan, 19*(1), 102–116.

Häußermann, H., & Oswald, I. (1997). Zur Konzeption des Bandes. In dies. (Hrsg.), *Zuwanderung und Stadtentwicklung*. Wiesbaden: Springer VS.

Häußermann, H., & Siebel. W. (2004). *Stadtsoziologie. Eine Einführung*. Frankfurt a. M.: Campus.

Haustein, S., & Waller, A. (2009). Jüdische Settlements in Europa. Ansätze einer transnationalen sozial-, geschlechter- und ideenhistorischen Forschung. *Medaon* (4), 14.

Healy, L. M. (2007). Universalism and Cultural Relativism in Social Work Ethics. *International Social Work, 50*(1), 11–26.

Hennig, E. (2012). Chicago School. In F. Eckardt (Hrsg.), *Handbuch Stadtsoziologie* (S. 95–124). Wiesbaden: Springer VS.

Hering, R. (Hrsg.). (2001). *Walter Classen: ein Hamburger Pädagoge zwischen Tradition und Moderne; Lebenserinnerungen, sechzehn Jahre im Arbeiterquartier, mit einer Bibliographie Walter Classens.* Herzberg: Traugott Bautz.

Herriger, N. (2020). *Empowerment in der Sozialen Arbeit – eine Einführung* (6. erw. und aktual. Hrsg.). Stuttgart: Kohlhammer.

Herz, A., & Olivier, C. (Hrsg.). (2013). *Transmigration und Soziale Arbeit: Ein öffnender Blick auf Alltagswelten.* Baltmannsweiler: Schneider-Verlag Hohengehren.

Hinte, W. (1994). Fast Food als Vitaminspritze. *sozial extra, 18*(6), 4–6.

Hinte, W. (2012). Von der Gemeinwesenarbeit über die Sozialraumorientierung zur Initiierung von bürgerschaftlichem Engagement. In W. Thole (Hrsg.), *Grundriss Soizale Arbeit. Ein einführendes Handbuch* (S. 663–676). Wiesbaden: Springer VS.

Hinte, W., & Treß, H. (2006). *Sozialraumorientierung in der Jugendhilfe. Theoretische Grundlagen, Handlungsprinzipien und Praxisbeispiele einer kooperativen-integrativen Pädagogik.* Weinheim, München: Beltz Juventa.

Hinte, W., Litges, G., & Springer, W. (1999). *Soziale Dienste: Vom Fall zum Feld. Soziale Räume statt Verwaltungsbezirke.* Berlin: Sigma Verlag.

Hörster, R., Köngeter, S., & Müller, B. (Hrsg.). (2013). *Grenzobjekte: Soziale Welten und ihre Übergänge.* Wiesbaden: VS Verlag für Sozialwissenschaften.

Hümbelin, O. (2016). *Nichtbezug von Sozialhilfe: Regionale Unterschiede und die Bedeutung von sozialen Normen.* Retrieved From University of Bern Social Sciences Working Paper No. 21. Abgerufen von: http://econpapers.repec.org/paper/bsswpaper/21.htm am 29.06.2023.

Illich, I. (1979). *Entmündigung durch Experten. Zur Kritik der Dienstleistungsberufe* (Dt. Erstausgabe). Reinbek bei Hamburg: Rowohlt.

Illich, I. (2003). *Entschulung der Gesellschaft.* München: C.H. Beck.

James, C. L. (2001). Reforming Reform: Toronto's Settlement House Movement, 1900–20. *The Canadian Historical Review, 82*(1), 55–90.

Jansson, B. S. (2014). *Becoming an Effective Policy Advocate: From Policy Practice to Social Justice.* Belmont, CA: Brooks/Cole.

Kallifatides, T. (1999). Language and Identity. In M. Fludernik, & H.-J. Gehrke (Hrsg.), *Grenzgänger zwischen Kulturen* (S. 473–480). Würzburg: Ergon-Verlag.

Katz, M. B. (2013). *The Undeserving Poor. America's Enduring Confrontation With Poverty* (2. Aufl.). Oxford: Oxford University Press.

Keck, M., & Sakdapolrak, P. (2013). What Is Social Resilience? Lessons Learned and Ways Forward. *Erdkunde, 67*(1), 5–19.

Kelley, F. (1906). The Moral Danger of Premature Employment. In A. Johnson (Hrsg.), *Proceedings of the National Conference of Charities and Correction* (S. 157–164). Columbus, Ohio: Press of Fred. J. Heer.

Kelley, F. (1909). The Family and the Woman's Wage. In A. Johnson (Hrsg.), *Proceedings of the National Conference on Charities and Correction (S. 118–121).* Fort Wayne, Ind: Fort Wayne Printing Company.

Kendall, K. A. (2000). Social Work Education: Its Origins in Europe. Alexandria, VA: Council on Social Work Education.

Kessl, F. (2006). Sozialer Raum als Fall? In M. Galuske, & W. Thole (Hrsg.), *Vom Fall zum Management. Neue Methoden der Sozialen Arbeit* (S. 37–54). Wiesbaden: VS Verlag für Sozialwissenschaften.

Kessl, F. (2011). Anerkannt und angepasst? *sozialraum.de* 3(1). Abgerufen von: https://www.sozialraum.de/anerkannt-und-angepasst.php am 20.01.2023.

Kessl, F., & Maurer, S. (2010). Praktiken der Differenzierung als Praktiken der Grenzbearbeitung. Überlegungen zur Bestimmung Sozialer Arbeit als Grenzbearbeiterin. In F. Kessl, & M. Plößer (Hrsg.), *Differenzierung, Normalisierung, Andersheit. Soziale Arbeit als Arbeit mit den Anderen* (S. 154–169), Wiesbaden: Springer VS.

Kessl, F., & Reutlinger, C. (2010). *Sozialraum. Eine Einführung.* Wiesbaden: VS Verlag für Sozialwissenschaften.

Kessl, F., & Reutlinger, C. (2013). Sozialraumarbeit. In S. Stövesand, C. Stoik, & U. Troxler (Hrsg.), *Handbuch Gemeinwesenarbeit* (S. 127–140). Opladen u. a.: Verlag Barbara Budrich.

Kessl, F., & Reutlinger, C. (2018). Sozialraumorientierung. In K. Böllert (Hrsg.), *Kompendium Kinder- und Jugendhilfe* (S. 1067–1094). Wiesbaden: Springer VS.

Kessl, F., & Reutlinger, C. (2022). Sozialräumliche Praxis und Sozialraumarbeit. In dies. (Hrsg.), *Sozialraum. Eine elementare Einführung* (S. 33–58). Wiesbaden: Springer VS.

Kleve, H. (2008). Sozialraumorientierung – eine neue Kapitalismuskritik in der Sozialen Arbeit!? C. Spatscheck, M. Arnegger, S. Kraus, A. Mattner, & B. Schneider (Hrsg.), *Soziale Arbeit und Ökonomisierung. Analysen und Handlungsstrategien* (S. 76–93). Berlin, Milow, Strasburg: Schibri.

Kluschatzka, R. E., & Wieland, S. (Hrsg.). (2009). *Sozialraumorientierung im ländlichen Kontext.* Wiesbaden: Springer VS.

Koller, H.-C., Marotzki, W., & Sanders, O. (2007). *Bildungsprozesse und Fremdheitserfahrung: Beiträge zu einer Theorie transformatorischer Bildungsprozesse.* Bielefeld: transcript Verlag.

Kommission Heimerziehung, & Internationale Gesellschaft für Heimerziehung. (1977). *Zwischenbericht Kommission Heimerziehung der Obersten Landesjugendbehörden und der Bundesarbeitsgemeinschaft der Freien Wohlfahrtspflege: Heimerziehung und Alternativen.* Regensburg: Walhalla und Praetorius.

Köngeter, S. (2013). Die Erforschung der Slums – Transnationale Grenzobjekte der Settlement- und Social-Survey-Bewegung In R. Hörster, S. Köngeter, & B. Müller (Hrsg.), *Grenzobjekte* (S. 233–256). Wiesbaden: VS Verlag für Sozialwissenschaften.

Köngeter, S. (2017). Professionalität. In E. Kruse, F. Kessl, S. Stövesand, & W. Thole (Hrsg.), *Soziale Arbeit – Kernthemen und Problemfelder* (S. 87–105). Leverkusen: Budrich.

Köngeter, S. (2022). Soziale Arbeit als transnationales Projekt – über die Grenzen von Solidarität und Sozialpolitik. In F. Baier, S. Borrmann, J. Hefel, & B. Thiessen (Hrsg.), *Europäische Gesellschaften zwischen Kohäsion und Spaltung. Rolle, Herausforderungen und Perspektiven Sozialer Arbeit.* Opladen: Barbara Budrich.

Köngeter, S., & Smith, W. (Hrsg.). (2015). *Transnational Agency and Migration. Actors, Movements and Social Support.* London: Routledge.

Krais, B., & Gebauer, G. (2008). *Habitus* (2. Aufl.). Bielefeld: transcript Verlag.

Kraus, H. (1951). Amerikanische Methoden der Gemeinschaftshilfe – Community Organization for Social Welfare. *Soziale Welt 2*(2), 184–192.

Kraus, B., Effinger, H., Gahleitner, S., Miethe, I., & Stövesand, S. (Hrsg.). (2011). *Soziale Arbeit zwischen Generalisierung und Spezialisierung. Das Ganze und seine Teile.* Opladen u. a.: Verlag Barbara Budrich.

Krummacher, M., Kulbach, R., & Waltz, V. (2013). *Soziale Stadt – Sozialraumentwicklung – Quartiesmanagement. Herausforderungen für Politik, Raumplanung und osziale Arbeit.* Opladen: Leske und Budrich.

Kuhlmann, C. (2010). *Frauenbewegung und Soziale Arbeit. Enzyklopädie Erziehungswissenschaft Online. Fachgebiet Soziale Arbeit* (S. 1–30). Weinheim: Beltz Juventa.

Kuhlmann, C. (2013). *Erziehung und Bildung. Einführung in die Geschichte und Aktualität pädagogischer Theorien.* Wiesbaden: Springer VS.

Kunstreich, T. (2001). *Grundkurs Soziale Arbeit. Sieben Blicke auf Geschichte und Gegenwart Sozialer Arbeit. Bd. 2: Blicke auf die Jahre 1955, 1970 und 1995 sowie ein Rückblick auf die Soziale Arbeit in der DDR (von Eberhard Mannschatz).* Bielefeld: Kleine Verlag.

Landhäußer, S. (2009). *Communityorientierung in der Sozialen Arbeit. Die Aktivierung von sozialem Kapital.* Wiesbaden: VS Verlag für Sozialwissenschaften.

Landhäußer, S., & Ziegler, H. (2011). Zur Empirie sozialräumlich orientierter Sozialer Arbeit – soziales Kapital messen. In G. Oelerich, & H.-U. Otto (Hrsg.), *Empirische Forschung und Soziale Arbeit: ein Studienbuch* (S. 65–77). Wiesbaden: VS Verlag für Sozialwissenschaften.

Lane, R. P. (1939). The Field of Community Organization. In The National Conference of Social Work (Hrsg.), *Proceedings of the National Conference of Social Work* (S. 495–512). Chicago, Ill.: The University of Chicago Press.

Langewand, A. (1999). Kontextanalyse als Methode der pädagogischen Geschichtsschreibung. *Zeitschrift für Pädagogik, 45*(4), 505–519.

Lasch-Quinn, E. (1993). *Black Neighbors. Race and the Limits of Reform in the American Settlement House Movement, 1890–1945.* Chapel Hill: University of North Carolina Press.

Lathrop, J. (1896). What the Settlement Work Stands for. In I. C. Barrows (Hrsg.), *Proceedings of the National Conference on Charities and Correction (S. 106–110).* Boston, Mass.: Geo. H. Ellis. Abgerufen von: https://quod.lib.umich.edu/n/ncosw/ACH8650.1896.001/131 am 29.06.2023.

Lau, D. (2019). *Soziale Bewegungen, Professionalisierung und Disziplinbildung in der frühen Sozialen Arbeit.* Dissertationsschrift. Trier: Universität Trier.

Lau, D. (2020). Putting Knowledge Into Action: A Social Work Perspective on Settlement House Research. In J. Gal, S. Köngeter, & S. Vicary (Hrsg.), *The Settlement House Movement Revisited: A Transnational History.* Bristol: Policy Press.

Leiby, J. (1978). *A history of Social Welfare and Social Work in the United States.* New York: Columbia University Press.

Leiby, J. (1984). Charity Organization Reconsidered. *Social Service Review, 58*(4), 523–538.

Leighninger, L. (Hrsg.). (2000). *Creating a New Profession: The Beginnings of Social Work Education in the United States.* Alexandria, VA: Council on Social Work Education.

Lengermann, P. M., & Niebrugge-Brantley, G. (2002). Back to the Future: Settlement Sociology, 1885–1930. *The American Sociologist, 33*(3), 5–20.

Lenroot, K. F., Cunningham, K. R., Gifford, W. A., & Duncan, C. (1935). Jane Addams Memorial Service. In *Proceedings of the National Conference of Social Work* (S. 1–22). Chicago, Ill.: The University of Chicago Press. Abgerufen von: https://quod.lib.umich.edu/n/ncosw/ACH8650.1935.001/22 am 29.06.2023.

Lim, M. H., Eres, R., & Vasan, S. (2020). Understanding Loneliness in the Twenty-Frst Century: An Update on Correlates, Risk Factors, and Potential Solutions. *Social Psychiatry and Psychiatric Epidemiology*, 55, 793–810.

Lindenau, M., & Meier Kressig, M. (2018). Von der vergangenen Gegenwart zur gegenwärtigen Zukunft. Überlegungen zur sozialphilosophischen Auseinandersetzung mit der Sozialen Frage. In B. Fontanellaz, C. Reutlinger, & S. Stiehler (Hrsg.), *Soziale Arbeit und die Soziale Frage. Spurensuchen, Aktualitätsbezüge, Entwicklungspotenziale* (S. 224–243). Zürich: Seismo.

Lindner, R. (Hrsg.). (1997). *„Wer in den Osten geht, geht in ein anderes Land" – Die Settlementbewegung in Berlin zwischen Kaiserreich und Weimarer Republik*. Berlin: Akademie-Verlag.

Lindner, R. (2004). *Walks on the Wild Side: eine Geschichte der Stadtforschung*. Frankfurt a. M.: Campus-Verlag.

Lindner, R. (2006). The Imaginary of the City. In G. H. Lenz, F. Ulfers, & A. Dallmann (Hrsg.), *Toward a New Metropolitanism. Constituting Public Culture, Urban Citizenship, and the Multicultural Imaginary in New York and Berlin* (S. 209–216). Heidelberg: Winter.

Mack, W. (2020). Bewältigung. In P. Bollweg, J. Buchna, T. Coelen, & H.-U. Otto (Hrsg.), *Handbuch Ganztagsbildung* (S. 257–268). Wiesbaden: Springer VS.

Mackensen, R., Papalekas, J, C., & Pfeil, E. (1959). *Daseinsformen der Grosstadt: Typische Formen sozialer Existenz in Stadtmitte, Vorstadt und Gürtel der industriellen Grosstadt*. Tübingen: Mohr.

Marschall, M., & Stolle, D. (2004). Race and the City: Context and the Development of Generalized Trust. *Political Behavior, 26*(2), 125–153.

Marx, K., & Engels, F. (1977 [1848]). Manifest der Kommunistischen Partei. In Institut für Marxismus-Leninismus beim ZK der SED (Hrsg.), *Marx-Engels-Werke*, Bd. 4 (S. 459–493). Berlin: Dietz Verlag.

Matthews, J., & Kimmis, J. (2001). Development of the English Settlement Movement. In R. Gilchrist, & T. Jeffs (Hrsg.), *Settlements, Social Change and Community Action: Good Neighbours* (S. 54–68). London: Jessica Kingsley Publishers.

Maurer, S. (2004). *Zum Verhältnis von Frauenbewegung und Sozialer Arbeit um 1900*. Habilitation. Hildesheim: Universität Hildesheim.

Maurer, S. (2011). Soziale Arbeit als „offenes Archiv" gesellschaftlicher Konflikte. In E. Mührel, & B. Birgmeier (Hrsg.), *Theoriebildung in der Sozialen Arbeit. Entwicklungen in der Sozialpädagogik und der Sozialarbeitswissenschaft* (S. 147–164). Wiesbaden: Springer VS.

May, M. (2016). *Soziale Arbeit als Arbeit am Gemeinwesen ein theoretischer Begründungsrahmen*. Leverkusen: Barbara Budrich.

May, M. (2017). *Soziale Arbeit als Arbeit am Gemeinwesen. Ein theoretischer Begründungsrahmen*. Opladen: Barbara Budrich.

Meacham, S. (1987). *Toynbee Hall and Social Reform 1880–1914: The Search for Community*. New Haven: Yale University Press.

Meinhold, M. (2005). Über Einzelfallhilfe und Case Management. In W. Thole (Hrsg.), *Grundriss Soziale Arbeit. Ein einführendes Handbuch* (S. 509–521). Wiesbaden: Springer VS.

Merten, R. (Hrsg.). (2001). *Hat Soziale Arbeit ein politisches Mandat? Positionen zu einem strittigen Thema*. Opladen: Leske & Budrich.

Meuth, M., & Reutlinger, C. (2023). *Entmietet und verdrängt. Wie Mieter*innen ihren Wohnungsverlust erleben*. Bielefeld: transcript Verlag.

Mohrlok, M., Neubauer, M., Neubauer, R., & Schönfelder, W. (1993). *Let's Organize! Gemeinwesenarbeit und Community Organization im Vergleich*. München: AG Spak.

Mühlum, A. (2004). Zur Entstehungsgeschichte und Entwicklungsdynamik der Sozialarbeitswissenschaft. Einleitung. In A. Mühlum (Hrsg.), *Sozialarbeitswissenschaft: Wissenschaft der Sozialen Arbeit* (S. 9–26). Freiburg im Breisgau: Lambertus-Verlag.

Müller, B. (1997). *Sozialpädagogisches Können. Ein Lehrbuch zur multiperspektivischen Fallarbeit* (3. Aufl.). Freiburg i. Brsg.: Lambertus-Verlag.

Müller, C. W. (1968). Gemeinwesenarbeit und Gemeinschaftshandeln. *Deutsche Jugend 16*(8), 475–479.

Müller, C. W. (1971). Die Rezeption der Gemeinwesenarbeit in der BRD. In C. W. Müller, & P. Nimmermann (Hrsg.), *Stadtplanung und Gemeinwesenarbeit* (S. 86–118). München

Müller, C. W. (1973). Die Rezeption der Gemeinwesenarbeit in der Bundesrepublik Deutschland. In C. W. Müller, & P. Nimmermann (Hrsg.), *Stadtplanung und Gemeinwesenarbeit. Texte und Dokumente* (S. 228–240). München: Juventa.

Müller, C. W. (1988). *Wie Helfen zum Beruf wurde. Eine Methodengeschichte der Sozialen Arbeit*. Weinheim, Basel: Beltz Juventa.

Muri, G. (2022). Lebensraum. In F. Kessl, & C. Reutlinger (Hrsg.), *Sozialraum. Eine elementare Einführung* (S. 705–716). Wiesbaden: Springer VS.

Nadai, E., Sommerfeld, P., Bühlmann, F., & Krattiger, B. (2005). *Fürsorgliche Verstrickung: Soziale Arbeit zwischen Profession und Freiwilligenarbeit*. Wiesbaden: VS Verlag für Sozialwissenschaften.

Natorp, P. (1907). *Gesammelte Abhandlungen zur Sozialpädagogik*. Stuttgart: Fr. Frommann Verlag.

Neurath, O. (1981). *Gesammelte philosophische und methodologische Schriften* (Hrsg. von R. Haller und H. Rutte), Bd. 2. Wien: Hölder-Pichler-Tempsky.

Novak, J. D., & Cañas, A. (2008). *The Theory Underlying Concept Maps and How to Construct Them*. Florida Institute for Human and Machine Cognition. Abgerufen von: http://cmap.ihmc.us/Publications/ResearchPapers/TheoryUnderlyingConceptMaps.pdf

Oehler, P., & Drilling, M. (2013). Soziale Arbeit, Gemeinwesenarbeit und Stadtentwicklung. Eine theorie-geschichtliche Spurensuche. In M. Drilling, & P. Oehler (Hrsg.), *Soziale Arbeit und Stadtentwicklung. Forschungsperspektiven, Handlungsfelder, Herausforderungen* (S. 13–42). Wiesbaden: Springer VS.

Oelschlägel, D. (1982). Zur Entwicklung der Gemeinwesenarbeit in der BRD. In F. Peters (Hrsg.), *Gemeinwesenarbeit im Kontext lokaler Sozialpolitik* (S. 173-186). Bielefeld: AJZ Verlag.

Oelschlägel, D. (2017). Zur Geschichte der Gemeinwesenarbeit. *Forum Wohnen und Stadtentwicklung (VHW), 4*, 171–175. Abgerufen von: https://www.vhw.de/fileadmin/user_upload/08_publikationen/verbandszeitschrift/FWS/2017/4_2017/FWS_4_17_Zur_Geschichte_der_Gemeinwesenarbeit_D._Oelschlaegel.pdf am: 18.07.2018.

Ogawa, M. (2004). "Hull-House" in Downtown Tokyo: The Transplantation of a Settlement House from the United States Into Japan and the North American Missionary Women, 1919–1945. *Journal of World History*, 15(3), S 359–387.

Olk, T. (1994). Jugendhilfe als Dienstleistung. Vom öffentlichen Gewährleistungsauftrag zur Marktorientierung. *Widersprüche, 53*, 11–33.

Orwell, G., & Papst, M. (1982). Der Weg nach Wigan Pier. Zürich: Diogenes.

Pantuček, P. (2012). Menschen im sozialen Raum. Das Person-In-Environment-System hat unausgeschöpftes Potenzial. *Blätter der Wohlfahrtspflege, 1*, 10–13.

Park, R. E. (1915). The City: Suggestions for the Investigation of Human Behavior in the City Environment. *American Journal of Sociology, 20*(5), 577–612.

Park, R. E. (1984 [1925]). The City. In R. E. Park, E. W. Burgess, & R. D. Mckenzie (Hrsg.), *The City* (S. 1–46). Chicago: University of Chicago Press.

Park, Y., & Kemp, S. P. (2006). "Little Alien Colonies": Representations of Immigrants and Their Neighborhoods in Social Work Discourse, 1875–1924. *Social Service Review, 80*(4), 705–734.

Park, R. E., Burgess, E. W., & McKenzie, R. D. (1984 [1925]). *The City*. Chicago: University of Chicago Press.

Parsell, C., Eggins, E., & Marston, G. (2017). Human Agency and Social Work Research: A Systematic Search and Synthesis of Social Work Literature. *The British Journal of Social Work, 47*(1), 238–255. https://doi.org/10.1093/bjsw/bcv145.

Paulus, S., Reutlinger, C., Spiroudis, E., Stiehler, S., Hartmann, S., & Makowka, S. (Hrsg.). (2020). *Mechanismen der Sozialen Frage. Hin- und Ableitungen zur Sozialen Arbeit*. Berlin: Frank & Timme.

Penta, L. J. (2007). *Community organizing: Menschen verändern ihre Stadt*. Hamburg: Ed. Körber-Stiftung.

Perkins, C. (2019) 'From the Ashes of the Great Kantō Earthquake: The Tokyo Imperial University Settlement'. *Japan Forum, 31*(3), 408–33.

Perry, C. A. (1924). Planning a City Neighborhood from the Social Point of View. In The National Conference of Social Work (Hrsg.), *Proceedings of the National Conference of Social Work* (S. 415–422). Chicago, Ill.: The University of Chicago Press.

Perry, C. A. (1929). *The Neighborhood Unit, a Scheme of Arrangement for the Family-Life Community. Monograph One in Neighborhood and Community Planning, Regional Plan of New York and Its Environs*. New York: Committee on Regional Plan of New York and Its Environs.

Perry, C. A. (1935). Community Organization within the Housing Estate. In *Proceedings of the National Conference on Charities and Correction (S. 654–667)*. Chicago, Ill.: The University of Chicago Press. Abgerufen von: https://quod.lib.umich.edu/n/ncosw/ACH8650.1935.001/675 am 29.06.2023.

Perry, C. A. (1939). *Housing for the Machine Age*. New York: Russell Sage Foundation.

Peters, H., & Cremer-Schäfer, H. (1975). *Die sanften Kontrolleure*. Stuttgart: Enke.

Picht, W. (1913). *Toynbee Hall und die englische Settlement-Bewegung: Ein Beitrag zur Geschichte der sozialen Bewegung in England*. Tübingen: Mohr.

Pickens, W. (1924). The Negro and the Community. In The National Conference of Social Work (Hrsg.), *Proceedings of the National Conference of Social Work* (S. 381–386). Chicago, Ill.: The University of Chicago Press.

Pimlott, J. A. R. (1935). *Toynbee Hall. 50 Years of Social Progress. 1884–1934.* With a Preface by the Archbishop of Canterbury and an Introduction by J. J. Mallon. London: J.M. Dent and sons.

Pohlan, J., & Yosifova, E. (2020). Stadt und Gesundheit. In I. Breckner, A. Göschel, A., & U. Matthisen (Hrsg.), *Stadtsoziologie und Stadtentwicklung. Handbuch für Wissenschaft und Praxis* (S. 367–378). Baden-Baden: Nomos.

Prell, U. (2020). *Die Stadt.* Opladen u. a.: Verlag Barbara Budrich.

Pries, L. (2008). *Die Transnationalisierung der sozialen Welt: Sozialräume jenseits von Nationalgesellschaften.* Frankfurt a. M.: Suhrkamp.

Putnam, R. (2007). E Pluribus Unum: Diversity and Community in theTwenty-First Century. *Scandinavian Political Studies, 30*(2), 137–174.

Raphael, L. (1996). Die Verwissenschaftlichung des Sozialen als methodische und konzeptionelle Herausforderung. Geschichte und Gesellschaft, *22*, 165–193.

Rauschenbach, T. (2007). Im Schatten der formalen Bildung – Alltagsbildung als Schlüsselfrage der Zukunft. *Diskurs Kindheits- und Jugendforschung, 2*(4), 439–454.

Reutlinger, C. (2007). Die Stadt als sozialer Raum und die Raumbezogenheit sozialer Probleme in der Stadt. In D. Baum (Hrsg.), *Die Stadt in der Sozialen Arbeit. Ein Handbuch für soziale und planende Berufe* (S. 94–110). Wiesbaden: Springer VS.

Reutlinger, C. (2017). *Machen wir uns die Welt, wie sie uns gefällt? Ein sozialgeografisches Lesebuch.* Zürich: Seismo.

Reutlinger, C. (2018). Die Wohnungsfrage revisited: einige Gedanken zu den sozialräumlichen Dimensionierungen des Wohnens. In B. Fontanellaz, C. Reutlinger, & S. Stiehler (Hrsg.), *Soziale Arbeit und die Soziale Frage. Spurensuchen, Aktualitätsbezüge, Entwicklungspotenziale* (S. 65–86). Zürich: Seismo.

Reutlinger, C. (2023, i. E.). Von der Gemeinwesenarbeit zum sozialräumlichen Handeln. In D. Kreft, & C. Spatschek (Hrsg.), *Methodenlehre in der Sozialen Arbeit.* München: Ernst Reinhardt Verlag.

Reutlinger, C., & Roth, P. (2018). *Das Soziale muss verhandelbar sein – oder: führt der Weg zu einer sozialen Stadt über den Sozialraum?* Abgerufen von: https://www.sozialinfo.ch/fachinformationen/soziale-arbeit-2003-2018/wandel-des-sozialraumbegriffs am 29.06.2023.

Reutlinger, C., Baghdadi, N., & Kniffki, J. (Hrsg.). (2010). *Die soziale Welt quer denken: Transnationalisierung und ihre Folgen für die Soziale Arbeit.* Berlin: Frank & Timme.

Reutlinger, C., Kessl, F., & Maurer, S. (2005). Die Rede vom Sozialraum – eine Einleitung. In F. Kessl, C. Reutlinger, S. Maurer, & O. Frey (Hrsg.), *Handbuch Sozialraum* (S. 11–29). Wiesbaden: Springer VS.

Reutlinger, C., Lingg, E., & Stiehler, S. (Hrsg.). (2015). *Soziale Nachbarschaften.* Wiesbaden: Springer VS.

Richmond, M. E. (1901). Charitable Cooperation. In I. C. Barrows (Hrsg.), *Proceedings of the National Conference on Charities and Correction* (S. 298–313). Boston, Mass.: Geo. H. Abgerufen von: Ellis. https://quod.lib.umich.edu/n/ncosw/ACH8650.1901.001/321 am 29.06.2023.

Richmond, M. E. (1915). The Social Case Worker in a Changing World. In *Proceedings of National Conference of Charities and Correction* (S. 43–49). Chicago, Ill.: The Hildmann Printing Company. Abgerufen von: https://quod.lib.umich.edu/n/ncosw/ACH8650.1915.001/64 am 29.06.2023.

Richmond, M. E. (1917). *Social Diagnosis*. New York: Russell Sage Foundation.

Riege, M., & Schubert, H. (Hrsg.). (2005). *Sozialraumanalyse: Grundlagen – Methoden – Praxis*. Wiesbaden: VS Verlag für Sozialwissenschaften.

Rigney, E. G., & Lundy, T. C. (2015). George Herbert Mead on Terrorism, Immigrants, and Social Settlements: A 1908 Letter to the Chicago Record Herald. *The Journal of the Gilded Age and Progressive Era, 14*, 160–172.

Riis, J. (1890). *How The Other Half Lives*. New York: W.W. Norton & Co.

Riis, J. (1911). What Bad Housing Means to the Community. In A. Johnson (Hrsg.), *Proceedings of the National Conference on Charities and Correction* (S. 313–319). Fort Wayne: The Fort Wayne Printing Company. Abgerufen von: https://quod.lib.umich.edu/n/ncosw/ACH8650.1911.001/336 am 29.06.2023.

Rodgers, D. T. (1998). *Atlantic Crossings: Social Politics in a Progressive Age*. Cambridge, Mass.: Belknap Press of Harvard University Press.

Ross, E. (2007). *Slum Travelers: Ladies and London Poverty, 1860–1920*. Berkeley: University of California Press.

Sachße, C. (1986). *Mütterlichkeit als Beruf: Sozialarbeit, Sozialreform und Frauenbewegung; 1871–1929*. Frankfurt a. M.: Suhrkamp.

Sandermann, P. (2009). *Die neue Diskussion um Gemeinschaft: ein Erklärungsansatz mit Blick auf die Reform des Wohlfahrtssystems*. Bielefeld: transcript Verlag.

Sassen, S. (1996). *Migranten, Siedler, Flüchtlinge. Von der Massenauswanderung zur Festung Europa* (Originalausg., 3. Aufl.). Frankfurt a. M.: Fischer-Taschenbuch-Verlag.

Schönig, W. (2008). *Sozialraumorientierung. Grundlagen und Handlungsansätze*. Schwalbach am Taunus: Wochenschau Verlag.

Schreier, M. (2011). Gemeinwesenarbeit (re)politisiert!? *sozialraum.de, 3*(1). Abgerufen von: http://www.sozialraum.de/gemeinwesenarbeit-re-politisiert.php am 22.03.2023.

Schröer, W. (2000). Sozialpädagogik und Gemeinschaft. In J. Henseler, & J. Reyer (Hrsg.), *Sozialpädagogik und Gemeinschaft. Historische Beiträge zur Rekonstruktion eines konstitutiven Verhältnisses* (S. 88–101). Baltmannsweiler: Schneider-Verlag Hohengehren.

Schüler, A. (2004). *Frauenbewegung und soziale Reform: Jane Addams und Alice Salomon im transatlantischen Dialog, 1889–1933*. Stuttgart: Steiner.

Schulz-Nieswandt, F. (2013). *Der inklusive Sozialraum. Psychodynamik und kulturelle Grammatik eines sozialen Lernprozesses* (1. Aufl.). Baden-Baden: Nomos.

Schultz, R. L. (2007). Introduction. In Residents of Hull House (Hrsg.), *Hull House Maps and Papers. A Presentation of Nationalities and Wages in a Congested District of Chicago, Together with Comments and Essays on Problems Growing Out of the Social Conditions* (S. 1–36). Champaign, Ill.: University of Illinois Press.

Schütz, A. (1972). Der Fremde. In A. Schütz (Hrsg.), *Gesammelte Aufsätze II. Studien zur soziologischen Theorie* (S. 53–70). Den Haag: Martinus Nijhoff.

Seikkula, J., & Arnkil, T. E. (2007). *Dialoge im Netzwerk. Neue Beratungskonzepte für die psychosoziale Praxis*. Neumünster: Paranus-Verlag.

Sewell, W. H. (1992). A Theory of Structure: Duality, Agency, and Transformation. *The American Journal of Sociology, 98*(1), 1–29.

Shaw, I. (2017). 'Let Us Go Then, You and I' – Journeying with Ada Eliot Sheffield. *Qualitative Social Work*, 1–23. https://doi.org/10.1177/1473325017699454.

Sheffield, A. (1916). Introductory Remarks by the Chairman of the Committee. In National Conference of Charities and Correction (Hrsg.), *Proceedings of the National Conference of Charities and Correction* (S. 419–420). Chicago, Ill.: The Hildmann Printing.

Siebel, W. (2012). Die europäische Stadt. In F. Eckardt (Hrsg.). *Handbuch Stadtsoziologie* (S. 101–211). Wiesbaden: Springer VS.

Siegmund-Schultze, F. (1950). Sozialpädagogik – Aufgaben, Ziele und Wege. *Soziale Welt. Zeitschrift für Wissenschaft und Praxis des Sozialen Lebens, 1*(4), 3–16.

Sklar, K. K. (1995). *Florence Kelley and the Nation's Work: The Rise of Women's Political Culture, 1830–1900*. New Haven: Yale University Press.

Smith, Z. D. (1901). Introduction. In I. C. Barrows (Hrsg.), *Proceedings of the National Conference on Charities and Correction* (S. 284–289). Boston, Mass.: Geo. H. Ellis.

Social Welfare History Project. (2012). *General Roeliff Brinkerhoff (1828–1911)*. Social Welfare History Project. Abgerufen von: https://socialwelfare.library.vcu.edu/eras/civil-war-reconstruction/brinkerhoff-roeliff/ am 24.01.2023.

Specht, H., & Courtney, M. E. (1995). *Unfaithful Angels: How Social Work Has Abandoned Its Mission*. New York: The Free Press.

Star, S. L., & Griesemer, J. (1989). Institutional Ecology, ‚Translations', and Boundary Objects: Amateurs and Professionals in Berkeley's Museum of Vertebrate Zoology, 1907–1939. *Social Studies of Science, 19*, 387–420.

Staub-Bernasconi, S. (2013). Integrale soziale Demokratie als gemeinwesenbezogener Lernprozess und soziale Vision: Jane Addams. In S. Stövesand, C. Stoik, & U. Troxler (Hrsg.), *Handbuch Gemeinwesenarbeit* (S. 37–43). Opladen, Berlin, Toronto: Barbara Budrich.

Stebner, E. J. (2006). The Settlement House Movement. In R. S. Keller, & R. R. Ruether (Hrsg.), *Encyclopedia of Women and Religion in North America* (S. 1059–1069). Bloomington, Ind.: Indiana University Press.

Stövesand. S. (2019a). Gemeinwesenarbeit als sozialraumbezogenes Handlungsfeld. In F. Kessl, & C. Reutlinger (Hrsg.), *Handbuch Sozialraum. Grundlagen für den Bildungs- und Sozialbereich* (2. Aufl., S. 557–579). Wiesbaden: Springer VS.

Stövesand, S. (2019b). Gemeinwesenarbeit [online]. *socialnet Lexikon*. Bonn: socialnet. Abgerufen von: https://www.socialnet.de/lexikon/487 am 20.01.2023.

Stövesand, S., & Stoik, C. (2013). Gemeinwesenarbeit als Konzept – Eine Einleitung. In S. Stövesand, C. Stoik, & U. Troxler (Hrsg.), *Handbuch Gemeinwesenarbeit* (S. 14–36). Opladen: Budrich.

Stövesand, S., Stoik, C., & Troxler, U. (Hrsg.). (2013). *Handbuch Gemeinwesenarbeit*. Opladen: Budrich.

Taylor, G. (1896). The Social Settlement and the Labor Movement. *Proceedings of the National Conference on Charities and Corrections 1896, 143*–149.

Thiersch, H. (1978). Alltagshandeln und Sozialpädagogik. *neue praxis, 8*, 6–25.

Thiersch, H. (2015). *Soziale Arbeit und Lebensweltorientierung*. 2 Bde. Weinheim: Beltz Juventa.

Thiersch, H., Grundwald, K., & S. Köngeter (2012). Lebensweltorientierte Soziale Arbeit. In W. Thole (Hrsg.), *Grundriss Soziale Arbeit* (S. 175–1969). Wiesbaden: Springer VS.

Tonucci, F. (1997). *La ciudad de los niños*. Barcelona: editorial GRAÓ.

Trattner, W. I. (1989). *From Poor Law to Welfare State: A History of Social Welfare in America* (4. Aufl.). New York u. a.: Free Press u. a.

Tropman, J. E., & Stotzer, R. (2005). National Conferences of Social Welfare (United States). In J. M. Herrick, & P. H. Stuart (Hrsg.), *The Encyclopedia of Social Welfare History in North America* (S. 253–255). Thousand Oaks, Calif.: SAGE Publishing.

Universities' Settlement Association. (1884). *Work for University Men in East London*. Cambridge: Fabb and Tyler.

van Santen, E. (2010). Brennpunkt. In C. Reutlinger, C. Fritsche, & E. Lingg (Hrsg.), *Raumwissenschaftliche Basics* (S. 45–54). Wiesbaden: Springer.

van Santen, E., & Seckinger, M. (2003). *Kooperation: Mythos und Realität einer Praxis. Eine empirische Studie zur interinstitutionellen Zusammenarbeit am Beispiel der Kinder- und Jugendhilfe.* München: Verlag Deutscher Jugenddienst.

Verschiedene Autor:innen. (1902). Discussion on Neighborhood and Civic Improvements. In I. C. Barrows (Hrsg.), *Proceedings of the National Conference on Charities and Correction* (S. 473–486). Boston, Mass.: Geo. H. Ellis. Abgerufen von: https://quod.lib. umich.edu/n/ncosw/ACH8650.1902.001/496 am 23.06.2023.

Vogel, M. R., & Oel, P. (1966). *Gemeinde und Gemeinschaftshandeln. Zur Analyse der Begriffe Community Organization und Community Development*. Stuttgart: W. Kohlhammer.

Wagner, A. R. (2006). *The International Federation of Settlements and Neighbourhood Centres: Celebrating 80 Years and Committing to a New Future*. Abgerufen von: https://www.ifsnetwork.org/ifs/about/FY16_IFS_History_80thAnniversary_10-08-2006.pdf am 29.06.2023.

Wald, L. D. (1971). *The House on Henry Street*. New York: Dover Publishing.

Wallace, R. S. (1922): How Do Local Community Organizations Function? Their Weakness and Their Strength. In *Proceedings of the National Conference on Charities and Correction (S. 316–322)*. Chicago, Ill.: The University of Chicago Press.

Walther, U. J. (Hrsg.). (2002). *Soziale Stadt — Zwischenbilanzen. Ein Programm auf dem Weg zur Sozialen Stadt?* Wiesbaden: Springer VS.

Weller, C. F. (1902). Relief Work and Preventive Philantropies as Related to Charity organizations. In I. C. Barrows (Hrsg.), *Proceedings of the National Conference on Charities and Corrections* (S. 265–277). Boston, Mass.: Geo. H. Ellis.

Wendt, W. R. (2008). *Geschichte der sozialen Arbeit. Band 1. Die Gesellschaft vor der sozialen Frage.* Stuttgart: Lucius & Lucius.

Widmer, N. (2018). *Die jüdische Toynbee-Halle in Wien (1900–1904). Erziehung, Bildung & die Erweckung jüdischen (Selbst- und Volks-)Bewusstseins.* Master-Thesis. Basel: Department Geschichte der Universität Basel.

Wietschorke, J. (2013). *Arbeiterfreunde: Soziale Mission im dunklen Berlin 1911–1933*. Frankfurt a. M.: Campus-Verlag.

Wigger, A., & Sommerfeld, P. (2023). Soziale Arbeit ist politisch! Biographische, empirische und theoretische Reflexionen. In C. Reutlinger, & E. Spiroudis (Hrsg.): *Soziale Arbeit ist politisch. Biographische, empirische und theoretische Reflexionen mit und über Annegret Wigger.* Berlin: Frank & Timme.

Williams, J. E., & MacLean, V. M. (2015). *Settlement Sociology in the Progressive Years. Faith, Science, and Reform*. Leiden, Boston: Brill.

Winkler, M. (2007). Familienarbeit in der Heimerziehung – Überlegungen zu einer Theorie in kritischer Absicht. Da werden Sie geholfen! In H. G. Homfeldt, & J. Schulze-Krüdener (Hrsg.), *Elternarbeit in der Heimerziehung* (S 196–233). München: Reinhardt.

Woods, R. A. (1898). *The City Wilderness. A Settlement Study by Residents and Associates of the South End House*. Boston: Houghton.

Woods, R. A. (1902). *Americans in Process: A Settlement Study*. Boston: Houghton.

Woods, R. A. (1909). The Neighborhood and the Nation. In A. Johnson (Hrsg.), *Proceedings of the National Conference on Charities and Correction* (S. 101–106). Fort Wayne, Ind.: Fort Wayne Printing Company. Abgerufen von: https://quod.lib.umich.edu/n/ncosw/ACH8650.1909.001/122 am 29.06.2023.

Woods, R. A. (1917). The City and Its Local Community Life. In The National Conference of Social Work (Hrsg.), *Proceedings of the National Conference of Social Work* (S. 455–458). Chicago, Ill.: The University of Chicago Press.

Wulf, C. (2002). Grundzüge und Perspektiven Historischer Anthropologie. In C. Wulf, & D. Kamper (Hrsg.), *Logik und Leidenschaft: Erträge historischer Anthropologie* (S. 1099–1122). Berlin: Reimer.

Zinnecker, J. (1979). Straßensozialisation. *Zeitschrift für Pädagogik, 25*, S. 727–746.

Rettig, H., Schröder, J., & Zeller, M. (2017). Das Handeln von Familienhebammen. Entgrenzen, abgrenzen, begrenzen. Weilheim: BeltzJuventa.